COMO DEUS AGE NO MUNDO?
O DEBATE SOBRE A PROVIDÊNCIA DIVINA E AS LEIS NATURAIS

IGNACIO SILVA

COLEÇÃO FÉ, CIÊNCIA & CULTURA

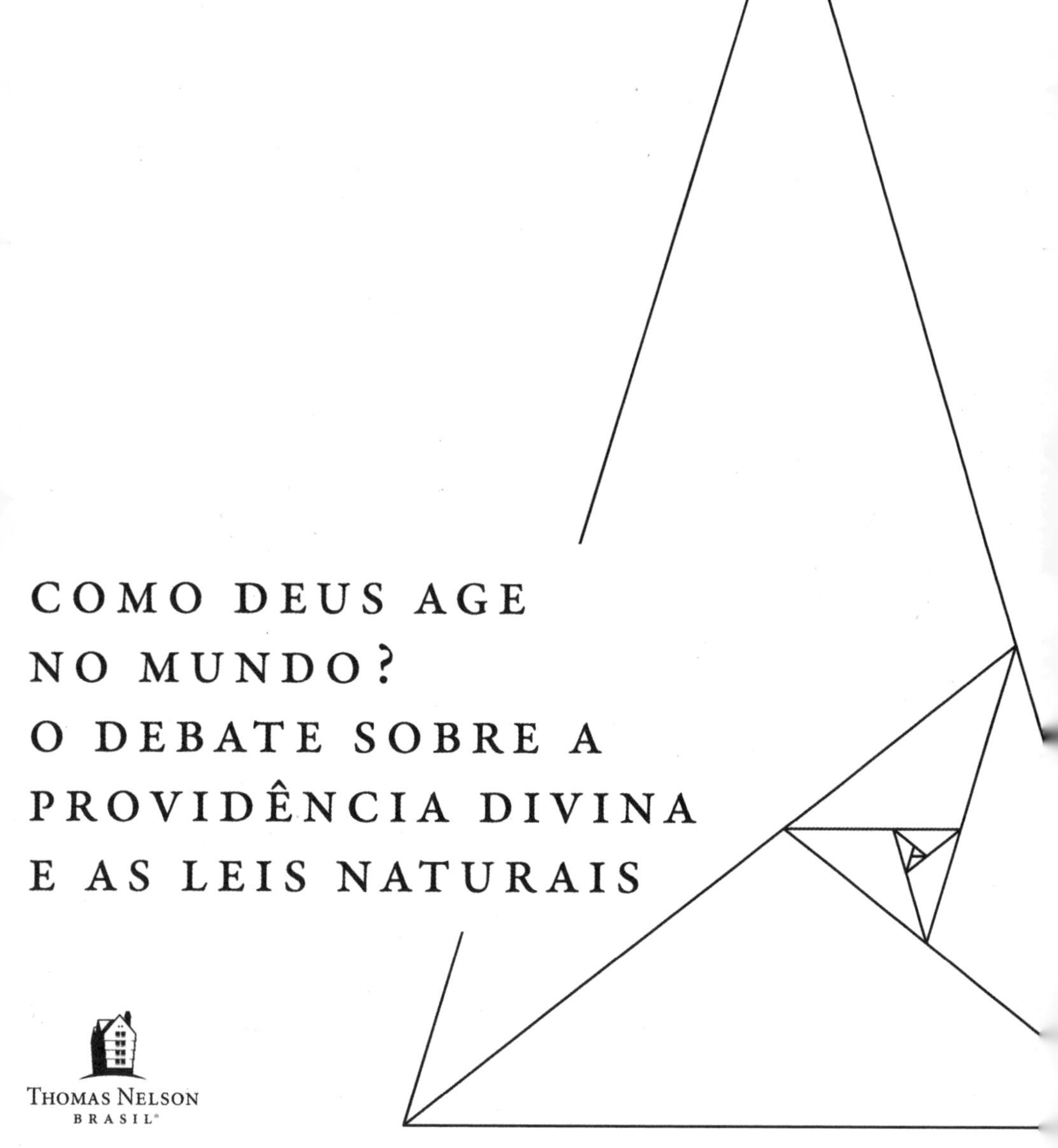

COMO DEUS AGE NO MUNDO?

O DEBATE SOBRE A PROVIDÊNCIA DIVINA E AS LEIS NATURAIS

THOMAS NELSON
BRASIL®

Título original: *Providence and science in a world of contingency: Thomas Aquinas' metaphysics of Divine action.*

As citações bíblicas sem indicação da versão *in loco* foram extraídas da Nova Versão Internacional, da Bíblica, Inc.

Os pontos de vista desta obra são de responsabilidade de seus autores e colaboradores diretos, não refletindo necessariamente a posição da Thomas Nelson Brasil, da HarperCollins Christian Publishing ou de sua equipe editorial.

PUBLISHER	*Samuel Coto*
COORDENADOR EDITORIAL	*André Lodos Tangerino*
PRODUÇÃO EDITORIAL	*Fabiano Silveira Medeiros*
TRADUÇÃO	*Tiago Garros*
REVISÃO TÉCNICA	*Paulo Covolan*
PREPARAÇÃO	*Gabriel Rocha Carvalho*
REVISÃO	*Bruno Echebeste Saadi e João Arrais*
DIAGRAMAÇÃO	*Aldair Dutra de Assis*
CAPA	*Rafael Brum*

Dados Internacionais de Catalogação na Publicação (CIP)
(BENITEZ Catalogação Ass. Editorial, MS, Brasil)

S58c Silva, Ignacio
1.ed. Como Deus age no mundo? : o debate sobre a providência divina e as leis naturais / Ignacio Silva ; tradução Tiago Garros. — 1.ed. — Rio de Janeiro : Thomas Nelson Brasil, 2023.
240 p.; 15,5 x 23 cm.

Título original : Providence and science in a world of contingency: Thomas Aquinas' metaphysics of Divine action.
Bibliografia.
ISBN: 978-65-5689-784-4

1. Contingência (filosofia). 2. Providência e governo de Deus – cristianismo. 3. Tomás de Aquino, Santo, 1225?-1274. I. Garros, Tiago. II. Título.

10-2023/183 CDD 231.5

Índice para catálogo sistemático

1. Providência e governo de Deus : cristianismo 231.5

Aline Graziele Benitez - Bibliotecária - CRB-1/3129

Thomas Nelson Brasil é uma marca licenciada à Vida Melhor Editora LTDA.

Rua da Quitanda, 86, sala 601A — Centro
Rio de Janeiro, RJ — CEP 20091-005
Tel.: (21) 3175-1030
www.thomasnelson.com.br

Para
Agustina, Felicitas e Joaquín.

SUMÁRIO

COLEÇÃO FÉ, CIÊNCIA E CULTURA

Há pouco mais de sessenta anos, o cientista e romancista britânico C. P. Snow pronunciava na *Senate House*, em Cambridge, sua célebre conferência sobre "As Duas Culturas" — mais tarde publicada como "As Duas Culturas e a Revolução Científica" —, em que, não só apresentava uma severa crítica ao sistema educacional britânico, mas ia muito além. Na sua visão, a vida intelectual de toda a sociedade ocidental estava dividida em *duas culturas*, a das ciências naturais e a das humanidades,[1] separadas por "um abismo de incompreensão mútua", para enorme prejuízo de toda a sociedade. Por um lado, os cientistas eram tidos como néscios no trato com a literatura e a cultura clássica, enquanto os literatos e humanistas — que furtivamente haviam passado a se autodenominar *intelectuais* — revelavam-se completos desconhecedores dos mais basilares princípios científicos. Esse conceito de *duas culturas* ganhou ampla notoriedade, tendo desencadeado intensa controvérsia nas décadas seguintes.

O próprio Snow retornou ao assunto alguns anos mais tarde, no opúsculo traduzido para o português como "As Duas Culturas e Uma Segunda Leitura", em que buscou responder às críticas e aos questionamentos dirigidos à obra original. Nesta segunda abordagem, Snow amplia o escopo de sua análise ao reconhecer a emergência de uma *terceira cultura*, a qual envolveu um apanhado de disciplinas — história social, sociologia, demografia, ciência política, economia, governança, psicologia, medicina e arquitetura —, que, à exceção de uma ou outra, incluiríamos hoje nas chamadas ciências humanas.

O debate quanto ao distanciamento entre essas diferentes culturas e formas de saber é certamente relevante, mas nota-se nessa discussão a "presença de uma ausência". Em nenhum momento são mencionadas áreas

---

[1] Aqui, deve-se entender o termo "humanidades" como o campo dos estudos clássicos, literários e filosóficos.

como teologia ou ciências da religião. É bem verdade que a discussão passa ao largo desses assuntos, sobretudo por se dar em ambiente em que o conceito de laicidade é dado de partida. Por outro lado, se a ideia de fundo é diminuir distâncias entre diferentes formas de cultivar o saber e conhecer a realidade, faz sentido ignorar algo tão presente na história da humanidade — por arraigado no coração humano — quanto a busca por Deus e pelo transcendente?

Ao longo da história, testemunhamos a existência quase inacreditável de polímatas, pessoas com capacidade de dominar em profundidade várias ciências e saberes. Leonardo da Vinci talvez tenha sido o mais célebre dentre elas. Como essa não é a norma entre nós, a especialização do conhecimento tornou-se uma estratégia indispensável para o seu avanço. Se, por um lado, isso é positivo do ponto de vista da eficácia na busca por conhecimento novo, é também algo que destoa profundamente da unicidade da realidade em que existimos.

Disciplinas, áreas de conhecimento e as *culturas* aqui referidas são especializações necessárias em uma era em que já não é mais possível — nem necessário — deter um repertório enciclopédico de todo o saber. Mas, como a realidade não é formada de compartimentos estanques, precisamos de autores com capacidade de traduzir e sintetizar diferentes áreas de conhecimento especializado, sobretudo nas regiões de interface em que essas se sobrepõem. Um exemplo disso é o que têm feito respeitados historiadores da ciência ao resgatar a influência da teologia cristã da criação no surgimento da ciência moderna. Há muitos outros.

Assim, é com grande satisfação que apresentamos a coleção *Fé, Ciência e Cultura*, através da qual a editora Thomas Nelson Brasil disponibilizará ao público leitor brasileiro um rico acervo de obras que cruzam os abismos entre as diferentes culturas e modos de saber e que certamente permitirá um debate informado sobre grandes temas da atualidade, examinados a partir da perspectiva cristã.

Marcelo Cabral e Roberto Covolan
Editores

PREFÁCIO À EDIÇÃO BRASILEIRA

Quando se trata de religião e ciência, é comum focar em episódios conflituosos, como o de Galileu Galilei, ou em temas candentes, como criação e evolução. Contudo, apesar da concepção tão difundida de que religião e ciência estão em oposição desde sempre, muitos *scholars* defendem que a teologia cristã fez contribuições fundamentais para o advento da ciência moderna. Para a cultura contemporânea, pode parecer um detalhe menor, mas a distinção absoluta entre criador e criatura presente na doutrina cristã da criação foi essencial. Isso porque as religiões pagãs em geral entendiam que a natureza e as forças naturais são governadas pelos caprichos e flutuações de humor de deuses míticos, deidades astrais ou entidades anímicas que controlavam o mundo natural e se manifestavam de modo hostil por meio de eventos cataclísmicos. O ensinamento bíblico-teológico, no entanto, exerceu um contraponto decisivo ao afirmar categoricamente o Deus criador como fundamento único e absoluto de todo ser e existência, embora totalmente distinto de sua criação.

Essa perspectiva teve o efeito emancipatório de gerar o surgimento de uma filosofia natural a partir da qual foi possível discernir padrões e regularidades na natureza mais tarde descritos como leis naturais. Vale frisar que, em sua origem, o conceito de lei natural foi associado à atividade de Deus: ele havia criado um mundo ordenado, regular, estável e, além de tudo, inteligível, ou seja, passível de ser explorado com o uso da razão.

Assim, vemos nascer com a ciência moderna uma concepção do mundo que o considerava ordenado pelo criador e legislador divino. Este estabelecera no início dos tempos as leis naturais que determinavam como a natureza devia se comportar. Temos também a visão de que o ser humano foi criado à imagem de Deus e dotado de uma racionalidade coerente com a que o próprio criador empregou na criação, o que lhe permitia investigar e entender essa ordem. Em contraposição, no imaginário das culturas pagãs as forças naturais, personificadas em entidades míticas ou anímicas, eram tidas como instáveis e imprevisíveis e, assim, inacessíveis à investigação intelectual. Portanto, o surgimento da ciência na transição do

Renascimento para a Idade Moderna deve-se, em grande medida, ao fato de ter ocorrido em uma Europa totalmente embebida na cosmovisão cristã, fundada na ideia de que o universo fora criado por um Deus racional.

Com o desenvolvimento das várias modalidades científicas entre os séculos 16 e 19, foi-se consolidando gradualmente um enorme corpo de conhecimentos sobre a natureza e uma crescente confiança na visão determinista de que tudo o que ocorre no mundo natural se dá sob o controle de férreas leis naturais às quais nada escapa. A questão é que um mundo inteiramente determinista parece excluir qualquer possibilidade de ação divina. Como então Deus age no mundo se todos os fenômenos naturais estão sujeitos a relações de causalidade estabelecidas por rígidas leis universais?

Essa questão atravessou os séculos. Para responder, preservando a aparente autonomia do mundo natural, foram desenvolvidos nas últimas décadas alguns modelos teóricos que exploram o indeterminismo presente em algumas áreas da ciência contemporânea para formular modos de ação divina objetivos, mas não intervencionistas. Se, por um lado, não se pode afirmar categoricamente que o resultado dessa empreitada tenha sido um sucesso completo, por outro é necessário admitir que esses modelos conseguiram seduzir algumas mentes brilhantes, como a de Alvin Plantinga. Veja, por exemplo, seu *Ciência, religião e naturalismo*.

Mas será que Deus precisa mesmo de uma brecha científica para agir no mundo? O filósofo e teólogo argentino Ignacio Silva mergulha nos textos originais de Tomás de Aquino sobre a metafísica da providência e da contingência natural para nos guiar numa análise profunda dessa questão. Em particular, questiona os modelos atuais que se valem de recursos da mecânica quântica e da teoria do caos para estabelecer uma "articulação causal" por meio da qual a ação divina entraria no mundo. Eis o debate.

Para fazer face a essas questões, *Como Deus age no mundo?* nos conduz para os meandros desse debate, apresentando uma descrição pormenorizada e elucidativa da metafísica de Tomás de Aquino sobre causação natural, contingência e sua relação com a providência divina. Ao fazê-lo, oferece ao leitor oportunidade de acesso em profundidade a um dos nós górdios da relação entre religião e ciência: o problema da ação divina. Aproveite!

Roberto Covolan

AGRADECIMENTOS

Boa parte do que está incluído nesse volume esteve em minha mente por mais de uma década, começando com um doutorado na Universidade de Oxford, pelo qual devo meu primeiro sinal de gratidão a meus dois orientadores, Peter Harrison e William Carroll, os quais me incentivaram desde os primeiros estágios de minha pesquisa. Um agradecimento especial também deve ser dirigido a Andrew Pinsent e Alister McGrath, que me receberam no Ian Ramsey Center for Science and Religion, após meu doutorado, por mais de sete anos. Nunca será demais ressaltar seu incentivo e apoio contínuos.

As páginas a seguir se baseiam consideravelmente em alguns de meus trabalhos publicados anteriormente: "Divine action and thomism: why Thomas Aquinas's thought is attractive today", *Acta Philosophica* 25:1 (2016): 65-83; "A cause among causes: God acting in the natural world", *European Journal for the Philosophy of Religion* 7:4 (2015): 99-114; "Providence, contingency, and the perfection of the universe", *Philosophy, Theology and the Sciences* 2:2 (2015): 137-57; "Revisiting Aquinas on providence and rising to the challenge of Divine action in nature", *The Journal of Religion* 94:3 (2014): 277-91; "Great minds think (almost) alike: Thomas Aquinas and Alvin Plantinga on Divine action in nature", *Philosophia Reformata* 79 (2014): 8-20; "Werner Heisenberg and Thomas Aquinas on natural indeterminism", *New Blackfriars* 94 (2013): 635-53; "John Polkinghorne on Divine action: a coherent theological evolution", *Science and Christian Belief* 24:1 (2012): 19-30; e "Thomas Aquinas holds fast: objections to Aquinas within today's debate on Divine action", *The Heythrop Journal* 54:4 (2011): 658-67.

A redação final desse livro foi possível graças a um incentivo da Fundação John Templeton (ID 61030), no Instituto de Filosofia da Universidad Austral (Argentina), onde trabalhei com filósofos qualificados que me apoiaram e perseveraram ao longo do processo: Juan Francisco Franck, Claudia Vanney e Mariano Asla. Vários estudiosos ao longo dos anos me ajudaram a esclarecer e melhorar minhas ideias. Uma lista injusta e incompleta precisa incluir, sem nenhuma ordem particular, John H. Brooke, Alex Arnold, Michael Dodds, Robert Russell, Julia e Andrew Meszaros, Simon Kopf, Tim Pawl, Michael e Emily Burdett, Gonzalo Recio, Thomas Oord, Agustín Echavarría, Craig Boyd, Jeroen de Ridder, Mark Harris e Andrea Sangiacomo. Aqueles que me apresentaram pela primeira vez ao estudo da metafísica de Tomás de Aquino na Argentina também devem receber minha gratidão: Oscar Beltrán, Olga Larre, Héctor Delbosco, Juan Pablo Roldán e o falecido Juan Roberto Courrèges. Não é preciso dizer que as falhas em meus argumentos se devem apenas à minha falta de habilidade, enquanto a maioria dos sucessos vem de seus conselhos.

Talvez, a expressão de gratidão mais importante deva ser dada ao próprio Tomás de Aquino, que alcançou as alturas da metafísica divina e continua a nos iluminar hoje, conduzindo, pelo menos, meus pensamentos a Deus. Por fim, meu *obrigado* mais particular vai para minha amada esposa, Agustina, e para nossos alegres e sempre saltitantes filhos, Felicitas e Joaquín, por meio dos quais descubro diariamente em minha vida o terno cuidado da providência de Deus.

LISTA DE REDUÇÕES DAS OBRAS DE TOMÁS DE AQUINO[1]

Summa theologiae (1266-1273)	*S. th.*
Summa contra gentiles (1259-1264)	*SCG*
De ente et essentia (1252/56)	*De ente*
De substantiis separatis (1271)	*De subs. sep.*
De principiis naturae (1252/56)	*De prin. nat.*
Compendium theologiae (1269-1273)	*Comp. theo.*
Quaestiones disputatae de malo (1266-1267)	*De malo*
Quaestiones disputatae de potentia Dei (1265-1266)[2]	*De pot.*
Quaestiones disputatae de veritate (1256-1259)	*De ver.*
Quaestio disputata de spiritualibus creaturis (1267-1268)	*De spirit. creat.*
Quaestio disputata de anima (1265-1266)	*De an.*
Quaestio disputata de virtutibus (1271-1272)[3]	*De virt.*
Quaestio de quodlibet 1 (1269)	*Quod. 1*
Scriptum super libros sententiarum (1251-1256)[4]	*In sent.*
Expositio in librum Boethii de hebdomadibus (1256-1259)	*In de heb.*
Super Boetium de Trinitate (1257-1258)	*In de Trin.*
Expositio super librum de causis (1271-1272)	*In de causis*
Expositio super Dionysium de divinis nominibus (1265-1267)[5]	*In de div. nom.*
In Psalmos Davidis expositio (c. 1273)[6]	*In Psalm.*

[1] A menos que indicadas de maneira diversa nessa lista, as obras de Tomás são retiradas da edição Leonina: *Sancti Thomae de Aquino opera omnia iussu Leonis XIII P.M. edita, Roma,* 1882.
[2] Ed. PM Pession, Marietti, Taurini-Romae, 1965.
[3] In *Quaestiones disputatae*, t. 2, Marietti, Taurini-Romae, 1965.
[4] Ed. P. Mandonnet, Lethielleux, Parisiis, 1929.
[5] Ed. C. Pera, P. Caramello, C. Mazzantini; Marietti, Taurini-Romae, 1950.
[6] Ed. R. Busa, Frommann-Hoolzbog, Stuttgart-Bad Cannstadt, 1980.

Super Evangelium S. Ioannis lectura (1270-1272)	*In Io.*
Sententia libri metaphysicae (1269-1272)[7]	*In met.*
Commentaria in octo libros physicorum (1269-1270)	*In phys.*
Expositio libri peri hermeneias (1270-1271)	*In peri her.*
In libros Aristotelis de caelo et mundo expositio (1272-1273)	*In de cae. et mun.*
In librum Aristotelis de generatione et corruptione expositio (1272-1273)	*In gen. et corr.*
Sententia libri de anima (1269-1270)	*In de an.*
Sententia libri ethicorum (1271)	*Sent. eth.*
Sententia super meteora (1269-1273)	*In meteor.*

[7] Ed. MR Cathala, RM Spiazzi; Marietti, Taurini-Romae, 1971.

INTRODUÇÃO

A GRANDE QUESTÃO

Nunca será demais ressaltar os desafios que um mundo cheio de eventos contingentes traz à doutrina da providência divina. Meu objetivo neste volume é abordar esses desafios, considerando a relação entre a contingência natural e a providência divina a partir da perspectiva de Tomás de Aquino, um filósofo cristão do século 13, ao mesmo tempo que lidamos ativamente com a literatura filosófica e teológica recente sobre a ação providencial divina. Ou seja, em vez de considerar aqueles que negam a possibilidade da providência divina, dada a contingência dos eventos naturais, estudarei propostas que oferecem a abordagem oposta, valendo-se dessa contingência natural para oferecer modelos de compreensão da ação providencial divina. Em particular, considerarei o que foi denominado Projeto sobre Ação Divina [Divine Action Project], que começou em algum momento da década de 1980 e durou cerca de 25 anos, cujos frutos continuam a crescer hoje em numerosos trabalhos sobre a providência e ação divina.

Pode-se afirmar que a principal contribuição desse projeto foi a conclusão de que a contingência e o indeterminismo na natureza são de grande valor para a ordem criada e tem grande valor para os discursos teológicos. Considere, por exemplo, o que George Ellis tem a dizer sobre a existência de contingência e aleatoriedade no universo:

> Acontece, então, que eles [sistemas biológicos] tiram proveito da tempestade de aleatoriedade encontrada no nível molecular — há muitas evidências de que o maquinário molecular na biologia é projetado para usar essa aleatoriedade a fim de obter resultados desejados. Isso também é verdade tendo em vista os níveis macro de comportamento e, em particular, aquilo que diz respeito ao funcionamento do cérebro. A aleatoriedade é aproveitada por meio do processo de seleção

> adaptativa, que permite surgir níveis mais elevados de ordem e significado. É, então, uma virtude, não um vício.[1]

Existe uma vantagem, um benefício, para a existência de aleatoriedade e acaso no universo, um benefício que, como espero explicar nas próximas páginas deste volume, Deus coloca a bom uso. A contingência e o indeterminismo, portanto, não excluem a presença sempre íntima do divino na criação, mas, na verdade, apontam para ela e, até certo ponto, exigem e demandam a providência de Deus.

Existem pelo menos duas fortes convicções que orientam o debate sobre a providência divina hoje: primeiro, as três grandes religiões monoteístas (judaísmo, cristianismo e islamismo) afirmam que Deus está presente no universo e atua providencialmente nele, guiando-o a seu cumprimento. Ou seja, Deus guia e dirige o mundo com cuidado e não se afasta dele. Deus não se retira da história do mundo nem deixa as pessoas sem sua ajuda. Em segundo lugar, o mundo natural no qual vivemos, conforme descrito pela ciência moderna, é um mundo ordenado, no qual cada evento parece ter uma causa natural: tudo no universo criado parece ser causado, necessariamente, por alguma outra coisa nesse mesmo universo criado. Essas duas assertivas, ainda que sirvam como eixos norteadores do debate, parecem se excluir. Ou Deus consegue agir diretamente no universo ou a descrição científica do mundo parece não deixar espaço para essa ação divina. A imagem científica parece apresentar limites que Deus não pode ultrapassar. Esses limites, porém, são a criação desse mesmo Deus. A ideia de Deus como sustentador da natureza e suas regularidades, enquanto milagrosamente intervém, suspende ou ignora essas regularidades parece, portanto, algo perto de uma contradição.[2]

Como primeiro passo para enfrentar esse dilema, a maioria dos atores no debate contemporâneo aceita uma distinção entre providência divina geral e especial, a primeira referindo-se à criação e sustentação do universo por Deus, enquanto a última se refere às intervenções diretas de Deus na natureza, que auxiliariam a história a se desenvolver da maneira que

---

[1] George Ellis, "Necessity, purpose and chance", in: Robert Russell; Joshua M. Moritz, orgs., *God's providence and randomness in nature* (West Conshohocken: Templeton Press, 2018), p. 21-67, 23.

[2] Wesley J. Wildman, "The Divine Action Project, 1988-2003", *Theology and Science* 2:1 (2004): 31-75, 38.

Deus deseja. A providência divina especial é uma noção que visa explicar a afirmação segundo a qual Deus não apenas conduz a história pela atividade autônoma da natureza, mas também introduz novidade na natureza, segundo seus planos.

O segundo passo geralmente dado no debate da ação divina providencial é encontrar na ciência contemporânea *lugares* onde seja possível localizar a ação de Deus. Após surgir uma explicação indeterminista da natureza dada pelo desenvolvimento da mecânica quântica no início do século 20, teólogos exploraram a possibilidade de um entendimento da ação providencial divina por meio de eventos indeterminísticos. Muitos argumentam que essa possibilidade eliminaria qualquer intrusão divina nas leis da natureza, pois essas próprias leis mostram que existem eventos naturais abertos a vários resultados diferentes. Nessa imagem da natureza, Deus poderia escolher qual resultado produzir, sem interromper nenhuma lei.

Essa proposta, porém, traz novas dificuldades no entendimento da ação divina providencial. Uma análise mais técnica de como Deus poderia agir, por exemplo, em eventos quânticos (se forem subdeterminados ou sem causa suficiente) mostra que Deus deveria agir como qualquer causa natural, pondo em risco seu *status* transcendental e colocando um ponto de interrogação no propósito das ações divinas. A raiz desses problemas é, conforme argumentarei, a noção de causalidade usada no debate, que, embora muitas tentativas tenham sido feitas para reconsiderá-la, permanece sem explicação.

O argumento que apresento neste livro, então, é simples em essência: existem algumas suposições não examinadas sobre a causalidade que levam a abraçar uma solução e representação inadequadas de Deus. Os conceitos de causalidade e causa empregados no debate são, a meu ver, determinísticos. Portanto, conforme argumentarei, Deus depende da ordem natural para agir, levando à conclusão de que ele age como as causas naturais. Para combater esses problemas, proponho revisitar a doutrina de Tomás de Aquino sobre causação primária e secundária e sua relação com a contingência e o indeterminismo no mundo natural.

Há, é claro, muitos estudiosos que mencionam a importância de Aquino para as discussões filosóficas e teológicas na atualidade e muitos argumentariam que o estudo da teologia ou filosofia na cultura ocidental não pode evitar completamente seu trabalho. Seguramente, Tomás de Aquino representa o ápice do pensamento medieval, tendo influenciado profundamente os pensadores dos períodos moderno e contemporâneo. Estudiosos contemporâneos da estatura de Alister McGrath[3] e Keith Ward[4] consideram que Aquino é um dos pensadores que devem ser consultados em qualquer debate sobre Deus.

Há também uma grande consciência, no contexto do debate atual sobre a ação divina providencial, de que o pensamento de Tomás de Aquino pode levar a uma solução para a "grande questão". Robert Russell, um dos principais estudiosos nessas discussões, aponta para esse fato várias vezes ao considerar propostas alternativas às suas. Por exemplo, no terceiro volume do Projeto sobre Ação Divina, publicado em 1995, Russell enumera várias abordagens atuais da ação divina, mencionando o neotomismo entre elas, com a teologia do processo, ação uniforme e modelos de agentes pessoais.[5] Em 2008, Russell afirmou que, por consequência das discussões, dois amplos sistemas metafísicos foram adotados pelos estudiosos participantes dos debates: a metafísica do processo e a metafísica neotomista,[6] recomendando pesquisas adicionais sobre uma avaliação detalhada dos méritos relativos das diferentes propostas sobre a ação divina, mencionando, entre outras, a distinção entre causalidade primária e secundária, duas noções essenciais da explicação de causalidade de Tomás. Por fim, em sua última produção, em 2018, Russell dedica várias páginas a analisar abordagens inspiradas em Tomás de Aquino, na esperança de encontrar pontes e conexões entre sua proposta e as do filósofo tomista Michael Dodds, OP.

Aliás, Dodds é talvez o tomista mais conhecido no debate, com vasta publicação, oferecendo perspectivas tomistas sobre a providência e a ação

---

3 Alister McGrath, org., *Theology: the basic readings* (Malden/ Oxford: Blackwell, 2008), p. 31: "[A *Summa theologica*, obra de Tomás] é amplamente considerada um marco na teologia cristã e é uma das fontes teológicas mais amplamente utilizadas e citadas".

4 Keith Ward, em *The big questions in science and religion* (West Conshohocken: Templeton, 2008), apresenta seus pontos de vista sobre Deus, criação, causalidade divina, alma etc., em contraste com os de Aquino.

5 Robert Russel, "Introduction", in: Robert Russell; Nancey Murphy; Arthur Peacocke, orgs, *Chaos and complexity: scientific perspectives on Divine action* (Vatican City/ Berkeley: Vatican Observatory — CTNS, 1995), p. 7.

6 Robert Russel, "Challenges and progress in 'theology and science': an overview of the VO/CTNS Series", in: Robert John Russell; Nancey Murphy; William R. Stoeger, orgs., *Scientific perspectives on Divine action* (Vatican City/ Berkeley: Vatican Observatory — CTNS, 2008), p. 3-56, 20 e 36.

divina em relação ao debate atual, principalmente em seu volume lançado em 2012, *Unlocking Divine action.*[7] A influência de Tomás de Aquino pode ser facilmente percebida nos escritos de William Stoeger; Philip Clayton utiliza explicitamente a formulação tomista clássica de causas, afirmando a necessidade de falar sobre as causas formal, material, eficiente e final da ação de Deus no universo;[8] e Robert Russell afirma abertamente que a ação criativa de Deus fornece as causas materiais e formais na natureza.[9] Sarah Lane Ritchie também dedica bastante tempo estudando o pensamento de Aquino nas abordagens de numerosos tomistas contemporâneos;[10] e, por fim, David Fergusson,[11] bem como David S. Robinson e Jennifer Wotochek[12] recentemente comentaram sobre a recuperação do impulso de abordagens tomistas na literatura e o ressurgimento de descrições clássicas de agências "não competitivas".

Não é precipitado, então, dizer que Tomás de Aquino já está instalado no debate contemporâneo. Robert Russell sugere que é necessário dar mais atenção à explicitação da metafísica de Aquino, uma vez que não está claro até que ponto a diversidade metafísica no debate aumentou ou impediu que as conversas avançassem.[13] Enfatizando essa ideia, Stoeger alertou, já em 2008, que o conceito de *creatio ex nihilo* não havia sido cuidadosa e adequadamente introduzido nesse debate e que deveria ser abordado em pesquisas posteriores.[14] Sua principal razão era que essa noção, essencial para o teólogo medieval, fornece a base fundamental para entender de forma adequada tanto a ação criativa universal de Deus quanto sua ação providencial especial, um ponto que abordo no quarto capítulo deste volume. Michael Dodds é, até agora, um dos poucos estudiosos a embarcar no projeto com uma perspectiva tomista explícita, oferecendo uma análise completa sobre

---

7 De forma mais proeminente, Michael Dodds publicou *Unlocking Divine action: contemporary science and Thomas Aquinas* (Washington, DC: CUA Press, 2012).

8 Philip Clayton, "Natural law and Divine action: the search for an expanded theory of causation", *Zygon* 39:3 (2004): 615-36, 631.

9 Robert Russel, "Quantum physics and the theology of non-interventionist objective Divine action", in: Philip Clayton, org., *The Oxford handbook of religion and science* (Oxford: OUP, 2006), p. 579-95, 586.

10 Sarah Lane Ritchie, *Divine action and the human mind* (Cambridge: CUP, 2019), espec. o cap. 7.

11 David Fergusson, *The providence of God: a polyphonic approach* (Cambridge: CUP, 2018), p. 255.

12 David Robinson; Jennifer Wotochek, "Kenotic theologies and the challenge of the 'anthropocene': from deep incarnation to interspecies encounter", *Studies in Christian Ethics* (2020): 1-14, 5*VER*.

13 Russell, "Challenges and progress", p. 23.

14 William, S. J. Stoeger, "Conceiving Divine action in a dynamic universe", in: Robert John Russell; Nancey Murphy; William R. Stoeger, orgs., *Scientific perspectives on Divine action: twenty years of challenge and progress* (Vatican City/ Berkeley: Vatican Observatory — CTNS, 2008), p. 225-47, 226.

como o pensamento de Tomás de Aquino pode ser útil para o debate, com a recente adição do trabalho de Mariusz Tabaczek sobre emergência e ação divina e o trabalho de Simon Maria Kopf sobre teleologia e contingência na natureza.[15]

Os estudos contemporâneos sobre providência divina que lidam com esses assuntos estão crescendo no atual campo da ciência e religião e espero que meu projeto abra um novo terreno para o debate. Trabalhos recentes incluem *The providence of God: a polyphonic approach*, de David Fergusson; *Divine providence and human agency* de Alexander Jensen; *Abraham's dice: chance and providence in the monotheistic traditions*, organizado por Karl Giberson; e o volume editado por Robert Russell e Joshua Moritz, *God's providence and randomness in nature: scientific and theological perspectives*.[16] O livro de Fergusson oferece um relato histórico de diferentes abordagens à doutrina da providência, apresentando em seu capítulo final um discurso teológico que estabelece a própria dogmática e teologia prática da providência. O livro de Jensen defende um relato teologicamente tomista da providência em um debate aberto com a teologia do processo sobre o tema da liberdade humana em relação à providência divina. O volume de Giberson oferece uma coleção ordenada de ensaios sobre as diferentes abordagens históricas da providência e do acaso que surgiram nas tradições monoteístas. O volume editado por Russell e Moritz oferece abordagens científicas e teológicas para as questões da aleatoriedade natural e da providência divina trabalhando por meio dessa aleatoriedade.

Além desses tratados sobre a providência, existem vários volumes enquadrados nos termos da "ação divina". Por exemplo, a obra em quatro volumes de William J. Abraham, *Divine agency and Divine action*; o livro

---

[15] Veja Dodds, *Unlocking Divine action*; Mariusz Tabaczek, *Divine action and emergence: an alternative to panentheism* (South Bend: Notre Dame Press, 2021); Simon Maria Kopf, *Divine providence and natural contingency: new perspectives from Aquinas on the Divine action debate*, tese de doutorado, Universidade de Oxford, 2019. Michael Heller também comenta como é importante olhar para Tomás de Aquino. Ele o faz, porém, de forma bastante condensada em relação ao tempo que dedica à ciência contemporânea. Veja seu "Generalizations: from quantum mechanics to God", in: Robert J. Russell; Philip Clayton; Kirk Wegter-McNelly; John Polkinghorne, orgs., *Quantum mechanics: scientific perspectives on Divine action* (Vatican City/ Berkeley: Vatican Observatory — CTNS, 2001), p. 191-210.

[16] Fergusson, *The providence of God*; Alexander Jensen, *Divine providence and human agency* (Abingdon: Routledge, 2014); Karl Giberson, *Abraham's dice: chance and providence in the monotheistic traditions* (Oxford: OUP, 2016); e Russell; Moritz, *God's providence*.

de Michael Dodds *Unlocking Divine action: contemporary science and Thomas Aquinas*; o volume organizado por Robert Russell e Nancey Murphy, *Philosophy, science and Divine action*; *Divine action and the human mind*; de Sarah Lane Ritchie; e *Divine action, determinism, and the laws of nature*, de Jeffrey Koperski.[17] A obra de Abraham é um impressionante projeto em quatro volumes que explora o debate teológico do século 20 sobre a agência divina (vol. 1, 2017) e suas raízes históricas (vol. 2, 2018), oferecendo seu relato teológico sistemático da ação divina (vol. 3, 2019) e seus pontos de vista sobre Deus como agente na natureza (vol. 4, 2021, sendo este talvez o mais relevante para meu estudo, mas ainda não havia sido publicado enquanto eu terminava de escrever estas páginas). A obra de Dodds é provavelmente a mais parecida com a minha, pois lida explicitamente com as propostas atuais para explicar a ação divina à luz da ciência contemporânea, oferecendo uma perspectiva tomista sobre o assunto. Considero esse trabalho de Dodds um excelente pontapé inicial para o ímpeto recuperado na literatura recente de estudos tomistas sobre a ação providencial divina.[18] O volume editado por Russell e Murphy inclui capítulos de vários estudiosos renomados no campo da ciência e religião. O volume de Ritchie oferece uma maravilhosa análise panorâmica de diferentes abordagens da ação divina no mundo, especialmente por meio da mente humana, na esperança de haver desvinculação de alguns outros modelos que localizam o envolvimento de Deus no mundo por meio das indeterminações que a criação oferece. Por fim, a obra de Koperski oferece um modelo neoclássico da ação divina, cujo argumento básico é que o determinismo é um *complemento* das leis da natureza, e que estas não restringem as ações dos agentes pessoais no mundo.

Sarah Lane Ritchie percebeu uma virada em direção ao que ela chama de "naturalismos teístas" na maioria da literatura mais recente sobre a ação providencial divina, que, em essência, procura "afirmar um compromisso total com as ciências naturais" enquanto enfatiza "o papel da teologia na

---

[17] William J. Abraham, *Divine agency and Divine action* (Oxford: OUP, 2017-21), 4 vols.; Dodds, *Unlocking Divine action*; Robert Russel; Nancey Murphy, *Philosophy, science and Divine action* (Leiden: Brill, 2009); Sarah Lane Ritchie, *Divine action and the human mind*; e Jeffrey Koperski, *Divine action, determinism, and the laws of nature* (Abingdon: Routledge, 2020).

[18] Veja Fergusson, *The providence of God*, p. 225.

definição da ontologia da própria natureza".[19] Ela mostra essa virada teológica acontecendo por intermédio do tomismo, da pneumatologia e do panenteísmo. Minha obra insere-se, assim, nessa "virada", pois procuro, como explicarei nas páginas seguintes, afastar-me dos modelos contemporâneos de ação divina providencial que a colocam nas "lacunas causais" da natureza, sugerindo um modelo no qual a natureza e Deus se relacionam a cada momento, para os quais cada momento da criação é a articulação causal, para usar a expressão fundamental de Austin Farrer.

Meus objetivos neste trabalho são, talvez, modestos em comparação a boa parte dessas obras citadas, embora ainda sejam ambiciosos na tentativa de oferecer um modelo sólido para a ação providencial divina seguindo os ensinamentos de Tomás de Aquino. Analisando a "virada teológica" nos modelos de ação divina, Ritchie valorizou as abordagens tomistas para a ação divina providencial como "uma espécie de padrão-ouro", porque elas enfatizam que "a natureza [está] sempre em conexão íntima com e dependência de Deus" e, portanto, "tanto Deus quanto os processos naturais são totalmente responsáveis por todos os eventos naturais."[20] Tomás é inflexível a esse respeito: "as coisas naturais não produzem seus efeitos a não ser pelo poder divino".[21] Essa simples declaração encerra toda a metafísica da providência: Deus está presente com seu poder em cada evento natural e em cada processo natural. Ainda assim, essa simples afirmação também traz questões pertinentes: o que significa dizer que as coisas naturais produzem seus efeitos pelo poder divino? Como entender que as coisas naturais causam seus efeitos porque são causas criadas e, como tais, recebem seus poderes de Deus? Ou será que Deus produz cada efeito natural sem nenhum *input* de causas naturais? Ou são ambos, Deus e as causas naturais, que produzem, juntos, o efeito? Deus precisa agir para as coisas naturais poderem causar? Deus pode, no fim das contas, agir na natureza, se as coisas naturais já estão agindo?

Tentarei responder a essas perguntas expandindo as ideias a seguir. Para Tomás de Aquino, Deus faz com que as criaturas existam de tal

---

[19] Sarah Lane, Ritchie, "Dancing around the causal joint: challenging the theological turn in Divine action theories", *Zygon* 52:2 (2017): 361-79, 367.

[20] Ritchie, *Divine action*, p. 344.

[21] *SCG* III, c. 70.

maneira que sejam as verdadeiras causas de suas operações. Ainda assim, ele está trabalhando em cada operação da natureza. A causalidade divina e a causalidade da criatura, para Tomás, funcionam em níveis fundamentalmente diferentes. A causalidade de Deus é a da criação, enquanto a causação da criatura é a da mudança natural. Assim, Aquino entende que essas duas causas diferentes (Deus e as criaturas) diferem de maneira radical: Deus é a causa completa de toda a realidade, de tudo o que é; no entanto, no mundo criado existe uma rica gama de causas secundárias reais. Na verdade, seguindo sua compreensão da criação a partir do nada, Tomás de Aquino afirma a integridade e relativa autonomia do mundo físico e a adequação das ciências naturais para relatar a respeito deste mundo. Especialmente em sua exposição da doutrina da *creatio ex nihilo*, Aquino afirmou a dependência radical e contínua de todas as coisas divinas como sua causa e que essa dependência é totalmente compatível com a descoberta de causas na natureza. A onipotência de Deus, explica o teólogo medieval, não desafia a possibilidade de causalidade real para as criaturas, rejeitando, assim, qualquer noção de afastamento divino do mundo para deixar espaço para as ações das criaturas. Na verdade, Tomás de Aquino não acha que Deus apenas permite que as criaturas se comportem da maneira que o fazem. Além disso, a criação do nada não significa apenas que Deus cria o ser e permite que causas secundárias forneçam as determinações particulares dos seres individuais. As criaturas são o que são precisamente porque Deus está constantemente presente para elas como a causa de seu ser e de suas ações. Assim, Aquino afirma que:

> o mesmo efeito não é atribuído a uma causa natural e ao poder divino de tal maneira que seja parcialmente realizado por Deus e parcialmente pela causa eficiente natural; ao contrário, é efetuado integralmente por ambos de maneira diferente, assim como o mesmo efeito é atribuído integralmente ao instrumento e também ao agente principal.[22]

Se Deus se retirasse, tudo o que existe deixaria de existir. Assim, a autonomia da natureza é garantida pela causalidade criativa contínua de Deus.

---

[22] *SCG* III, c. 70.

ESTRUTURA DO LIVRO

Um comentário sobre meu uso de palavras no título pode ser necessário, em particular sobre o termo "metafísica", no subtítulo.[23] Os leitores familiarizados com a filosofia de Tomás de Aquino e, em particular, com a forma pela qual o tomismo enquadrou seu pensamento nos séculos entre ele e nós, podem ficar intrigados com o fato de ser empregado o termo "metafísica" para me referir às considerações de Tomás sobre causas naturais: essas doutrinas são tradicionalmente colocadas sob o rótulo de "filosofia da natureza". Algo semelhante pode acontecer com os leitores que esperam um discurso teológico sobre a doutrina da providência, que não costuma ser denominada como uma doutrina metafísica. Em poucas palavras, os tratados e discursos atuais sobre causalidade tendem a ser enquadrados como discursos metafísicos e, como tal, simplesmente adoto essa tendência. Não vejo necessidade de me apegar a uma linguagem que não é mais usada em círculos acadêmicos mais amplos, como a da "filosofia da natureza", quando até mesmo Aquino fez pouco uso dela.[24] Diga-se de passagem, a noção de causa como tal é para ele algo que se situa nos limites entre sua filosofia da natureza e sua metafísica e, nesse sentido, estou sendo fiel ao pensamento dele. No que diz respeito à noção de "providência", vejo-a situando-se entre a metafísica tal como entendia Tomás de Aquino, ou seja, como a disciplina que busca o conhecimento da causa primeira — a saber, Deus — e a teologia, ou seja, a disciplina que tenta obter conhecimento desse Deus seguindo a revelação divina. Portanto, estou considerando apenas a providência no primeiro sentido, como uma noção metafísica. Assim, apresento nas próximas páginas uma metafísica da providência fundamentada na causação natural.

Começo minha argumentação buscando critérios para avaliar modelos providenciais de ação divina, no que gosto de chamar de escavação

[23] O autor faz aqui menção ao título e subtítulo originais *Providence and science in a world of contingency: Thomas Aquinas' metaphysics of divine action* [Providência e ciência em um mundo de contingência: a metafísica da ação divina de Tomás de Aquino]. (N. T.)

[24] Tomás de Aquino fez uso do termo "filosofia natural". Ainda assim, uma simples busca no Corpus Thomisticum pelos termos "philosoph* naturae" não dá nenhum resultado relevante. Somente quando se busca por "philosoph* natural*" é que se obtém resultados referentes a algo semelhante ao que os tomistas contemporâneos chamam de "filosofia da natureza". Aquino faz uso desse termo cerca de 40 vezes, menos da metade das vezes que usa o termo "metafísica" em todas as obras que escreveu.

histórica. Assim, no primeiro capítulo, "Procurando critérios", apresento uma breve história metafísica da providência divina, considerando quatro diferentes episódios da história do pensamento intelectual ocidental que oferecem modelos de providência divina. Os episódios iniciam-se no islã e no cristianismo medievais, passando pelo início da Europa moderna e finais do século 19 e início do século 20, chegando ao debate atual. Esse estudo preliminar histórico alcança quatro diferentes critérios, ou melhor, desideratos, que embasam os debates e que, assim defendo, podem servir para avaliar os modelos contemporâneos (e futuros) de ação divina providencial e contingência natural. Meu ponto é que esses episódios históricos, mesmo que distantes no tempo uns dos outros, são moldados por essas opções ou princípios metafísicos: 1) a onipotência de Deus; 2) o envolvimento de Deus no funcionamento da natureza; 3) a autonomia da natureza; e 4) o sucesso da razão natural e da ciência. Tento mostrar nessa história metafísica que os pensadores ao longo desses episódios lutaram para juntar esses quatro desideratos nos respectivos modelos de providência divina, tendo que fazer malabarismos com eles para encaixá-los em seus modelos e sugiro que o modelo de Tomás de Aquino consegue conter os quatro.

No segundo capítulo, "Ciência e providência nos dias atuais", apresento as noções fundamentais do debate em torno da providência e da ciência, como ação divina geral, ação divina especial, e exploro as características básicas de contingência, indeterminismo, acaso e aleatoriedade. Abordo como esses conceitos são usados para defender a visão de uma providência divina por meio do funcionamento das indeterminações da ordem criada. Para mostrar por que acho que o debate está mal formulado, exemplifico as principais ideias que o orientam, concentrando-me no modelo de ação divina quântica de Robert Russell, mas também me referindo às ideias de John Polkinghorne sobre teoria do caos e ação divina e as considerações de Jeffrey Koperski sobre as leis da natureza em relação à ação providencial de Deus no mundo. Examinarei, assim, os pressupostos filosóficos e teológicos sobre causalidade e Deus que influenciam as discussões atuais sobre a providência divina. O principal pressuposto é que a noção de causalidade é identificada com o determinismo, um movimento que implica, em última análise, entender a causalidade divina como natural, localizando a causação de Deus entre as causas criadas, uma conclusão totalmente indesejável.

No terceiro capítulo, "Uma metafísica da contingência natural", começo meu argumento principal, trazendo à plena luz o pensamento metafísico de Tomás de Aquino sobre a natureza, investigando como a causalidade natural funciona para ele, fornecendo uma nova e arejada avaliação de sua clássica descrição das quatro causas do mundo natural: material, formal, eficiente e final. Essa análise mostrará que a noção essencial na definição de causa é a de dependência. Essa definição permite a Tomás de Aquino falar de causas contingentes (que podem ser cientificamente descritas, em termos indeterminísticos ou aleatórios) na causação de efeitos, uma característica intimamente ligada ao fato de que as causas eficientes naturais às vezes falham na produção de seus efeitos. Sugiro, então, entender a providência divina usando essa noção mais ampla de causalidade como aquilo do qual algo depende.

Continuo minha imersão aprofundada na metafísica de Aquino no quarto capítulo, "Uma metafísica da providência de Deus", no qual apresento como ele afirmou a dependência radical e contínua de todas as coisas em relação a Deus como causa. Primeiramente, o capítulo se concentra na doutrina tomista de Deus como ser puro, a fim de preparar o caminho para sua exposição da doutrina da *creatio ex nihilo*, da qual brota sua doutrina metafísica da providência. Seguindo Aquino, argumento que a dependência completa das criaturas em relação a Deus é totalmente compatível com a descoberta de causas reais na natureza. Assim, pode-se argumentar a favor de um Deus que, sem perturbar a ordem das causas naturais, governa providencialmente o desenvolvimento do universo, agindo nas e por meio das causas criadas. O leitor descobrirá que as explicações nesses dois capítulos são fortemente baseadas em uma leitura ampla de toda a obra do teólogo medieval e não apenas nos *loci classici* de ambas as Sumas. O benefício desse método será um retorno a Tomás de Aquino e não uma exposição de um tomismo inspirado nele, que é, como argumento ao final do livro, a raiz de muitos equívocos a respeito de seu pensamento.

No capítulo final, "Tomás de Aquino nos dias atuais", defendo que Aquino nos oferece os princípios metafísicos para uma solução das questões levantadas pelo debate atual sobre a ação divina providencial. Por um lado, a explicação dele sobre a natureza não é total e absolutamente determinista, permitindo, por exemplo, uma reinterpretação da compreensão de Heisenberg da mecânica quântica, que está no cerne de muitos modelos de ação divina providencial hoje. Por outro lado, considerando a descrição de Tomás de Aquino sobre a causalidade de Deus para cada evento na natureza, pode-se dizer que Deus pessoalmente é a causa das maneiras particulares e individuais pelas quais as criaturas causam.

Minhas observações finais serão dedicadas a abordar algumas objeções atuais às ideias de Tomás de Aquino e a como trabalhos recentes em ciência e religião lidaram criativamente com seu pensamento. Espero chegar à conclusão de que, dada a compreensão de Aquino da causalidade natural e divina, é possível uma descrição plausível da ação divina providencial na natureza, sem que isso seja contrário à causalidade natural.

Capítulo 1

Procurando critérios: uma história metafísica da providência divina

Para muitas pessoas, parece que, se Deus interviesse na natureza, ou seja, atuasse nela seguindo seus desígnios divinos, ele estaria quebrando, suspendendo ou simplesmente não seguindo a aparente ordem regida por leis do universo criado, o que implicaria uma incoerência na natureza divina. Além disso, a ideia de Deus agindo diretamente no mundo natural parece trazer desafios à autonomia da natureza e, portanto, ao fundamento das ciências naturais. Ainda assim, parece necessário que os pensadores cristãos de hoje ofereçam modelos e explicações de como é possível entender que a natureza tem sua ordem e ações regulares, junto à afirmação de que Deus pode participar ativamente do desenvolvimento do mundo natural e humano. Em última análise, o Deus do judaísmo, cristianismo e islamismo não é um Deus das margens. Antes de considerar os diferentes modelos disponíveis hoje, no entanto, será útil encontrar alguns critérios para avaliar esses modelos. Sugiro "escavar na história" em busca desses critérios, ou seja, analisar modelos oferecidos em controvérsias e debates passados sobre a ação divina providencial, buscando aqueles ideais que guiaram os debates. Esses ideais acabarão sendo o que chamo de critérios ou desideratos.

Assim, antes de mergulhar completamente no debate contemporâneo e no pensamento metafísico de Tomás de Aquino, este capítulo apresentará uma breve história metafísica da ação divina providencial, começando pelas discussões medievais islâmicas, passando pelas abordagens cristãs medievais e o início do período moderno e chegando a apresentações da questão realizadas nos séculos 19 e 20, que moldaram nosso atual debate. Essencialmente, Tomás de Aquino lidou com problemas muito semelhantes durante seu tempo e discussões que compartilhavam suposições semelhantes apareceram também no século 17 e no final do século 19. Assim, mesmo que o debate no século 13 fosse enquadrado em diferentes termos filosóficos (sem incluir, por exemplo, qualquer menção a teorias quânticas, caóticas ou do Big Bang), havia posições filosóficas e teológicas semelhantes sobre como explicar a ação divina providencial no universo e muitas eram curiosamente semelhantes às posições presentes no início da modernidade e até hoje. Minha esperança é que este breve esboço histórico me permita, assim, desenterrar quatro critérios para avaliar o debate com seus pressupostos não examinados e mostrar por que acredito que ainda vale a pena considerar com seriedade o pensamento metafísico de Tomás de Aquino sobre causação natural e divina. Como mencionei na introdução deste livro, esses quatro critérios serão: 1) a onipotência de Deus; 2) o envolvimento de Deus no funcionamento da natureza; 3) a autonomia da natureza; e 4) o sucesso da razão natural e da ciência. Prefiro não me alongar sobre como entender esses critérios aqui neste ponto, pois eles se revelarão durante minha expedição arqueológica por essa breve história metafísica. Ainda assim, vale ressaltar que seria imprudente tentar definir esses quatro desideratos, pois, embora todos tenham desempenhado um papel importante nas discussões sobre providência e ação divina, eles têm mudado, mesmo que mantenham um núcleo comum. No final, meu argumento sustentará que, independentemente de como os pensadores os entenderam ao longo do tempo, eles sempre tiveram que lidar com esses princípios em seus modelos de ação divina providencial.

Começarei com uma análise dos debates da tradição medieval islâmica e cristã, apresentando o pensamento de estudiosos como Algazali, Averrois, Aquino e Avicebron. Esse debate foi formulado sob as ideias filosóficas de Aristóteles, a fim de saber se eram suficientes para explicar a natureza da relação entre o divino e o mundo. Após isso, passarei ao início da modernidade e o pensamento de Francis Bacon, Robert Boyle e René Descartes. Os modelos da ação divina providencial nesse período são derivados de novas percepções da interação divina com o universo criado por meio das leis da natureza — uma noção estranha aos pensadores medievais. Por fim, abordarei as discussões do início do século 20 sobre o comportamento determinista ou indeterminista do universo e como esse debate moldou as concepções teológicas sobre a ação (ou não) providencial de Deus no mundo.

A IDADE MÉDIA

Meu breve esboço histórico da metafísica da providência começa no século 12, quando o estudioso persa Algazali (falecido em 1111) tentou mostrar, em seu famoso livro *The incoherence of the philosophers* [A incoerência dos filósofos], que os pensadores que adotaram o entendimento grego (na forma da filosofia aristotélica) em particular, seu predecessor persa Avicena (980-1037), não tiveram sucesso em alcançar uma teoria coerente da ação divina. Antes de Algazali, do século 8 ao 12, havia uma forte defesa das ideias religiosas islâmicas sustentadas pelos teólogos *mutakallimūn*[1] (dos quais Algazali foi o maior proponente), movimento no qual a teologia *kalam* era a principal corrente de pensamento.[2] A ideia básica dessa teologia era que a natureza imutável da onipotência e providência de Deus significava que não poderia haver poder ativo na natureza e que, em vez disso, Deus agia em todos os eventos aparentemente naturais, uma doutrina que, nos séculos posteriores, seria conhecida como ocasionalismo.[3] Por outro lado, os filósofos inspirados pelo pensamento de Aristóteles defendiam a existência real de poderes e causas naturais.

Segundo o islã, o universo foi criado do nada e teve um começo no tempo. Os teólogos *kalam* consideravam que Deus recria o universo

---

[1] O termo *mutakallimūn* (plural de *mutakallim*) aparece também traduzido por "teólogos dialéticos" e "escolásticos do islã". Estes eram considerados teólogos islâmicos "racionalistas", pois consideravam a lógica um instrumento capaz de fortalecer suas doutrinas nas disputas contra os ataques de pensadores não ortodoxos. (N. T.)

[2] Para uma análise mais detalhada e diferenciada da teologia *kalam*, veja Richard Frank, "Remarks on the early development of the Kalam", in: Dimitri Gutas, org., *Philosophy, theology and mysticism in medieval Islam* (Aldershot: Ashgate, 2005), p. 315-29; Husam Muhyi al-Din al-Alusi, *The problem of creation in Islamic thought, Qur'an, Hadîth, commentaries, and Kalâm* (Cambridge: CUP, 1965). Questões sobre a ação e providência divina em relação à ciência moderna ganharam novo impulso na filosofia islâmica contemporânea. Veja, p. ex., alguns trabalhos publicados recentemente que se engajam com o debate ocidental contemporâneo: Tahameh Ansarian; Narges Nazarnejad, "An investigation into Nancy Murphy's view on Divine action in the world", *Jostarha-Ye Falsafe-Ye Din* (*Philosophy of Religion Studies)* 6:1 (2017): 65-88; Roozbeh Zare, "Divine action in nature; describing and analyzing John Polkinghorne's view point"', *Jostarha-Ye Falsafe-Ye Din* (*Philosophy of Religion Studies*) 6:2 (2018): 25-47; Hossein Ejtehadian; Rasool Rasoolipoor, "Divine action and Bohmian interpretation of quantum mechanics", *Jostarha-Ye Falsafe-Ye Din* (*Philosophy of Religion Studies*) 7:2 (2018): 55-80; Hossein Ejtehadian, "Integrating bohmian and Sadra's metaphysic to explain Divine action", *Jostarha-Ye Falsafe-Ye Din* (*Philosophy of Religion Studies*) 8:1 (2019): 63-81; Javad Darvish Aghajani; Seyed Hassan Hosseini, "Facing the problem of the Divine action in nature: the superiority of emergentism over the Thomistic and quantum perspectives", *Journal of Philosophy of Religion Research* (*Nameh-I- Hikmat*) (2020): 1-26. Infelizmente, minha inabilidade na língua persa impede um envolvimento maior com essa nova literatura, tarefa que ficará aberta para futuras aventuras intelectuais.

[3] Veja Andrea Sangiacomo, "Divine action and God's immutability: a historical case study on how to resist occasionalism", *European Journal for Philosophy of Religion* 7:4 (2015): 115-35.

a cada instante, vendo, portanto, a criação como um evento atômico mediante o qual Deus traz o universo à existência a cada momento único do tempo, permitindo que ele seja racional e inteligível por meio da manutenção das regularidades que hoje se expressam no que chamamos de leis da natureza (noção que passou a existir no início da modernidade, como mostrarei a seguir). Os teólogos *kalam* assumiam que as propriedades de um ser existente no universo natural mudavam constantemente, em um processo contínuo de recriação, entendido como uma criação contínua de matéria e poderes no universo, como se a cada momento o universo estivesse em processo de "tornar-se". Na verdade, para os teólogos *kalam*, o universo é inquieto e está em constante desenvolvimento; nada no universo permaneceria por dois momentos em um estado estacionário. Com essa ideia, seguindo sua perspectiva atomística sobre a natureza e a criação, os teólogos *kalam* acreditavam que "nenhum ser, em si e de si, em virtude dos princípios inerentes de seu ser, é orientado para se tornar algo diferente do que é" e que "todas as coisas não são mais do que são e seu ser é completo e realizado em qualquer momento de sua existência". Portanto, "nenhum ser tem em si qualquer 'potencialidade' intrínseca para mudar"; e "seu tornar-se outro depende inteiramente e reside na potencialidade de um agente exterior que consegue efetuar a mudança", ou seja, Deus.[4]

Além disso, eles consideraram que a causa eficiente, cujo efeito é a existência material real da coisa, deve ser a causa da totalidade de seu ser, no sentido de ser algo existente e de ter a realidade que tem. Assim, o próprio ato de causalidade no momento de sua realização é fundamentado na causalidade criativa de Deus: o ato único que produz a existência de algo é a causa da totalidade de sua realidade.[5] Essa visão, somada à estrutura atomística e em constante evolução do universo, revelou aos teólogos *kalam* que toda mudança envolve uma criação, uma vez que qualquer mudança efetuada representa inteiramente a realização de um novo ser.[6] Em última análise, os teólogos *kalam*

---

[4] Richard Frank, "The structure of created causality according to al-Ash'ari", in: Dimitri Gutas, org., *Early Islamic theology: the mu'tazilites and al-Ash'ari* (Aldershot: Ashgate, 2005), p. 13-75, 20.

[5] Frank, "Remarks", p. 328.

[6] Frank, "The structure", p. 22.

> propuseram isso [a teoria da recriação constante] a fim de preservar o envolvimento de Deus no mundo e desempenhar seu papel essencial, que eles viam como necessário (mas nem sempre suficiente) para sustentar a existência do mundo.[7]

Assim, para aceitar as premissas religiosas do envolvimento constante de Deus no universo, os teólogos *kalam* sentiram a necessidade de diminuir as atividades da natureza a ponto de negá-las.[8]

Eles, então, admitiram que não havia causalidade determinística na natureza; na verdade, não havia causalidade natural alguma, o que levava a um mundo completamente indeterminado, embora ordenado pela vontade de Deus, sendo esta imutável. Como sugere William Carroll, filósofo de Oxford, a soberania divina sobre os eventos do mundo estava claramente em jogo.[9] Se a natureza agisse por si mesma, não haveria nenhum lugar para Deus agir. Dadas as premissas teológicas que afirmavam que Deus é onipotente e que ele governa e guia o universo, os teólogos *kalam* precisavam admitir que a natureza não tinha nenhum poder causal. Portanto, era Deus quem agia, criando, constante e diretamente, todos os eventos, sem quaisquer agentes intermediários.[10] Era somente Deus e Deus somente, pelo próprio comando e poder, a causa direta de todos os eventos no mundo.[11]

Do outro lado da discussão filosófico-teológica islâmica sobre a ação divina na natureza, estão aqueles a quem os teólogos *kalam* chamavam de "filósofos". Entre eles, um dos mais importantes foi o polímata andaluz Ibn-Rushd (1126-1198), em geral chamado de Averróis nas universidades medievais latinas. A principal ideia dele sobre esse assunto era, seguindo Aristóteles, que a natureza agia de forma autônoma, uma afirmação em oposição direta à teologia *kalam*, para quem uma natureza autônoma significava uma diminuição da onipotência de Deus. Aliás, a posição de

---

[7] Basil Altaie, "The understanding of creation in Islamic thought", in: Neil Spurway, org., *Creation and the Abrahamic faiths* (Cambridge: Cambridge Scholars Publishing, 2008), p. 81-90, 87.

[8] Veja Richard Walzer, "Early Islamic philosophers", in: A. H. Armstrong, org., *The Cambridge history of late Greek and early medieval philosophy* (Cambridge: CUP, 1970), p. 648: "*Mutakallimūn* seguiam uma metodologia que toma a verdade do islã como ponto de partida".

[9] William Carroll, *La creación y las ciencias naturales. actualidad de Santo Tomás de Aquino* (Santiago de Chile: Universidad Católica de Chile, 2003), p. 53.

[10] Harry Austryn Wolfson, *The philosophy of the Kalam* (Cambridge: Harvard University Press, 1976), p. 518.

[11] Wolfson, *The philosophy*, p. 519.

Averróis começa por rejeitar a própria ideia de *creatio ex nihilo*, pela razão de que, segundo ele, se essa doutrina fosse verdadeira, então qualquer coisa poderia vir de qualquer coisa e não haveria congruência entre causas e efeitos.[12] Para Averróis, a doutrina da criação do nada contradizia a existência de uma verdadeira causalidade natural no universo; portanto, se fosse verdade, nenhum conhecimento do mundo natural seria possível.[13]

Averróis rejeitou a negação das causas naturais com vários argumentos.[14] Primeiro, por exemplo, ele disse que, se não houvesse causas naturais, não haveria conhecimento natural, uma vez que não haveria conhecimento de causas naturais. Em segundo lugar, se a existência de causas terrenas for negada, será impossível provar a existência da causa que causou a existência do universo, uma vez que seria impossível conhecer o próprio fato da causalidade. Se não há causalidade no mundo, argumentou ele, não há como chegar no agente invisível que causa a causalidade, ou seja, Deus.

Esse debate sobre o envolvimento de Deus nos assuntos mundanos contra a causalidade dos poderes naturais chamou a atenção de Tomás de Aquino na Europa do século 13, por meio das obras do filósofo judeu sefardita Maimônides (1138-1204) e das traduções latinas dos *Comentários sobre Aristóteles*, de Averróis. Tomás de Aquino resume esses debates, explicando que, para os teólogos *kalam*, de quem ouviu falar por meio de Maimônides, as formas naturais (isto é, no bom estilo aristotélico, causas formais que fazem as coisas serem o que são) são consideradas acidentais, ou seja, formas que fazem com que as coisas tenham atributos que não pertencem a elas próprias por natureza, e não formas substanciais, isto é, aquelas que fazem as coisas serem o que são por natureza. Ora, considerando que acidentes não podem passar a outras coisas, é impossível que algo natural introduza uma nova forma em outra coisa, isto é, as coisas naturais não podem ser a causa de outras coisas, concluindo que Deus cria formas a cada vez.

Ao argumentar contra essa posição, Tomás de Aquino afirma que os teólogos *kalam* entenderam mal a diferença entre causalidade primária

---

[12] Carroll, *La creación*, p. 54

[13] Steven Baldner; William Carroll, "Introduction", in: Baldner; Carroll, trad. para o inglês, *Aquinas on creation* (Toronto: Pontifical Institute of Mediaeval Studies, 1997), p. 18.

[14] Para uma lista completa desses argumentos, veja Wolfson, *The philosophy*, p. 553ss. Para um relato completo do debate entre os teólogos *kalam* e Averrois, veja Herbert Davidson, *Proofs for eternity: creation and the existence of God in Medieval Islamic and Jewish philosophy* (Oxford: OUP, 1987).

e secundária (abordada em detalhes no capítulo 4 desta obra). Tomás de Aquino oferece três argumentos para defender seu ponto de vista. Ele afirma que considerar Deus como o único que age na natureza vai contra os sentidos, a razão e a bondade do próprio Deus.[15] Primeiro, vai contra a natureza da sensação, porque, para Tomás, os sentidos não percebem a menos que o objeto sensível aja sobre eles. Se ele não agisse, mas fosse Deus quem agisse, então seguiria que o homem não *sentiria* o calor do fogo, já que este não causa nada no órgão sensorial. Na verdade, se o calor é produzido no órgão por outra causa eficiente (e não pelo fogo), embora o tato sentisse o calor, não sentiria o calor *do fogo*, mas o de Deus, e nem perceberia que o fogo é quente. No entanto, o sentido do tato julga que esse é o caso. Em segundo lugar, essa posição vai contra a razão, porque as coisas naturais e seus poderes causais pareceriam não ter propósito; assim, se o fogo não aquece realmente, mas é Deus quem está aquecendo, então o calor do fogo seria inútil. Em terceiro lugar, essa posição se opõe a nosso reconhecimento da bondade de Deus. O próprio poder de agir, comunicado às criaturas, é uma indicação dessa bondade, que não poderíamos reconhecer na natureza se a causalidade não estivesse presente nela. Assim, para Tomás de Aquino, ao criar, Deus não comunica apenas a existência às coisas, mas também o poder de agir, fazendo tudo à sua semelhança, por serem causas reais. Por fim, Tomás de Aquino explica que as formas naturais não devem ser consideradas acidentais, pois se assim fosse, não haveria coisa alguma, simplesmente porque, das formas substanciais, as coisas obtêm sua substancialidade, seu ser alguma coisa.[16]

Tomás de Aquino também dialogou com Solomon Ibn-Gabirol (1021/2-1057/8), filósofo neoplatônico judeu da Península Ibérica, em geral chamado de Avicebron no Ocidente latino. Importante para nossos propósitos é sua doutrina da passividade dos corpos, que leva à afirmação de sua inatividade e à consequente afirmação da onipresente ação divina.[17] A análise dos argumentos de Avicebron tem a complicação de a pesquisa

---

[15] Veja Rudi te Velde, *Participation and substantiality in Thomas Aquinas* (Leiden: Brill, 1995), p. 162.

[16] Na *S. th.* I, q. 105, a. 5, Tomás de Aquino oferece mais razões para rejeitar essa posição, conforme desenvolverei no capítulo 4: 1) isso privaria a criação de sua ordem em causas e efeitos, o que, no final, iria contra o poder de Deus, e, 2) se as criaturas não tivessem nenhum poder, a própria existência seria sem significado.

[17] Veja Avicebron, *Fons vitae* II, p. 10.

contemporânea mostrar que Tomás talvez tenha sido severo demais contra ele nesse assunto específico.[18] Ainda assim, como meu objetivo é mostrar o desenvolvimento do debate na Idade Média, apresentarei a compreensão de Aquino sobre Avicebron e sua abordagem contra ele.

Tomás de Aquino compreende que, para Avicebron, as substâncias materiais não agem, mas uma força espiritual penetra por intermédio de todas as substâncias materiais, agindo nelas e por meio delas. O argumento acrescenta que, quanto mais pura e sutil é uma substância, mais ela se torna penetrável por uma força espiritual e, portanto, mais ativa ela parece. São três os argumentos que Tomás de Aquino reconhece em Avicebron para defender essa posição.[19] Em primeiro lugar, como toda causa natural, exceto a primeira causa criadora, requer um sujeito inferior a ela e como não há substância inferior ao corpo, este não é ativo. Em segundo lugar, como toda forma no corpo é adicionada à quantidade, mas esta impede a ação e o movimento — pelo fato de que o aumento da quantidade de um corpo causa o aumento de seu peso e a desaceleração de seu movimento —, o corpo não é ativo, mas apenas passivo. Terceiro, a substância corporal está mais distante do primeiro agente, de modo que a virtude ativa não atinge a substância corporal. Assim como Deus é o único agente, a substância corpórea, a mais baixa no gênero dos seres, é apenas passiva. Assim, simplesmente segue-se, conforme Avicebron, que a substância corporal não é ativa e que a virtude da substância espiritual, passando pelos corpos, causa suas ações.

Aquino apresenta três contra-argumentos.[20] Ele começa explicando que Avicebron está errado ao considerar a substância corporal como numericamente uma e a mesma, diferindo apenas de forma acidental e não substancialmente. Se ele tivesse visto que os corpos são múltiplos, teria notado que um é superior ao outro e mais próximo do primeiro agente e, assim, haveria corpos que não são o menor corpo, ou seja, mais distantes do primeiro agente, de tal modo que um poderia agir sobre outro. Além disso, Tomás de Aquino sugere que, mesmo na extremidade inferior dos seres, os

---

[18] Veja Fernand Brunner, *Platonisme et aristotélisme: la critique d'Ibn Gabirol par Saint Thomas d'Aquin* (Louvain: Presses Universitaires de Louvain, 1965), p. 81.

[19] Tomás de Aquino também trata desse assunto em *SCG* III, 69, e *S. th.* I, q. 115, q. 1, co. e *ad* 2.

[20] Veja Brunner, *Platonisme*, p. 78-84.

corpos agem causalmente, uma vez que ainda são compostos de matéria e forma (como explicarei no capítulo 3) e, a partir de sua forma, eles agem. Por fim, ele sugere que Avicebron confunde a limitação relativa imposta à ação da forma pela quantidade com a supressão pura e simples dessa ação. Ele não percebe que, se a individualização da matéria limita a forma, esta não perde, porém, seu poder causal de forma absoluta. Aquino conclui sua análise dos teólogos *kalam* e de Avicebron afirmando que Deus é ativo em toda ação natural sem suprimir a ação das coisas criadas, abrindo, assim, o caminho para mostrar como ele entende essa ação divina na natureza (desenvolvida no capítulo 4).

O debate foi certamente muito mais amplo durante a Idade Média do que esbocei aqui. Vários outros autores da Idade Média latina participaram das discussões, como os chamados latino-averroístas, que disseram que "Deus não pode produzir o efeito de uma causa secundária sem essa causa secundária",[21] ou aqueles mais próximos da posição *kalam*, como Nicolau de Autrecourt, que, ao tentar preservar o poder de Deus, admitiu que Deus nunca age por meio de causas secundárias.[22]

Meu esboço é simplesmente um breve percurso pelos argumentos que começam a mostrar os desideratos envolvidos em todos os debates: o poder causal de Deus *versus* os poderes causais naturais e o sucesso da investigação humana da natureza. Tomás de Aquino tenta resolver o enigma com um meio-termo entre os dois extremos, afirmando tanto a causação natural quanto a ação divina no universo por meio de causas secundárias, fundamentando o argumento em uma análise muito precisa da noção de criação a partir do nada, que apresentarei em detalhes no capítulo 4.

Os pontos principais das discussões até agora exploradas, creio eu, são semelhantes aos de hoje. Dado que parecemos descobrir causas na natureza, parece haver dois caminhos possíveis a seguir: ou aceitamos que a natureza tem as próprias regras, que não podem ser quebradas e que qualquer ação de fora da natureza é rejeitada; ou descobrimos que as coisas naturais não têm ações, permitindo que apenas Deus aja diretamente no universo criado. Como eu disse antes, o debate na atualidade se baseia em

---

[21] Veja a Condenação de 1270 pelo Bispo Tempier de Paris.

[22] Wolfson, *The philosophy*, p. 593ss.

argumentos semelhantes, mas com uma reviravolta final: há algumas instâncias nas quais a ordem natural é, de alguma forma, mais flexível, aparentemente oferecendo uma solução para o dilema da ação divina providencial.

AS LEIS DA NATUREZA DO INÍCIO DA IDADE MODERNA

Os séculos 16 e 17 viram o surgimento do que é comumente chamado de método científico, concebido pelas mãos de Francis Bacon (1561-1626), Galileu Galilei (1564-1642) e René Descartes (1596-1650). Eles foram responsáveis pelo desenvolvimento dos primórdios dos métodos experimentais e matemáticos na ciência e pela introdução de modelos mecânicos para explicar os fenômenos naturais, rejeitando a cosmovisão aristotélica de seus predecessores. Esses desenvolvimentos criaram o ambiente para uma nova maneira de conceber o envolvimento providencial de Deus na ordem criada, tornando importante revisá-los para entender essa nova concepção teológica.

Em uma simplificação extremamente breve, Bacon ajudou introduzindo a experimentação na filosofia natural moderna com seu método indutivo. Descartes apelou fortemente para modelos matemáticos de organização dedutiva e comprovação de sua filosofia natural. Comum a todos eles, porém mais evidente em Descartes, era uma teoria da matéria corpuscular. Como o mundo material nada mais é do que extensão, forma e movimento, a matéria, dividida em corpúsculos, é intrinsecamente inerte, impulsionada por colisões. Assim, tudo na natureza é explicado mecanicamente. Por fim, a grande conquista metodológica de Galileu foi combinar a matemática com a experimentação, o que ele justificou ao considerar a matéria imutável. Algumas décadas depois, Isaac Newton (1643-1727) introduziu um rigor e sofisticação muito maiores ao método matemático e experimental de Galileu.

Para dar lugar a esses desenvolvimentos na filosofia natural, a concepção das quatro causas aristotélicas (material, formal, eficiente e final, a serem explicadas no capítulo 3), onipresente em quase todas as filosofias da natureza durante a Idade Média, foi rapidamente colocada de lado, para ser, por fim, abandonada. De maneira condizente com sua filosofia mecânica, Descartes iniciou o programa de redução das causas formais e finais para causas eficientes. Para Leibniz e Kant, o termo "causa" era praticamente igualado à força. As explicações causais da astronomia física eram todas redutíveis a conceitos de força e, portanto, à causalidade eficiente. O uso de causas mecânicas para substituir as "qualidades ocultas" do pensamento medieval emergiu gradualmente mediante as sucessivas contribuições dos fundadores da física clássica. Assim, a história moderna das ciências naturais resulta em uma rejeição mecanicista do modo aristotélico de conhecer a natureza.

Em particular, a noção aristotélica de forma foi considerada absurda. Ela era considerada um termo técnico muito complexo e obscuro da velha linguagem das escolas filosóficas medievais. Assim, Descartes observou com desdém que as formas são "um ente filosófico desconhecido para mim". Seguindo a mesma linha, Henry Oldenburg expressou sua alegria a Robert Boyle por ter "expulso aquela bobagem de formas" que "interrompeu o progresso da verdadeira filosofia e tornou o melhor dos estudiosos não mais conhecedor da natureza de determinados corpos do que os mais inferiores lavradores".[23] Rapidamente, o termo "forma" ou "forma substancial" tornou-se sinônimo da obscuridade e obsolescência da filosofia escolástica medieval. Assim, Locke, por exemplo, falou de "indagações infrutíferas sobre formas substanciais, totalmente ininteligíveis, e das quais mal temos qualquer concepção obscura ou confusa em geral".[24] No final do século 19, as categorias causais aristotélicas haviam caído em desuso entre os estudiosos. Margenau afirma que esse foi um tempo

> no qual a ciência natural estava em um estado de suposta conclusão e efetiva estagnação, quando os físicos acreditavam conhecer as leis da natureza em sua forma essencial e eram deixados apenas com a tediosa tarefa de determinar as constantes da natureza com maior precisão, quando os filósofos científicos do campo de Häckel proclamaram a doutrina do materialismo como o último evangelho inalterável.[25]

O filósofo e historiador Robert Pasnau explica essa rejeição aberta da filosofia aristotélica observando uma mudança histórica na noção de forma,

---

[23] Para todas essas expressões, veja Robert Pasnau, "Form, substance, and mechanism", *The Philosophical Review* 13:1 (2004): 31-88, 31.

[24] Citado em Pasnau, "Form, substance, and mechanism", p. 46.

[25] Henry Margenau, *Thomas and the physics of 1958: a confrontation* (Milwaukee: Marquette University Press, 1958), p. 4.

ou causa formal, no final da Idade Média e no Renascimento, que produziu uma mudança na teoria da forma. Segundo Pasnau, há duas interpretações do que é uma forma aristotélica: 1) uma noção concreta, que expressa uma forma como algo muito parecido com uma causa eficiente interna, sustentando e regulando a existência daquilo que a causa eficiente produziu em sua origem;[26] e 2) uma noção abstrata ou mais metafísica, que expressa o princípio unificador de uma substância.[27] Pasnau sugere que autores do final da Idade Média e do Renascimento, como o filósofo inglês Guilherme de Ockham (1285-1347) e o filósofo espanhol Francisco Suárez (1548-1617), entendiam as formas como agentes causais que figurariam de modo central em qualquer descrição filosófica completa do mundo natural. Assim, na época do Renascimento, as formas passaram a ser concebidas em termos totalmente concretos como causas eficientes internas. Essa é a noção de causa formal que entrou nas discussões do século 17 sobre filosofia da natureza e ação divina providencial. Como exemplos, Pasnau menciona Descartes, Boyle e Hume. Descartes afirma que as formas "foram introduzidas pelos filósofos apenas para que, por meio delas, se pudesse dar conta das ações próprias das coisas naturais, das quais essa forma era o princípio e a base". Boyle ataca a visão de que existe "em todo corpo natural algo como uma forma substancial, da qual fluem imediatamente todas as propriedades e qualidades". E Hume relataria que

> a filosofia peripatética atribui a cada uma dessas espécies de objetos uma forma substancial diferente, que supõe ser a fonte de todas as diferentes qualidades que têm e ser um novo fundamento de simplicidade e identidade para cada espécie particular.[28]

Portanto, uma vez que a doutrina da forma perdeu seu devido lugar como alternativa aos modos materiais e eficientes de causalidade, tornou-se fácil ignorar as características metafísicas do esquema aristotélico. Pasnau

---

[26] Pasnau, "'Form, substance, and mechanism", p. 35. Na p. 39, Pasnau diz que "vistas do que estou chamando de seu lado concreto, as formas desempenham o papel do que entendemos em sentido moderno como uma causa".

[27] Pasnau, "'Form, substance, and mechanism", p. 40.

[28] Todas as citações são de Pasnau, "'Form, substance, and mechanism", p. 44.

argumenta que as formas como tais nunca foram refutadas, porque os críticos mais proeminentes do início da era moderna "nunca levaram a teoria a sério o suficiente para montar uma refutação vigorosa contra ela".[29]

Assim, duas críticas contra as formas aristotélicas (e também da causalidade final) pairavam no ar da filosofia da natureza no início do período moderno: 1) a obscuridade dos termos referentes às formas, como *animalitas* ou *humanitas*; e 2) as formas foram tratadas como substâncias em si mesmas, tendo um poder de causalidade quase eficiente. Pasnau observa que nenhuma dessas críticas foram justas. Em primeiro lugar, boa parte dos autores escolásticos enfatizaram que não tinham noção do que realmente eram as formas e que o uso desses termos não é para fornecer um relato físico detalhado do mundo natural, porque basicamente não sabemos a que se referem. Claramente, isso vem com a resposta à segunda crítica. As formas não substituem as causas eficientes na descrição física do mundo, pois não são substâncias, as quais funcionam como causas eficientes.[30] Algumas das afirmações de Descartes e Boyle exemplificam esse mal-entendido. Descartes observa que

> para evitar qualquer ambiguidade de expressão, deve ser observado que, quando negamos as formas substanciais, entendemos pela expressão certa substância unida à matéria, compondo com ela um todo meramente corpóreo, e que, nem menos nem mais que a matéria — já que se diz ser uma realidade e a matéria apenas uma potencialidade — é uma verdadeira substância, ou uma coisa subsistente per se.

Boyle critica as formas com base no fato de que elas são "imaginadas como uma verdadeira substância."[31] Esse foi, como afirma Pasnau, o equívoco generalizado sobre as formas aristotélicas entre os filósofos não acadêmicos do século 17.

Desconhecendo esse mal-entendido, os primeiros filósofos naturais modernos embarcaram no empreendimento de fornecer um relato dos efeitos naturais em termos puramente mecanicistas, sem apelar para

---

[29] Pasnau, "'Form, substance, and mechanism'", p. 46.
[30] Pasnau, "'Form, substance, and mechanism'", p. 47.
[31] Ambos os textos de Descartes e Boyle são citados em Pasnau, "'Form, substance, and mechanism'", p. 48.

causas formais ou finais (aristotélicas).[32] Dessa forma, os primeiros autores modernos renunciaram à metafísica de Aristóteles, abandonando em específico a noção aristotélica de formas. O problema começou com a compreensão dupla dessa noção no final da Idade Média e se espalhou pelo pensamento moderno até o século 20. Qualquer referência a causas formais tornou-se uma espécie de causalidade do tipo material-eficiente que, pela nova concepção materialista corpuscular da natureza do século 17, foi simplesmente descartada das discussões científicas e filosóficas, para ser substituída por explicações mecanicistas dos fenômenos naturais. Alguns desses, como a gravidade, eram difíceis de explicar em termos mecânicos e, diga-se de passagem, Newton acabou desistindo de sua tentativa. No entanto, explicações mecânicas permaneceram o ideal, com a concepção corpuscular da natureza.

Tipicamente, a concepção corpuscular da natureza implicava que existem porções imperceptivelmente pequenas de matéria indivisíveis no que diz respeito aos processos naturais: os átomos. Cada átomo tem uma forma e tamanho imutáveis e um grau variável de movimento ou repouso. Todas as propriedades do mundo material surgem por consequência dos arranjos e movimentos dos átomos subjacentes e são redutíveis a eles.[33] Em particular, propriedades dos objetos macroscópicos, tanto aquelas detectáveis diretamente pelos sentidos, como cor e sabor, quanto aquelas envolvidas na interação dos corpos entre si, como elasticidade e grau de calor, devem ser explicadas no que se refere às propriedades dos átomos. Essas propriedades (forma, tamanho e movimento), com sua impenetrabilidade, são as propriedades primárias a partir das quais se explicam as propriedades dos corpos complexos que eles compõem, denominadas secundárias. Essa nova perspectiva da natureza permitiu aos filósofos naturais do século 17 explicar as obras da natureza na linguagem da matemática, não usada na filosofia aristotélica, exceto para mencionar movimentos sem nenhuma expectativa de explicação.

---

[32] Pasnau, em "Form, substance, and mechanism", oferece, na última seção de seu artigo, alguns exemplos (Boyle e Locke) de como uma explicação mecanicista da natureza também poderia incluir alguns aspectos da noção escolástica de forma. No entanto, esse ainda será o lado concreto da noção de forma, que as concebe como causas quase eficientes.

[33] Nem todos os filósofos mecanicistas eram atomistas. Um exemplo claro é Descartes, que pode ser melhor situado em uma concepção corpuscular da matéria. A principal divisão entre essas duas concepções era sobre a existência do vazio e a divisibilidade ou invisibilidade *ad infinitum* da matéria.

Especificamente, a nova filosofia mecânica atômica foi útil, no pensamento de boa parte desses primeiros autores modernos, para trazer Deus de volta à natureza da maneira que merecia, isto é, de uma maneira em que Deus estivesse *realmente* no comando do mundo natural. Aos olhos deles, o mundo de Aristóteles (adotado pela maioria dos estudiosos medievais) considerava a natureza poderosa demais; tão poderosa que, mesmo que fosse fortemente defendido por muitos estudiosos medievais (Aquino entre eles) que Deus estava indubitavelmente envolvido nas obras da natureza por meio das obras de causas secundárias, esse relato não deixava muito espaço para Deus: uma natureza poderosa, isto é, um mundo natural cheio de poderes causais próprios, impediria não apenas o envolvimento divino, mas, o mais importante, o domínio de Deus sobre a natureza. Para os filósofos do século 17, quanto mais poderes causais a natureza tinha, menos poder causal e domínio tinha Deus sobre a natureza.

Uma filosofia atômica e mecânica, ao contrário, construída com base no atomismo grego, fornecia a situação perfeita para recolocar Deus no devido lugar a que pertencia. Os átomos, sem causas formais — fonte dos poderes causais da natureza em um mundo aristotélico —, não tinham poderes próprios. Eles só tinham movimento no vazio. Esses átomos, porém, comportavam-se de maneira regular: seus movimentos eram descritíveis com formulações matemáticas precisas, que Descartes chamava de *leis da natureza*, leis impostas à natureza pelo mais perfeito dos legisladores: Deus. Existem muitas descrições de como a noção de leis da natureza surgiu e se desenvolveu durante os séculos 16 e 17, mas o que todas parecem ter em comum é a referência ao divino. Se havia leis da natureza, então havia um legislador divino encarregado da ordem criada.[34]

[34] Para diferentes avaliações da origem e desenvolvimento moderno da noção de leis da natureza, veja Edgar Zilsel, "The genesis of the concept of physical law", *The Philosophical Review* 51:3 (1942): 245-79; Joseph Needham , "Human laws and laws of nature in China and the west", *Journal of the History of Ideas* 12:1 e 2 (1951): 3-30 e 194-230; Alistair Crombie, "The significance of medieval discussions of scientific method for the scientific revolution", in: Marshall Clagget, org., *Critical problems in the history of science* (Madison: The University of Wisconsin Press, 1959), p. 79-101; Francis Oakley, "Christian theology and the Newtonian science: the rise of the concept of law of nature", *Church History* 30 (1961): 433-57; John R. Milton, "The origin and development of the concept of the 'laws of nature'", *Archives Européennes de Sociologie* 22 (1981): 173-95; Jane E. Ruby, "The origins of scientific "law"', *Journal of the History of Ideas* 47 (1986): 341-59; John R. Milton, "Laws of nature", in: Daniel Garber; Michael Ayers, orgs., *The Cambridge history of seventeenth-century philosophy*, (Cambridge: CUP, 1998), vol. 1, p. 680-701; Sophie Roux, "Les lois de la nature au XVII e siècle: le problème terminologique", *Revue de Synthèse* 2:4 (2001): 531-76; John Henry, "Metaphysics and the origins of

Em um mundo aristotélico, ao contrário, cheio de poderes e causas naturais, o próprio significado de "leis da natureza" que regem o comportamento das coisas era simplesmente sem sentido e, portanto, essa noção não fazia parte do sistema filosófico. Considere a forma pela qual Tomás de Aquino emprega o termo "leis da natureza" ao abordar a Eucaristia em uma das últimas coisas que ele escreveu em sua *Summa theologiae* (que é, por acaso, uma das poucas vezes em que ele empregou o termo aplicado ao comportamento da natureza e não dos seres humanos): "toda mudança feita segundo as leis da natureza é uma mudança formal",[35] disse ele, sugerindo uma identificação com a causalidade formal. Para Tomás de Aquino, a noção de leis da natureza, se era útil em seu sistema metafísico, não passava de uma metáfora para se referir à causalidade formal; uma metáfora trazida do domínio do comportamento humano, regido pela lei natural.[36]

Assim, no mundo atomístico regido por leis do início da era moderna, Deus estava no comando. Tanto que muitos exaltaram o poder e a vontade de Deus de formas, talvez, excessivas. Samuel Clarke, um teólogo inglês que adotou os pontos de vista de Newton sobre a natureza, afirmou, em sua Boyle Lecture de 1705, intitulada *The evidences of natural and revealed religion* [As evidências da religião natural e revelada], que "o curso da natureza não pode ser outra coisa senão a vontade arbitrária e o prazer de Deus

---

modern science", *Early Science and Medicine* 9:2 (2004): 73-114; Alan G. Padget, "The roots of the Western concept of the 'laws of nature': from the Greeks to Newton", *Perspectives on Science and Christian Faith* 55:4 (2003): 212-21; Peter Harrison, "The development of the concept of law of nature", in: Fraser Watts, org., *Creation: law and probability* (Ashgate: Aldershot, 2008), p. 13-35; Ignacio Silva, "El advenimiento de la noción de 'leyes de la naturaleza' a principios del siglo XVII: análisis de algunas narrativas históricas", in: Agustín Echavarría; Juan F. Franck, orgs., *La causalidad en la filosofía moderna: de Suárez al Kant precrítico* (Pamplona: Cuadernos de Anuario Filosófico, 2012), p. 29-40; Helen Hattab, "Early modern roots of the philosophical concept of a law of nature", in: Walter Ott; Lydia Patton, orgs., *Laws of Nature* (Oxford: OUP, 2018), p. 18-41.

[35] *S. th.* III, q. 75, a. 4.

[36] Tanto quanto sei, Tomás de Aquino é o primeiro teólogo a usar a terminologia de "leis da natureza" em relação à Eucaristia e provavelmente foi um dos poucos que o fizeram durante a Idade Média, sendo seguido por Calvino na primeira metade do século 16. Curiosamente, as controvérsias católicas e protestantes do final do século 16 sobre a Eucaristia testemunharam um aumento no uso do termo "leis da natureza". Esses usos afastaram-se progressivamente do uso que Tomás de Aquino fez do termo como causalidade formal, em direção a uma maneira mais moderna de entender a expressão, compartilhando algumas das características que as leis cartesianas teriam mais tarde no século 17. Esses usos da noção de leis da natureza no século 16 fizeram com que elas não fossem nem matemáticas nem mecânicas, embora implicassem alguma externalidade às coisas que governavam, bem como imposição divina das leis e, até certo ponto, uma codificação dessas leis da natureza. Veja meu "El advenimiento" para mais detalhes.

exercendo-se e agindo sobre a matéria continuamente."[37] Descartes estava tão confiante nessa nova e mecânica filosofia natural, que incluía essencialmente a noção de "leis da natureza" como leis dadas por Deus e expressas matematicamente, que governavam e explicavam o comportamento de coisas naturais,[38] que se permitiu proclamar em uma carta a um padre de La Flèche, de 22 de fevereiro de 1638:

> Não temo que algo contra a fé seja encontrado em [minha física e metafísica]; pois, pelo contrário, ouso gabar-me de que a fé nunca foi tão fortemente apoiada por razões humanas como pode ser se alguém seguir meus princípios [...].[39]

Em outra carta a seu amigo Marin Mersenne, de 31 de março de 1641, ele reafirmou essa ideia:

> Acho que a filosofia tradicional [aristotélica] teria sido rejeitada como repugnante à fé se a minha tivesse sido conhecida primeiro [...] Estou confiante de que posso mostrar que não há opinião em sua filosofia que esteja tão consoante a fé quanto a minha.[40]

Essa filosofia natural foi amplamente adotada em toda a Europa e, apenas algumas décadas depois, o filósofo jesuíta francês Nicolas Malebranche (1638-1715) apoiou o que é conhecido hoje como a doutrina do ocasionalismo, destacando o papel ativo de Deus em todos os eventos naturais. O filósofo italiano Andrea Sangiacomo enfatiza a importância dessa doutrina para o século 17:

> A posição ocasionalista foi debatida e rejeitada por todos os principais autores escolásticos, de Aquino a Suárez, e apenas alguns pensadores medievais a abraçaram explicitamente. As coisas mudaram de repente na segunda metade do século 17. Não apenas vários dos discípulos de Descartes (Geulincx, La Forge, Cordemoy, Malebranche) identificaram explicitamente o ocasionalismo como o

---

[37] Samuel Clarke, *A discourse concerning the unchangeable obligations of natural religion, and the truth and certainty of Christian revelation* (London: W. Botham St. Paul's Church-Yard, 1705), p. 86-7.
[38] Veja Henry, "Metaphysics and the origins of modern science".
[39] René Descartes, *Oeuvres de Descartes*, ed. C. Adam; P. Tannery (Paris: Léopold Cerf, 1899), vol. 1, p. 564.
[40] René Descartes, *Oeuvres de Descartes*, ed. C. Adam; P. Tannery (Paris: Léopold Cerf, 1899), vol. 3, p. 349.

> verdadeiro resultado do cartesianismo, mas todos os autores mais influentes do período (Locke, Boyle, Leibniz, Clarke, Bayle, Hume) consideraram ocasionalismo uma opção que merecia consideração séria.[41]

Foi, então, assumindo essa nova visão de uma natureza regida por leis, atômica, mecânica e matemática, que Deus voltou a controlar sua criação. O resultado foi, como os teólogos *kalam* acreditavam mais de quinhentos anos antes, um mundo natural desprovido de poderes e uma ênfase do poder divino para governar os eventos mundanos.

Mais uma vez, em um eco dos debates durante a Idade Média, encontramos uma contraposição do poder causal de Deus contra os poderes causais naturais e criados. Para os primeiros pensadores modernos, se Deus deve governar providencialmente sobre a criação, o mundo natural deveria ser desprovido de poderes causais, situação que ocorre com a adoção de uma filosofia natural atômica e mecânica. Ainda assim, contra o que Averróis teria argumentado, essa visão da relação entre os poderes causais de Deus e da criação não permitiu apenas a descoberta do funcionamento da natureza, mas também, mais importante, da vontade e do poder do divino Criador.

O terceiro episódio que apresentarei acontece durante o século 20 e gira em torno de discussões sobre o comportamento do universo de forma determinística ou indeterminística. Como mostrarei, oposições semelhantes serão aparentes entre causação natural e divina.

DETERMINISMO E INDETERMINISMO

O século 20 vinculou o debate sobre a providência e a ação de Deus no mundo à cosmovisão científica do século 19. Ao contrário do que aconteceu no século 17, a natureza passou a ser vista como um um sistema inteiramente mecânico, sujeito a todo tipo de explicações matemáticas, deduções e previsões, que não exigiam nenhum governante ou interventor divino. Em vez disso, a natureza era o próprio governante e o poder causal divino foi deixado, em algum ponto no espaço e no tempo, para o primeiro momento da criação.

---

[41] Sangiacomo, "Divine action", p. 116.

Assim, alguns argumentaram que, uma vez que o universo se comporta de forma determinista, Deus não pode agir nele após seu ato de criação a partir do nada. Como Rudolf Bultmann afirmou na década de 1960: "Quando os eventos mundanos são vistos como uma série fechada [...] certamente não há espaço para nenhum ato de Deus."[42] Bultmann está afirmando, em última análise, que a ação divina não pode ser considerada um elo causal entre causas naturais, pois não há espaço para esse elo. Seguindo os passos dele, Frank Dilley afirma que pode simplesmente ser aceita a existência de milagres como contados nas Escrituras a despeito da ciência moderna (como fariam os teólogos ortodoxos) ou pode-se reduzir a atividade de Deus a uma ação criativa universal (como fariam os teólogos liberais).[43] Alister McGrath explica a importância das questões atuais sobre a ação divina diante da inadequação da teologia da década de 1960 para lidar com esse tema, referindo-se a Ian T. Ramsey (1915-1972) que afirmou que essa inadequação "derivaria para um ateísmo teológico."[44] É, portanto, de grande importância entender o surgimento dessa cosmovisão determinista associada à ciência, percebendo como Deus foi deixado à margem do universo e por que os teólogos do fim do século 20 e início do século 21 tentaram encontrar maneiras de reintroduzir Deus no desenvolvimento da história natural e humana.

Embora o crescimento das ciências experimentais no século 17 tenha sido notável, a base experimental para o atomismo permaneceu extremamente fraca e não se pode dizer que alguma de suas várias versões direcionou com produtividade algum experimento ou foi confirmada por eles.[45]Assim, até certo ponto, o domínio divino sobre os átomos por meio das leis da natureza foi o que deu peso a essa visão particular da natureza. Essa situação, no entanto, mudou ao longo do século 18 e, especialmente, no século 19, com a chegada do atomismo químico daltoniano, que

---

[42] Rudolf Bultmann, "Bultmann replies to his critics", in: Hans Werner Bartsch, org.; Reginald H. Fuller, trad. para o inglês, *Kerygma and myth: a theological debate* (London: SPCK, 1960), p. 191-211, 199.

[43] Frank Dilley, "Does "the God who acts" really act?", *Anglican Theological Review* 47:1 (1965): 66-80, 77-80. Para uma rica abordagem sobre as diferentes posições sobre o assunto, veja Simon Maria Kopf, *Divine providence and natural contingency: new perspectives from Aquinas on the Divine action debate*, tese de doutorado, University of Oxford, 2019, p. 46.

[44] Alister McGrath, "Hesitations about special Divine action: reflections on some scientific, cultural and theological concerns", *European Journal for Philosophy of Religion* 7:4 (2015): 3-22, 4.

[45] Christoph Meinel, "Seventeenth-century atomism: theory, epistemology and the insufficiency of experiment", *Isis*, 79 (1988): 68-103.

forneceu uma forte ligação entre uma teoria do atomismo e experimentações científicas. A hipótese principal desse atomismo químico é que os elementos químicos são compostos de partículas fundamentais ou átomos. Presume-se que a menor parte de um composto químico seja composta de combinações características de átomos dos elementos componentes. Segundo Dalton, todos os átomos de determinada substância, simples ou composta, são semelhantes em forma, peso e qualquer outra característica. Essa concepção da matéria, plenamente desenvolvida no século 19, aliada à visão mecanicista da natureza, levou filósofos e cientistas a considerarem a causalidade em termos puramente deterministas.

É fácil encontrar exemplos desse determinismo nos escritos de vários cientistas e pensadores modernos do século 19, como Claude Bernard (1813-1878), Henri Poincaré (1854-1912) ou Edmond Goblot (1858-1935). Bernard acreditava que

> há um determinismo absoluto em todas as ciências... [e que] é necessário admitir como axioma experimental que, entre os seres vivos e os corpos brutos, as condições de existência de todos os fenômenos são absolutamente determinadas [...]. Negar essa proposição é nada menos que a negação da própria ciência.[46]

Da mesma forma, Poincaré afirmou que "a ciência é determinista, ela é assim *a priori*; ela postula o determinismo, porque, sem ele, ela não poderia existir [...] a ciência, com seus erros e acertos, é determinista; onde quer que ela penetre, introduz o determinismo";[47] e, em uma forte afirmação laplaceana, ele afirma que

> somos deterministas absolutos [...] todo fenômeno, por menor que seja, tem uma causa, e uma mente infinitamente poderosa, infinitamente bem embasada sobre as leis da natureza, seria capaz de tê-los visto desde o início dos tempos. Se essa mente existisse, não poderíamos jogar nenhum jogo de azar com ela, pois sempre perderíamos.[48]

---

[46] Claude Bernard, *Introduction à l'etude de la médicine expérimentable* (Paris: J. B. Baillière et Fils, 1865), p. 95. Tradução própria.

[47] Henri Poincaré, *Dernières pensées* (Paris: Ernest Flammarion, 1913), p. 244-5. Tradução própria.

[48] Henri Poincaré, Science et méthode (Paris: Ernest Flammarion, 1909), p. 65. Tradução própria.

Provavelmente, foi Goblot quem, nos primeiros anos do século 20, fechou todos os caminhos para eventos contingentes e indeterminados, afirmando que

> a ciência não nos permite acreditar na possibilidade de contingência. Sem determinismo, não há ciência. É verdade que o determinismo não passa de um postulado, mas a existência da ciência o confirma [...]. A fé no determinismo é para o cientista uma espécie de dever profissional.[49]

Essa visão determinista da natureza é, no entanto, melhor exemplificada nos escritos de Pierre-Simon Laplace (1749-1827), matemático e astrônomo do século 18 que escreveu, em seu *Essai philosophique sur les probabilités* [Ensaio filosófico sobre probabilidades]:

> devemos conceber o estado atual do universo como efeito de seu estado anterior e a causa do seguinte. Uma inteligência que, por dado instante, conhecesse todas as forças da natureza e a respectiva situação das coisas que a compõem, se realmente fosse vasta o suficiente para submeter esses dados à análise, abarcaria os movimentos dos maiores corpos do universo e os dos átomos mais velozes em uma fórmula: nada seria incerto para ela e o futuro, bem como o passado, se apresentaria a seus olhos.[50]

Cerca de vinte anos antes, Laplace afirmou explicitamente que essa ideia determinística é autoevidente e, portanto, não vê necessidade de prová-la: "O estado atual do sistema da natureza é evidentemente uma consequência do que era no momento anterior."[51] Para Laplace, esse determinismo

---

[49] Edmond Goblot, "La finalité en biologie", *Revue Philosophique de la France et de l'Etranger* 56 (1903), p. 366-81, 370. Tradução própria.

[50] Pierre-Simon Laplace, *Essai philosophique sur les probabilités* (Paris: MME VE Courcier, 1814), p. 2,3. Tradução própria.

[51] Pierre-Simon Laplace, "Recherches sur l'intégration des equations différentielles aux différences finies et sur leur application à l'analyse des hasards", 1776. Nesse texto, ele expressa uma ideia semelhante à de seu *Essai*:

> O estado atual do sistema da natureza é evidentemente consequência do que era no momento anterior e, se concebermos uma inteligência que, em dado instante, compreenda todas as relações dos entes deste universo, ela poderia indicar a respectiva posição, movimentos e efeitos gerais de todas essas entidades a qualquer momento no passado ou no futuro. (Cit. e trad. para o inglês em Charles Coulton Gillispie, *Pierre-Simon Laplace 1749-1827: a life in exact science* [Princeton: Princeton University Press, 1997], p. 26.)

universal é baseado no princípio da razão suficiente. Qualquer coisa que exista precisa ter uma causa antes de si; portanto, o estado atual do universo é um efeito do anterior e é a causa do seguinte. Essa visão da natureza guiou os cientistas em suas pesquisas ao longo dos séculos 18, 19 e boa parte do 20, orientando os debates sobre a ação providencial divina no mundo. Como Goblot expressa, sem determinismo, não haveria ciência. E, como diria William Thompson Lord Kelvin (1824-1907), essa visão de mundo determinista implicava uma perspectiva mecânica do mundo. Em suas *Baltimore lectures on molecular dynamics and the wave theory of light* [Conferências de Baltimore sobre dinâmica molecular e a teoria das ondas de luz], de 1904, ele afirmou que

> nunca me satisfaço até que possa fazer um modelo mecânico de uma coisa. Se posso fazê-lo, posso entendê-lo. Enquanto eu não conseguir fazer um modelo mecânico completo, não consigo entender.

Esse determinismo mecânico visualizava o universo em representações geométricas, nas quais imperava a invariabilidade das leis, a constância e a necessidade. A variedade qualitativa e a contingência intrínseca do mundo da experiência foram deixadas de lado e os casos factuais de causas irredutivelmente acidentais foram interpretados como um mero indeterminismo epistemológico, que poderia ser reduzido a um determinismo subjacente rigoroso e absoluto.[52]

Em meio a essa cosmovisão, tão forte no início do século 20, é preciso situar as afirmações de Bultmann. Como Simon Kopf disse recentemente, "o mundo natural é, para Bultmann, uma unidade autossubsistente e imune à interferência de poderes sobrenaturais", no qual "não resta espaço para a operação de Deus em eventos mundanos."[53] Frank Dilley de certa forma lançou o desafio para os teólogos da atualidade, afirmando que "se alguém fala de um Deus que age, deve estar preparado para oferecer

---

[52] Filippo Selvaggi, *Causalità e indeterminismo: la problematica moderna alla luce della filosofia aristotelico--tomista* (Rome: Editrice Università Gregoriana, 1964), p. 218,19.

[53] Kopf, *Divine providence*, p. 39. Isso é precisamente o que Laplace tentava perseguir com o desenvolvimento de sua teoria da probabilidade: chegar o mais próximo possível da certeza absoluta do determinismo ontológico que governava os eventos da natureza. Vimos isso no último trecho de sua afirmação citada acima, em Laplace (1819).

alguma descrição da mecânica da ação divina",[54] concluindo algumas páginas depois que é necessário mostrar "na própria ciência como Deus age."[55] Robert Russell, nos dias atuais, parece assumir essa mesma visão, assumindo que qualquer ação divina especial, em uma visão de mundo newtoniana, foi quase banida, porque, se o mundo físico é um sistema determinístico causalmente fechado, qualquer ação de um agente divino livre deve acarretar uma violação dos processos naturais.[56]

Ainda assim, como Russell também aponta, problemas teóricos surgiram quase inesperadamente no seio dessa ciência determinista, quando Max Planck lançou os fundamentos da física quântica, teoria que mais tarde seria considerada um dos mais importantes desenvolvimentos do pensamento humano. A introdução do *quantum* de ação por Planck abriu caminho para a interpretação da realidade física em termos indeterminísticos, uma vez que os sistemas quânticos não se desenvolvem de forma determinista em todos os momentos. Como mostra o colapso da função de onda — uma característica essencial da teoria quântica —, há eventos quânticos que não podem ser explicados com o determinismo estrito que estava na base da ciência do século 19, que impediu os teólogos, ao longo do século 20, de falar do envolvimento de Deus nos assuntos mundanos. Essa nova abertura no mundo natural agora oferecia aos teólogos e filósofos da religião o lugar que eles procuravam para restabelecer a ação providencial de Deus no universo criado.

Não explicarei os fundamentos da teoria quântica aqui.[57] Ainda assim, quero enfatizar a importância que ela teve para a reconsideração da visão da natureza, comentando brevemente a opinião de Werner Heisenberg sobre ela. Quase em desespero, ele expressou em 1975 que "a boa ciência está sendo inconscientemente descartada por causa da má filosofia".[58] Essas duas palavras finais se referiam à filosofia mecânica determinista

---

[54] Dilley, "Does 'the God who acts' really act?", p. 70.

[55] Dilley, "Does 'the God who acts' really act?", p. 76.

[56] Veja Robert John Russell, "Quantum physics and the theology of non-interventionist objective Divine action", in: Philip Clayton, org., *The Oxford handbook of religion and science* (Oxford: OUP, 2006), p. 584.

[57] Para uma exposição mais abrangente da teoria e da formulação matemática, remeto o leitor ao clássico texto de Dirac, *The principles of quantum mechanics* (Oxford: Clarendon Press, 1958) e, para um texto mais amigável, ao livro de Penrose, *The road to reality* (London: Jonathan Cape), espec. caps. 21-30.

[58] Werner Heisenberg, "Was ist ein elementarteilchen?", palestra apresentada no *Tagung der Deutschen Physikalischen Gesellschaft*, 5 de março de 1975. Reproduzido em *Die Naturwissenschaften* 63 (1976): 1-7, 5. Tradução própria.

nos fundamentos da ciência do século 19, da qual ele tentava distinguir sua visão.

Para Heisenberg, a física clássica funcionava em uma estrutura do que ele chamou de "realismo metafísico", identificada com a ontologia materialista da distinção cartesiana entre a *res cogitans* e a *res extensa*.[59] Para essa ontologia, apenas o que é "atual" [em ato] é real.[60] A própria realidade é objetiva e totalmente determinada, independentemente de qualquer tipo de observação ou medida de suas magnitudes de espaço e tempo. Assim, a matéria determinada de maneira absoluta é o único tipo de realidade: a *res extensa* cartesiana. Com base nos desenvolvimentos da mecânica quântica, Heisenberg rejeitou essa ontologia, argumentando que ela apenas ajudou a restringir a noção de causalidade até que fosse identificada por completo com a de determinismo:

> o conceito de causalidade tornou-se reduzido, por fim, para se referir à nossa crença de que os eventos na natureza são singularmente determinados ou, em outras palavras, que um conhecimento exato da natureza ou de parte dela seria suficiente, pelo menos em princípio, para determinar o futuro.[61]

Opondo-se a essa ontologia, Heisenberg sugeriu retornar às noções aristotélicas de ato e potência para entender completamente o que estava acontecendo nos eventos quânticos. Ele descreveu essa nova ontologia com base em ato e potência, em matéria-prima e forma, e em tendências internas da própria matéria.[62]

O fim da era determinista da ciência foi a oportunidade que os teólogos esperavam para explicar a atividade providencial de Deus na natureza. Ainda assim, essa oportunidade surgiu simplesmente porque a causalidade de Deus é vista como oposta à causalidade natural: a determinação de um evento deve ser causada pelo poder de Deus ou pelo poder

---

[59] Werner Heisenberg, *Physics and philosophy* (New York: Prometheus Books, 1999), p. 81.

[60] Em Aristóteteles e em Tomás de Aquino, o que é "em ato" é diferenciado do que é "em potência". Ambos são "reais", mas o que é "em potência" é um pouco "menos" real do que é "atual", ou seja, "em ato". Veja a sequência do texto. (N. T.)

[61] Werner Heisenberg, *The physicist's conception of nature* (London: Hutchinson, 1958), p. 34.

[62] Para uma explicação mais detalhada, veja meu ensaio "Werner Heisenberg and Thomas Aquinas on natural indeterminism", *New Blackfriars* 94 (2013): 638-41.

da natureza. Essa é a visão à qual, em última análise, Bultmann, Dilley e Russell se apegam, apresentando de novo, nessa parte, a necessidade de escolher entre um ou outro. Além disso, conforme as palavras de Dilley, a ciência está em xeque se quisermos manter uma visão do envolvimento de Deus no mundo.

CONSTANTES METAFÍSICAS COMO DESIDERATOS

Como afirmei na seção introdutória deste capítulo, apresentei essa breve narrativa histórica para desenterrar algumas constantes ou princípios metafísicos que vejo guiar os três episódios revisitados em relação à ação providencial divina. Essas constantes funcionam como opções metafísicas com as quais teólogos e filósofos ao longo do tempo tiveram que lidar e escolher entre si, para dar sentido ao que pensavam sobre o assunto.

A maioria das discussões em torno da ação divina providencial na ordem criada tentou abranger pelo menos quatro constantes metafísicas, que estão sempre em jogo nesses debates. Em última análise, cada posição ao longo da história em cada uma das partes que narrei neste capítulo optou por um ou mais desses princípios, sendo basicamente os seguintes: 1) a onipotência de Deus, entendida de modo geral como Deus podendo fazer surgir qualquer estado de coisas não contraditórias no universo; 2) a ação providencial de Deus no universo criado, significando que ele não apenas cria e sustenta o universo, mas também age de maneira objetiva e direta na natureza, para guiá-la a seu cumprimento; 3) a autonomia da natureza em sua atividade, no sentido de que, pelo que podemos saber empiricamente, não há razão para admitir que a natureza precise de algo além dela própria para agir de maneira ordenada e regular; e 4) o sucesso da razão natural e da ciência, significando que ambas (entendidas em sentido amplo como um estudo empírico da natureza) têm um acesso legítimo à natureza e suas atividades e podem apresentá-las de alguma maneira racional e naturalista, sem recorrer a nada além da natureza.

A onipotência de Deus foi colocada em oposição aos poderes naturais por alguns pensadores islâmicos medievais, bem como no ocasionalismo dos séculos 16 e 17. Eles consideravam que afirmar os poderes causais da natureza diminuía a potência de Deus, uma afirmação teológica insustentável. De modo contrário, a agência autônoma da natureza foi enfatizada em oposição ao poder de Deus nas ideias de Averrois e no debate do século 20: Deus não pode agir onde há causas naturais agindo; ou, colocando em outros termos, se Deus deve agir, não pode haver outras causas agindo. A negação dos poderes causais naturais intrínsecos às coisas naturais pela adoção do atomismo e rejeição das formas aristotélicas levou à aceitação, durante o século 17, da ação direta e contínua de Deus no universo, reforçando, talvez ironicamente, o sucesso da filosofia natural mecânica dos pais daquilo que viria a ser conhecido como ciências naturais. A situação teológica do século 20 está em concordância com o lado oposto da história, em que se assumiu que o sucesso das ciências naturais significava que a ação providencial de Deus na natureza precisava ser negada.

Na maior parte dessas discussões, a principal questão era afirmar a onipotência e a providência de Deus com a negação dos poderes causais da natureza ou vice-versa; ou seja, afirmar os poderes causais naturais, diminuindo o poder de Deus e defendendo o sucesso da razão no estudo da natureza. William Carroll explica essa situação assim: "o medo é que qualquer causalidade que se atribua a Deus deva, por conseguinte, ser negada às criaturas."[63] A principal questão nessa perspectiva é, então, qual constante mantemos e de qual abdicamos. Como tentei mostrar, não há "duplas essenciais": pode-se manter os princípios da onipotência e providência de Deus juntamente com os do sucesso das ciências naturais, como aconteceu durante o início da filosofia natural mecânica moderna; ou pode-se supor o sucesso das ciências naturais, rejeitando a atividade providencial divina no mundo criado (colocando, assim, em dúvida a onipotência de Deus), como aconteceu com os teólogos durante o século 20. De modo similar, acho que a perspectiva de Tomás de Aquino apresenta uma maneira plausível de manter esses quatro princípios juntos, afirmando a onipotência radical de Deus — implícita em sua doutrina da criação a partir do nada —, o que resulta em defender, por meio de sua doutrina da causação primária e secundária, que as causas naturais são, na verdade, causas reais em si mesmas, que se podem conhecer à luz da razão humana (seja pelos métodos da filosofia da natureza de Tomás de

---

[63] William Carroll, "Creation and the foundations of evolution", *Angelicum* 87 (2010): 45-60, 51.

Aquino, seja pelos dos filósofos naturais do século 17, seja pela ciência natural contemporânea).

Pararei neste ponto e voltarei minha atenção a uma análise aprofundada dos modelos contemporâneos de ação divina providencial. Conforme mencionado anteriormente, examinarei em particular o modelo de ação divina quântica de Robert J. Russell, com referências subsequentes aos modelos de John Polkinghorne e Jeffrey Koperski. Minha análise mostrará que, ao lidar com os quatro critérios estabelecidos neste capítulo, mesmo que os modelos contemporâneos esperem contemplar a todos eles, acabam falhando em fazê-lo. A ênfase na necessidade de encontrar uma abertura no articulação causal com o mundo natural, a fim de permitir que Deus aja naquele espaço, acaba por trair seus objetivos. Esses modelos, argumentarei com detalhes, acabam opondo os poderes causais de Deus aos da natureza, questionando seriamente a onipotência e a providência de Deus. Posteriormente, apresentarei em dois extensos capítulos minha opinião sobre a metafísica da causação natural e divina de Tomás de Aquino, a fim de avançar para como entendo que a metafísica da causação de Tomás pode nos ajudar a entender o envolvimento contínuo de Deus no desenvolvimento do universo e de tudo o que há nele.

CAPÍTULO 2

Ciência e providência nos dias atuais

No capítulo 1, estabeleci quatro diferentes critérios ou desideratos com os quais três grandes debates sobre a ação divina providencial tiveram que lidar na história do pensamento ocidental. Em resumo, esses critérios são: a onipotência de Deus, o envolvimento de Deus no mundo, a autonomia do mundo natural em seu funcionamento e o sucesso da razão humana em conhecer esse funcionamento. Meu argumento foi, simplesmente, que esses quatro desideratos estão em jogo em qualquer debate sobre a ação divina providencial podem servir como critérios para decidir sobre modelos concorrentes de ação e providência divina: quanto mais critérios um modelo puder afirmar, melhor ele será. Assim, por exemplo, estudiosos islâmicos medievais debateram se a causalidade de Deus se opunha à causalidade criada, com Averróis de um lado, defendendo as causas naturais, e os teólogos *kalam* do outro, oferecendo um modelo de um Deus ocasionalista sempre operando no mundo criado. Meu objetivo neste capítulo é analisar o debate contemporâneo sobre a ação divina providencial e a contingência no mundo, conforme descrito pela ciência moderna, para avaliar como os novos modelos de ação divina quântica ou caótica, para mencionar apenas dois exemplos, se comportam quanto a esses critérios.

A maioria dos modelos contemporâneos da ação divina providencial reconhece esses quatro desideratos, aceitando-os como parte de sua descrição do envolvimento de Deus no mundo ou rejeitando um ou mais, como mostrarei nas páginas seguintes. Embora os modelos mais populares tentem manter os quatro, eles não conseguem fazê-lo. Mostrarei como falham nessa tarefa, analisando algumas suposições não examinadas em todo o debate, especificamente a identificação de causalidade com determinismo e a oposição entre causalidade divina e natural. Essa análise mostrará que o debate rebaixa o *status* transcendente de Deus ao de uma causa entre causas, diminuindo a onipotência de Deus para agir em determinado conjunto de lugares e tempos particulares.

A principal motivação para a abordagem contemporânea sobre ação divina surge da vontade de explicar e resolver o famoso problema: se Deus interviesse na natureza, ele estaria quebrando, suspendendo ou simplesmente não seguindo a aparente ordem regida por leis do universo criado, o que, para muitos, implicaria uma incoerência na natureza de Deus. Aliás, a ideia de Deus agindo diretamente na natureza parece trazer desafios à autonomia desta, e, portanto, ao fundamento das ciências naturais. O discurso teológico não é cego a essas questões, pois muitos tentam formular descrições para a compreensão de que a natureza tem suas leis e ações regulares, somado à alegação de que Deus pode participar ativamente do desenvolvimento do mundo natural e humano.

O DEBATE CONTEMPORÂNEO

As últimas décadas do século passado viram o renascimento das discussões em torno da questão da ação divina providencial com um projeto de pesquisa de vários anos (e de vários milhões), copatrocinado pelo Observatório do Vaticano e pelo Center for Theology and the Natural Sciences [Centro de Teologia e Ciências Naturais] (CTNS) em Berkeley, Califórnia, liderado pelo teólogo (e físico) americano Robert John Russell. Esse projeto apresentou muitas propostas inovadoras para resolver o problema da providência e da ação divina na natureza.[1] Alguns dos autores que aparecerão nas páginas seguintes são o próprio Russell, Thomas Tracy, Nancey

[1] Esse projeto baseou-se em cinco conferências realizadas ao longo de dez anos, nas quais foram consideradas sobreposições entre ciência (teorias do caos e da complexidade, física quântica, cosmologia, biologia evolutiva e neurociência) e teologia da ação divina, com seis volumes publicados, organizados principalmente por Robert Russell, incluindo todos os textos em "Challenges and progress in 'theology and science': an overview of the VO/CTNS Series" in: Robert John Russell; Nancey Murphy; William R. Stoeger, orgs., *Scientific perspectives on Divine action: twenty years of challenge and progress* (Vatican City/ Berkeley: Vatican Observatory — CTNS, 2008), p. 3-56. A mais recente contribuição de Russell para a discussão é, até onde sei, Robert John Russell; Joshua M. Moritz, orgs., *God's providence and randomness in nature* (West Conshohocken: Templeton, 2019).

Murphy, Nicholas Saunders, John Polkinghorne, William Stoeger, Michael Dodds, William Carroll, entre muitos outros. Eles pertencem a um grupo de estudiosos que inclui filósofos, teólogos, físicos, cosmólogos, biólogos, neurocientistas etc. dedicados ao problema da ação divina providencial na natureza. Ao grupo inicial de estudiosos, juntou-se uma nova geração de acadêmicos que se envolveram com suas ideias e continuam a manter o debate vivo, sempre oferecendo *insights* e avanços em nossa compreensão da providência divina. Alguns deles incluem Sarah Lane Ritchie na Escócia, Jeffrey Koperski nos Estados Unidos, Mariusz Tabaczek na Polônia e Simon Maria Kopf na Áustria, para citar apenas alguns.

O objetivo inicial do chamado "Projeto sobre Ação Divina" [Divine Action Project] era explicar como Deus pode agir providencialmente na natureza de maneira que auxilie o desenvolvimento da história do mundo e dos assuntos humanos nas direções que ele próprio deseja, mas sem interromper a ordem criada ou, conforme os termos usados no projeto, sem interferir ou quebrar as leis da natureza. Esse projeto abriu um novo debate sobre o assunto, no qual noções como ação divina especial — ou providência especial — são usadas para encontrar maneiras de pensar e falar sobre a ação divina em um mundo descrito pelas ciências naturais sem referência a intervenções divinas específicas no curso dos eventos naturais (como seria em intervenções milagrosas). Simplificando, os estudiosos queriam explicar como Deus não apenas cria e sustenta o universo (essas ações incluídas na noção de "ação divina geral"), mas também como ele guia a história natural e humana pela introdução de novidades na natureza. A ação divina geral não parece ser suficiente para explicar essa introdução de novidade na natureza porque não parece oferecer maneiras pelas quais Deus age aqui e agora, diretamente na natureza.[2]

[2] A maioria dos autores aceita que a ação divina geral não apresenta problemas em relação à ciência. Thomas Tracy afirma que Deus age primeiramente como o Criador e sustentador de todas as coisas finitas, com toda a intrincada ordem regida por leis e potencialidades que se desvela, e que ele é sempre a fonte absoluta do ser de todas as coisas finitas, agindo de forma contínua e universal como a causa primária; George Ellis admite que a ação de Deus é contínua e imanente, sustentando e mantendo as leis da física, e que o Deus imanente está presente em todos os lugares e, como transcendente, mantém a natureza das entidades físicas, garantindo seu comportamento regular e regido por leis conforme a descrição das leis físicas locais; Robert Russell afirma que Deus cria, sendo a causa da existência de tudo o que é, e guia e dirige o universo em direção ao cumprimento de seus propósitos. Veja Thomas Tracy, "Divine action and quantum theory", *Zygon* 35:4 (2000): 891-900, 899, e "Creation, providence, and quantum chance", in: Robert J. Russell; Philip Clayton; Kirk Wegter-McNelly; John Polkinghorne, orgs., *Quantum mechanics: scientific perspectives on Divine action* (Vatican City/ Berkeley: Vatican Observatory

As noções de ação divina geral e especial foram claramente definidas no contexto desse projeto e a maioria dos estudiosos concorda que o importante para eles é abordar as ações divinas providenciais *especiais*. *General Divine action* [ação divina geral] (GDA) refere-se às ações de Deus que pertencem a toda criação de forma universal e simultânea. Isso inclui ações como a criação inicial e a manutenção da regularidade científica e das leis da natureza por Deus. Esse tipo de ação é dividida em: 1) cosmológica: a ação divina da criação do universo (o início das leis da física e do universo e o estabelecimento das condições limítrofes para o universo existir) e a ação de sustentar o universo por intermédio da manutenção de sua mera existência, bem como de sua regularidade; e 2) funcional: as ações de a) manter o funcionamento dos sistemas vivos em geral (sustentar seu desenvolvimento, permitir seu funcionamento fisiológico como organismos e permitir o funcionamento de comunidades), b) moldar a natureza das coisas como elas aparecem para nós por meio de processos evolutivos e c) permitir o funcionamento do cérebro e da mente, os quais são os fundamentos da consciência e do livre arbítrio.[3]

Special Divine action [ação divina especial] (SDA),[4] ao contrário, refere-se àquelas ações de Deus que pertencem a tempos e lugares específicos no mundo. Essa é uma categoria ampla e inclui a compreensão tradicional de milagres, a noção de providência particular, respostas a orações de intercessão etc.[5] Essas seriam ações que englobam: 1) a expressão de algum *insight* revelatório (espiritual ou moral) sobre a natureza e o significado da realidade e 2) milagres, ações especiais de um tipo excepcional, de modo que um resultado físico é alterado, tornando-se diferente do que era para ter sido. Esses milagres podem ser: a) ações não baseadas em leis comuns da física, envolvendo, portanto, a suspensão de leis ou b) ações que

— CTNS, 2001), p. 235-58, 258. George F. R. Ellis, "Quantum theory and the macroscopic world", in: Robert J. Russell; Philip Clayton; Kirk Wegter-McNelly; John Polkinghorne, orgs., *Quantum mechanics: scientific perspectives on Divine action*, p. 259-91, e "Ordinary and extraordinary Divine action: the nexus of interaction", in: Robert Russell; Nancey Murphy; Arthur Peacocke, orgs., *Chaos and complexity: scientific perspectives on Divine action* (Vatican City/ Berkeley: Vatican Observatory — CTNS, 1995), p. 359-95, 390. Robert Russell, "Does 'the God who acts' really act?". *Theology Today* 54:1 (1997): 43-65, 48.

3 Ellis, "Ordinary and extraordinary Divine action", p. 371-74.

4 Como a literatura produzida por este ambicioso projeto e seus desdobramentos está praticamente toda em inglês, a "ação divina geral" aparecerá como *general Divine action* (GDA) e a "ação divina especial" como *special Divine action* (SDA). (N. T.)

5 Nicholas Saunders, *Divine action and modern science* (Cambridge: CUP, 2002), p. 21.

influenciam diretamente as condições físicas, baseadas em um direcionamento dos eventos alicerçado em leis conhecidas.[6] A ação divina especial inclui, então, qualquer tipo de ação particular que teria qualquer efeito local no mundo, independentemente de qualquer categorização como uma violação da ordem da natureza descoberta pela ciência.[7]

O princípio básico norteador que orientou o projeto e o debate seguinte foi a busca por teorias científicas que fossem compatíveis e pudessem acomodar discursos sobre providência e ação divina, oferecendo algum tipo de indeterminismo ontológico:

> ... a pergunta é se há uma ou várias áreas nas ciências naturais nas quais a própria ciência conduz a uma visão da natureza que inclua eventos para os quais as causas naturais que contribuem para eles sejam insuficientes para produzi-los.[8]

Se a teologia cristã está correta ao afirmar que Deus guia o universo de maneira que supera a criação e conservação, então, esse princípio sugere que Deus deve fazê-lo de maneira não intrusiva, para a qual o universo precisa oferecer algum tipo de lacuna causal ontológica na qual Deus possa realizar esses tipos de ações, interagindo com a criação sem interferir ou violar as leis da natureza. A busca era, portanto, pelo que Austin Farrer nomeou de "articulação causal" [*causal joint*][9] e o que Sarah Lane Ritchie considerou "um dos problemas mais significativos em ciência e religião".[10] Os teólogos americanos Robert Russell e Thomas Tracy, por exemplo, exploraram a possibilidade de encontrar esse elo no qual a causalidade de Deus interagiria com as causas naturais no indeterminismo da mecânica

---

6 Ellis, "Ordinary and extraordinary Divine action", p. 379-83.

7 Para diferentes perspectivas sobre o problema de conceitualizar a ação divina na ordem natural, veja Thomas Torrance, *Space, time and incarnation* (London: OUP, 1969); e Maurice F. Wiles, *God's action in the world* (London: SCM Press, 1986). Alister McGrath levantou algumas preocupações culturais, científicas e teológicas sobre a noção de ação divina especial. Veja seu texto "Hesitations about special Divine action: reflections on some scientific, cultural and theological concerns", *European Journal for Philosophy of Religion* 7:4 (2015): 3-22. Benedikt Göcke, ao contrário, apresenta uma defesa dessa noção, argumentando que a "ação divina especial" é central para a teologia cristã e não contradiz a ciência nem a metafísica. Veja seu "The many problems of special Divine action", *European Journal for Philosophy of Religion* 7:4 (2015): 23-36.

8 Robert Russell, "What we've learned from quantum mechanics about non-interventionist objective Divine action in nature — and what are its remaining challenges?", in: Robert Russell; Joshua M. Moritz, orgs., *God's providence*, p. 133-71, 140

9 Veja Austin Farrer, *Faith and speculation: an essay in philosophical theology* (London: Adam & Charles Black, 1967).

10 Sarah Lane Ritchie, *Divine action and the human mind* (Cambridge: CUP, 2019), p. 349.

quântica, sugerindo que a ação providencial divina poderia ser realizada por meio de eventos quânticos. John Polkinghorne defendeu a ação divina por meio do *input* de informações em sistemas caóticos;[11] Arthur Peacocke sugeriu modelos de causação divina do tipo *top-down* [causação descendente];[12] Philip Clayton sustentou que as teorias de emergência poderiam ser consideradas caminhos viáveis para pensar novos modelos de ação divina;[13] e Nancey Murphy, com George Ellis, propuseram um modelo para a ação divina no cérebro humano por meio da abertura que a mecânica quântica oferece.[14] A ideia básica de todas essas propostas é que a natureza oferece, pelo menos em algum nível da realidade (e esse nível varia de acordo com cada autor), indeterminação, abertura, potencialidade e contingência disponíveis para Deus. Esse caráter natural significa que a natureza oferece eventos insuficientes para causar novos eventos no futuro ou, ao contrário, eventos que não são suficientemente causados por eventos anteriores.

Nesses modelos, então, Deus agiria diretamente para determinar o que fica subdeterminado na ordem da natureza, escolhendo qual resultado oferecido ele produzirá sem interromper nenhuma lei (porque as próprias leis da natureza apresentam essa indeterminação, abertura ou potencialidade). Deus, nas palavras de Thomas Tracy, "pode agir para garantir a ocorrência de um evento para o qual as causas criadas (operando sob as condições estabelecidas pela história atual do mundo até o momento) são insuficientes".[15] Jeffrey Koperski, recentemente, propôs um modelo alternativo que ele chama de modelo neoclássico *não violacionista* da ação divina, segundo o qual "determinismo e fechamento causal não são absolutos metafísicos ou científicos".[16] Koperski argumenta que "uma vez que se diferencie entre as leis da natureza e o comportamento resultante dessas leis e condições não nômicas, encontramos um *vasto espaço de contingência*

---

[11] Veja, p. ex.: John Polkinghorne, *Belief in God in an age of science* (New Haven; London: Yale University Press, 1998).

[12] Veja, p. ex., Arthur Peacocke, *Theology for a scientific age* (Minneapolis: Fortress, 1993).

[13] P. ex., em Philip Clayton, "Emergence from physics to theology: toward a panoramic view", *Zygon* 41:3 (2006): 675-88.

[14] Nancey Murphy; George F. R. Ellis, *On the moral nature of the universe: theology, cosmology, and ethics* (Minneapolis: Fortress, 1996).

[15] Thomas Tracy, "Scientific vetoes and the hands-off god: can we say that God acts in history?", *Theology and Science* 10:1 (2012): 55-80, 59.

[16] Jeffrey Koperski, *Divine action, determinism, and the laws of nature* (Abingdon: Routledge, 2020), p. 143.

no qual Deus pode agir".[17] Nesse modelo, a ação divina poderia agir de duas formas: ou direcionada para mudar os estados de campos quânticos (se o reducionismo for preferido) ou, se a ideia de emergência forte for adotada, Deus interagiria com fenômenos de nível superior de maneiras apropriadas a estes.[18] Essas duas opções se aproximam bastante dos modelos para a ação divina baseados em teoria quântica e teoria do caos, como explicarei a seguir.

Assim, abordarei principalmente a chamada ação divina quântica com várias referências à ação divina por meio da teoria do caos, ou seja, que Deus recorre à indeterminação quântica e à abertura encontrada em sistemas caóticos para operar sua providência no universo criado. Críticas semelhantes àquelas que oferecerei também poderiam ser feitas para outras estratégias que envolvem Deus recorrendo a lacunas causais que as teorias científicas encontram na natureza; então, não as usarei como estudos de caso.[19]

A visão determinista do mundo, um legado da cosmovisão newtoniana-laplaceana que é contestado pela teoria quântica, parecia ter impedido a ação de Deus no universo. A teoria quântica, no entanto, por meio do estudo das menores partículas subatômicas das quais as coisas são feitas, parece fornecer uma descrição indeterminista da natureza, descrição que muitos teólogos acharam atraente. Se a natureza não é determinista, se os eventos não são pré-determinados em suas causas, se é plausível pensar que existem lacunas ontológicas causais na natureza, então Deus poderia agir nessas lacunas sem quebrar a ordem natural. Graças à mecânica quântica, uma nova possibilidade de explicar a ação divina no mundo parece promissora: a ação divina quântica.[20] John Polkinghorne expressa essa ideia em termos mais gerais afirmando que o "fechamento físico do articulação

---

[17] Koperski, *Divine action*, p. 135 (grifo na citação).

[18] Veja Koperski, *Divine action*, p. 136.

[19] Para críticas a outras estratégias, veja meu texto "John Polkinghorne on Divine action: a coherent theological evolution", *Science and Christian Belief* 24:1 (2012): 19-30; Mariusz Tabaczek, "Divine action and emergence: an alternative to panentheism (South Bend, IN: Notre Dame Press, 2021) e Sarah Lane Ritchie, *Divine action*. Mesmo Jeffrey Koperski, embora pretenda se distanciar de descrições não intervencionistas da ação divina, também deve enfrentar minha crítica. Veja seu *Divine action*, p. 149,50.

[20] Essa possibilidade parecia tão promissora que Wildman afirmou que "está convencido de que este projeto [NIODA] conseguiu demonstrar a coerência e a viabilidade técnica de várias teorias da ação divina intencional." Wesley Wildman, "The Divine action project, 1988-2003", *Theology and Science* 2:1 (2004): 31-75, 32.

causal do mundo não foi estabelecido, de modo que as alegações de que a ciência refutou a possibilidade de agência providencial podem ser vistas como falsas",[21] o que o levou a explicar como a teoria do caos poderia fornecer um caminho para explorar a possibilidade dessa ação divina providencial. Outros teólogos, assumindo o problema do determinismo *versus* ação divina, seguiram um caminho mais longo, afirmando ser *necessário* haver lacunas na causalidade física para que Deus faça alguma coisa na natureza.[22] Jeffrey Koperski coloca essa ideia da seguinte forma: "Sem algum tipo de abertura ou plasticidade no domínio natural, não há nada que Deus possa fazer que não seja uma violação".[23] A ciência do século 20 parecia oferecer aos teólogos a "articulação causal" que eles estavam procurando,[24] ou seja, o lugar no qual "a ação de Deus impacta diretamente no mundo".[25]

Como uma das principais discussões com a qual lidarei é a relação entre providência divina e mecânica quântica, será útil revisar algumas das ideias básicas e princípios fundamentais dessa teoria. Os princípios da mecânica quântica apresentam a realidade física e seu comportamento no nível atômico e subatômico. Ela está entre as maiores conquistas do século 20 e, embora seja uma das teorias mais bem-sucedidas, também é uma das mais misteriosas. Sua formulação matemática parece revisitar características da realidade que são muito implausíveis, como a dualidade onda-partícula,[26] o princípio da superposição,[27] ou a propriedade de entrelaçamento (ou emaranhamento) de pares de partículas.[28] Quanto à primeira, um fóton, a unidade fundamental de luz, pode se comportar como uma partícula ou como uma onda e pode existir em um estado ambíguo

---

[21] John Polkinghorne, "Christianity and science", in: Philip Clayton; Zachary R. Simpson, orgs., *The Oxford handbook of religion and science* (Oxford: OUP, 2006), p. 57-70, 67.

[22] Keith Ward, *Divine action* (London: Collins, 1990), p. 77. Para Thomas Tracy, não há maneira possível de explicar a ação de Deus na natureza se esta for uma estrutura fechada, determinista e fixa, a menos que aceitemos que Deus age na natureza contra as leis criadas, o que não parece acontecer. Se quisermos afirmar a ação de Deus na natureza, lacunas na ordem natural são necessárias de forma que permita a Deus agir sem interromper a mesma ordem natural. Veja Thomas Tracy, "Particular providence and the God of the gaps", in: Robert Russell; Nancey Murphy; Arthur Peacocke, orgs., *Chaos and complexity*, p. 289-324, 290ss.

[23] Koperski, *Divine action*, p. 2.

[24] Farrer, *Faith and speculation*, p. 62-3 e 78-81.

[25] Philip Clayton, *God and contemporary science* (Edinburgh: Edinburgh University Press, 1997), p. 192.

[26] Veja Roger Penrose, *The road to reality* (London: Jonathan Cape, 2004), p. 505s.

[27] Penrose, *The road to reality*, p. 541ss.

[28] Ibidem, cap. 23.

até que uma medição seja feita. Se uma propriedade do tipo partícula é medida, o fóton se comporta como uma partícula e, se uma medição do tipo onda é realizada, ele se comporta como uma onda. Há uma indefinição se um fóton é algo do tipo onda ou partícula e o resultado é probabilisticamente informado pelas equações, até que o arranjo experimental seja especificado. Essas características da teoria quântica nos dizem algo sobre a realidade? Ou é apenas sua formulação matemática que cria essas situações implausíveis? O formalismo matemático parece tornar qualquer tentativa de interpretação dos níveis mais fundamentais da realidade uma difícil tarefa filosófica, abrindo caminho para a consideração teológica da ação divina no nível quântico, dado o caráter indeterminista consideravelmente misterioso que a teoria também apresenta.

Mesmo que seu caráter probabilístico — e, portanto, as interpretações indeterministas — seja uma das características mais importantes da mecânica quântica, a evolução temporal do sistema até sua medição é descrita com uma equação determinística, significando que a evolução do sistema é completamente estabelecida, uma vez que o estado é conhecido a qualquer momento.[29] Ainda assim, o máximo que podemos fazer para descrever o estado de qualquer sistema a qualquer momento específico é fornecer uma probabilidade para o resultado da medição.[30] A mecânica clássica tem como base a alegação de que todos os estados de todos os sistemas considerados sempre podem ser medidos e conhecidos com exatidão. Na mecânica quântica, ao contrário, devemos aceitar que não sabemos o valor de um parâmetro sem primeiro medi-lo, dada a superposição de estados do sistema antes da medição explicada acima. Essa característica intrigante da física quântica é complementada por outra, desconcertante e igualmente em desacordo com a mecânica clássica. Durante a medição, o sistema salta para um dos muitos estados prováveis, sem nenhuma causa aparente. Esse salto é, em geral, conhecido como "colapso da função de onda". Qualquer medição, no entanto, resultará em um valor específico para o parâmetro medido. A teoria quântica simplesmente não pode prever o resultado da medição antes de medir.

---

[29] Ibidem, p. 530.

[30] Paul Dirac, *The principles of quantum mechanics* (Oxford: Clarendon Press, 1958), p. 73.

A principal interpretação dessa característica intrigante é conhecida como a Interpretação de Copenhague, formulada por Neils Bohr e Werner Heisenberg, em geral adotada para abordar a providência divina na atualidade, dada a visão indeterminista da teoria. Essa interpretação emprega três princípios diferentes: 1) o estado físico de um sistema é inteiramente capturado pela função de onda; 2) a função de onda desenvolve-se de forma determinística até colapsar durante a medição; e 3) a dinâmica completa é estocástica e não determinística: sistemas isolados que começam em estados idênticos podem terminar em estados diferentes. Essa característica estocástica aparece no colapso da função de onda. A ideia principal para essa interpretação é que as alegações probabilísticas feitas pela mecânica quântica são irredutíveis a uma afirmação epistemológica, ou seja, não refletem tão somente nosso conhecimento limitado do sistema. Dessa forma, a Interpretação de Copenhague sustenta que, na mecânica quântica, os resultados das medições são fundamentalmente indeterminísticos. A imprevisibilidade do resultado da medição reflete um indeterminismo causal fundamental, que em última análise aponta para um indeterminismo ontológico também fundamental, no nível quântico.[31] Essa ideia significa que o processo de medição escolhe exata e aleatoriamente uma das muitas possibilidades permitidas pela função de onda apresentada pelo sistema quântico, porque as propriedades desse sistema só são reais como potencialidades até a medição, quando se tornam atuais [em ato].[32] Após a medição, a função de onda passa instantaneamente a refletir aquele potencial parâmetro específico que foi atualizado.

Ao refletir sobre esse mundo quântico indeterminístico, Werner Heisenberg falou de uma nova ontologia para a física quântica.[33] Para ele, além do atual, o potencial também é real na física quântica, ou seja, o que é em potência é real. Heisenberg referiu-se de forma explícita aos conceitos

---

[31] Veja meu ensaio "Werner Heisenberg and Thomas Aquinas on natural indeterminism", *New Blackfriars* 94 (2013): 635-53.

[32] Mais uma vez, o sentido de "atual" aqui é o da metafísica, oposto a "em potência", e não o sentido comum de atual como algo do presente ou do "hoje em dia". O mesmo ocorre com o "atualizado", que poderia, em tese, ser versado como "concretizado", mas preferimos manter a terminologia usada em textos metafísicos. (N. T.)

[33] Werner Heisenberg, *Physics and philosophy* (New York: Prometheus, 1958), p. 185.

aristotélicos de ato e potência para explicar o indeterminismo encontrado em níveis subatômicos do seguinte modo:

> É possível, talvez, ser chamada de tendência ou possibilidade objetiva, uma *potentia,* no sentido da filosofia aristotélica. Na verdade, acredito que a linguagem realmente usada pelos físicos quando falam sobre eventos atômicos produz nas mentes noções semelhantes ao conceito de *potentia.* A linguagem já se ajustou a essa situação real.[34]

Assim, a realidade potencial torna-se atual no mesmo instante em que é observada e, quando não é observada, não é atual, mas em potência. Nesses momentos não observados, a realidade ainda é potencial ou indeterminada, aberta a diferentes atualizações, mas não menos real. Assim, o sistema quântico será ontològicamente indeterminado antes da observação. Dessa forma, a observação dá certa determinação causal, mas também certa indeterminação causal ao sistema que está sendo observado. Portanto, acrescenta Heisenberg, a transição do "possível" para o "atual" ocorre durante o ato de observação. Isto é, assim que ocorre a interação do objeto com o dispositivo de medição e, portanto, com o resto do mundo.[35]

O indeterminismo se expressa na superposição de probabilidades nas quais a partícula se encontra, por exemplo, em qualquer lugar no qual se puder encontrá-la. Então, ela está em todo lugar em potência por essa superposição de probabilidades. E será atualizada nesse ou naquele lugar pela observação. A função de onda, então, contém afirmações sobre possibilidades, ou melhor, tendências (*potentiae* na filosofia aristotélica), e essas afirmações são completamente objetivas.[36] A função de onda, então, implica uma tendência, uma potencialidade objetiva real da natureza para agir de determinada forma.

Uma das referências do debate contemporâneo sobre ação divina providencial, que defende essa interpretação da mecânica quântica, é Robert Russell, fundador e diretor do Center for Theology and the Natural Sciences (CTNS) e detentor da cátedra Ian Barbour de Teologia e Ciência no Graduate

---

[34] Heisenberg, *Physics and philosophy*, p. 180-1.
[35] Heisenberg, *Physics and philosophy*, p. 54.
[36] Ibidem, p. 53.

Theological Union, em Berkeley, Califórnia. Ele tem contribuído ativamente para esse debate ao longo dos anos, introduzindo desde muito cedo o acrônimo NIODA (*non-interventionist objective Divine action*) para expressar a noção de uma ação divina objetiva não intervencionista. Ou seja, NIODA refere-se a ações divinas que não vão contra a ordem do universo (não intervencionista), mas que não se reduzem a uma percepção subjetiva do crente (objetiva): "É *mais* do que a interpretação subjetiva de um evento comum e é *menos* do que uma interpretação objetiva de um evento especial, que requer intervenção divina e milagrosa para realizá-lo".[37] Tipicamente, então, NIODA envolve uma busca por teorias científicas que possam receber uma interpretação ontologicamente indeterminista para explicar o universo no que se refere a eventos possíveis em alguns domínios, níveis ou tipos de processos na natureza que carecem de uma causa natural eficiente e suficiente, sugerindo que Deus possa agir nesses processos.[38] Em última análise, para defender uma ação divina objetiva não intervencionista, os processos que levam ao surgimento de novos fenômenos teriam de ser, eles mesmos, indeterminísticos.[39] Russell encontra esses processos no caráter probabilístico da física quântica, que sugere que nenhuma explicação causal subjacente pode dar conta dos dados com sua forma particular de aleatoriedade.[40] Se a mecânica quântica mostra que a natureza é aberta em sua cadeia causal, então há um argumento para a ação providencial de Deus de uma forma não intervencionista.

John Polkinghorne concorda com a abordagem NIODA, mas sugere a teoria do caos como uma alternativa melhor para encontrar modos adequados para Deus agir providencialmente na natureza. Embora tenha mostrado desenvolvimento considerável de seus pontos de vista ao longo dos anos,[41] sua tese principal é de que a ação providencial de Deus no mundo pode ser

---

[37] Russel, "What we've learned", p. 139.

[38] Veja Robert Russell, "Quantum physics and the theology of non-interventionist objective Divine action", in: Philip Clayton; Zachary R. Simpson, orgs., *The Oxford handbook of religion and science*, p. 579-95, 579 e 581; *Cosmology; from alpha to omega* (Minneapolis: Fortress, 2008), p. 152; "Five key topics on the frontier of theology and science today", *Dialog: A Journal of Theology* 46:3 (2007): 199-207, 202; e "What we've learned", p. 139.

[39] Robert Russel, "An appreciative response to Niels Henrik Gregersen's JKR Research Conference Lecture", *Theology and Science* 4:2 (2006): 129-135, 131.

[40] Robert Russell, "Quantum physics in philosophical and theological perspective", in: R. J. Russell; W. R. Stoeger; G. V. Coyne, orgs., *Physics, philosophy and theology: a common quest for understanding* (Vatican City: Vatican Observatory, 1988), p. 343-74, 346.

[41] Veja meu ensaio "Polkinghorne on Divine action".

modelada como a entrada [*input*] de informação ativa em sistemas caóticos, para fazê-los se desenvolver de maneira que realize os planos divinos para a criação. O grande problema com sistemas caóticos é que sua evolução depende tanto das condições iniciais que a menor mudança faria com que o sistema se desenvolvesse de maneiras completamente diferentes. Recorrendo ao princípio da razão suficiente, que demanda algumas causas para explicar por que um sistema se desenvolveu de uma forma e não de outra, Polkinghorne sugere que deve haver novos princípios causais organizadores do tipo *top-down* [de cima para baixo] operando para fazer surgir o futuro desses sistemas.[42] Esses princípios não agem por meio de causação energética, mas apenas por meio da entrada [*input*] de informação ativa,[43] em que o termo "informação ativa" representa a influência que ocasiona a formação de um padrão estruturado de comportamento dinâmico futuro.[44] Polkinghorne emprega o termo "ativo" para relatar a eficácia causal da informação e a palavra "informação" para referir-se a seu comportamento de formação de padrões.[45] A noção de entrada [*input*] de informação é, portanto, necessária para estabelecer o que realmente ocorre, tornando-se o veículo para a causalidade operacional *"de cima para baixo"* e uma candidata que acomode a ação providencial divina no sentido de um fluxo de informações de Deus para o universo.[46]

Tanto Russell quanto Polkinghorne sugerem que uma concepção determinista da natureza tornaria qualquer ato de Deus dentro da natureza e da história uma intervenção, algo que não é teologicamente desejável, porque refletiria uma falta de autonomia da natureza em suas operações. Assim, desde o Iluminismo, a ideia de providência especial objetiva parece implicar a crença na intervenção divina: para Deus agir em eventos particulares, deve intervir na natureza, violando ou pelo menos

---

[42] John Polkinghorne, *Science and Christian belief* (London: SPCK, 1997), p. 77; *Faith, science, and understanding* (New Haven; London: Yale University Press, 2000), p. 121.

[43] Polkinghorne, *Belief in God*, p. 62.

[44] Ibidem, p. 72.

[45] John Polkinghorne, *Serious talk* (London: SCM Press, 1995), p. 83; *Science and theology: an introduction* (London: SPCK, 1998), p. 42.

[46] Polkinghorne, *Belief in God*, p. 63; *Faith, science, and understanding*, p. 114. Polkinghorne desenvolveu essas visões assumindo a noção teológica de *kenosis* para permitir que Deus aja como outra causa entre as causas. Veja seu "Kenotic creation and Divine action", in: John Polkinghorne, org., *The work of love* (London: SPCK, 2001). Para uma abordagem detalhada de suas ideias, veja meu ensaio "Polkinghorne on Divine action".

suspendendo as leis dela. Assim, em uma visão de mundo newtoniana, a ação divina providencial foi quase completamente banida, porque qualquer ação divina deve acarretar uma violação dos processos naturais. Os problemas com esse tipo de intervencionismo são muitos, mas talvez os dois mais importantes que nos interessam aqui são, em primeiro lugar, que isso sugere que Deus normalmente está ausente da teia de processos naturais e, em segundo, que isso coloca o poder de Deus em oposição às regularidades da natureza.[47]

Pelo contrário, se, à luz da ciência contemporânea, a natureza pode ser filosoficamente interpretada como ontologicamente indeterminista, a providência especial objetiva não intervencionista é uma opção válida.[48] Essa interpretação significaria que a natureza, conforme a própria ciência, não é um sistema causal inteiramente fechado; na verdade, como diz Russell, "o mundo dos processos naturais [...] é *causalmente incompleto*".[49] Em vez disso, as leis que a ciência descobre, ao menos a nível quântico, sugeririam que a natureza é aberta para a novidade: pode haver o que chamaríamos de "lacunas naturais" nas regularidades causais da natureza, que podem ocorrer em todos os lugares ser simplesmente parte do modo pelo qual a natureza é constituída.[50] Claro, essas lacunas causais não devem ser simplesmente epistemológicas, mas, sim, lacunas ontológicas. Thomas Tracy afirma que "agora parece" que essas lacunas realmente ocorrem na mecânica quântica, sugerindo que as lacunas explicativas na mecânica quântica se devem ao fato de que não há causas reais suficientes para o evento.[51] O fato de haver lacunas causais reais explica o porquê de haver lacunas explicativas na teoria.

A proposição é que o conjunto total de condições naturais que influenciam um processo, ou seja, o conjunto total de condições que a ciência pode descobrir e descrever por meio de suas equações, é necessário, mas

---

[47] Russell, "Quantum physics and the theology", p. 584.

[48] Veja Russel, "What we've learned", p. 140: "Eu uso o termo [...] 'indeterminismo ontológico' para me referir a uma interpretação filosófica das várias áreas nas ciências naturais nas quais essas ciências permitem essa possibilidade na natureza".

[49] Russel, "What we've learned", p. 139.

[50] Robert Russell, "Special providence and genetic mutation: a new defense of theistic evolution", in: Robert J. Russell; William R. Stoeger; Francisco José Ayala, orgs., *Evolutionary and molecular biology: scientific perspectives on Divine action* (Vatican City; Berkeley, CA: Vatican Observatory — CTNS, 1998), p. 191-223, 193.

[51] Tracy, "Particular providence", p. 291.

insuficiente a princípio para determinar o resultado exato do processo. O futuro é ontologicamente aberto; influenciado, claro, mas subdeterminado pelos fatores da natureza atuantes no presente. As estatísticas encontradas nas equações indicam que não existe um conjunto exaustivo de causas naturais subjacentes.

Tanto Russell quanto Polkinghorne pensam que a mecânica quântica e a teoria do caos, respectivamente, podem ser interpretadas filosoficamente nesses termos indeterminísticos. Russell segue o caminho de Heisenberg, explicado algumas páginas atrás, para assumir uma interpretação indeterminista da física quântica, enquanto Polkinghorne explica que, considerando seu famoso princípio de que a "epistemologia modela a ontologia", pode interpretar a teoria do caos indeterministicamente: "uma interpretação realista das imprevisibilidades epistemológicas de sistemas caóticos leva à hipótese de uma abertura ontológica na qual novos princípios causais podem estar operando e determinando o padrão de comportamento futuro".[52] Em última análise, para Polkinghorne, a teoria do caos nos dá uma imagem do comportamento natural que revela uma aleatoriedade estruturada, uma desordem-ordenada, retratando o universo com uma abertura em direção ao futuro: "o mundo é feito de sistemas que são tão delicadamente sensíveis às circunstâncias que a menor perturbação produzirá grandes e sempre crescentes mudanças em seu comportamento".[53]

Russell tem afirmações semelhantes com relação à mecânica quântica. Para ele, o uso da estatística na mecânica quântica não é uma mera conveniência para evitar uma descrição causal mais detalhada. Em vez disso, a estatística quântica é tudo o que podemos ter, pois não há "nenhum processo natural subjacente que seja totalmente determinístico".[54] Assumindo, então, que a Interpretação de Copenhague da mecânica quântica está correta, a natureza, do ponto de vista teológico, pode ser vista como genuinamente aberta à participação de Deus em trazer à atualização cada estado da natureza no tempo.[55] Na verdade, Russell acredita firmemente que "a

---

[52] John Polkinghorne, *The Polkinghorne reader: science, faith and the search for meaning*, ed. Thomas Oord (London: SPCK, 2010), p. 119.

[53] Polkinghorne, *Serious talk*, p. 79.

[54] Russell, "Special providence", p. 202, e Russell, "Does 'the God who acts' really act?", p. 55.

[55] Russell, "Special providence", p. 203.

mecânica quântica fornece uma área nas ciências naturais em que uma versão NIODA da ação divina pode ser sustentada".[56]

Os processos indeterminísticos encontrados na natureza são os espaços abertos de que a teologia precisa para explicar a providência especial não intervencionista. O argumento de Russell é claro e segue da seguinte forma: Deus age junto com a natureza para provocar um evento quântico. A natureza fornece as causas necessárias, mas a ação divina constitui a causa suficiente para a ocorrência do evento.[57] Teologicamente, pode ser entendido que Deus age intencionalmente nos processos naturais em andamento, sem interrompê-los ou violar as leis da natureza. A ação divina especial resulta em consequências específicas e objetivas na natureza que não aconteceriam sem essa ação especial. No entanto, por causa do caráter irredutivelmente estatístico da física quântica, esses resultados seriam inteiramente condizentes com as leis científicas e, por causa do indeterminismo desses processos, a ação especial de Deus não acarretaria sua ruptura. No entanto, não seria possível descrever essa ação apenas com essas leis.[58]

Essencialmente, o que a ciência descreve sem referência a Deus é precisamente o que ele, trabalhando de maneira invisível em, com e mediante os processos da natureza, está realizando. Não se esperaria que a ciência incluísse algo sobre a ação de Deus na natureza como parte de sua explicação científica do mundo. Em última análise, onde a ciência emprega a mecânica quântica e a filosofia aponta para o indeterminismo ontológico, a teologia de Russell (assim como a de Polkinghorne) percebe Deus agindo com a natureza para criar o futuro:

> os resultados da ação de Deus no nível quântico podem ser vistos como a concretização, de um modo não intervencionista, tanto de muitas das características gerais do mundo que relatamos teologicamente em matéria de providência geral (ou criação contínua) quanto de, pelo menos, alguns desses eventos específicos no mundo aos quais uma teologia da providência especial faz referência.[59]

---

[56] Russel, "What we've learned", p. 141.

[57] Russell, "Does 'The God who acts' really act?", p. 58 e Robert Russell, "Divine action and quantum mechanics: a fresh assessment", in: Robert J. Russell; Philip Clayton; Kirk Wegter-McNelly; John Polkinghorne, orgs., *Quantum mechanics*, p. 293-328, 293.

[58] Russell, "Special providence", p. 193.

[59] Russel, "What we've learned", p. 145.

Deus, nessa perspectiva, consuma o que a natureza oferece, providencialmente trazendo o futuro à existência, agindo de forma específica em todos os eventos, momento a momento.[60] Assim, para Russell e Polkinghorne, Deus age objetiva e diretamente em e por eventos quânticos e sistemas caóticos, para atualizar um dos vários resultados potenciais,[61] ou por meio do *input* de informações ativas para guiar sistemas caóticos. A mecânica quântica e a teoria do caos, portanto, fornecem à teologia um espaço no qual Deus pode agir sem perturbar a ordem da natureza. Essa ação divina providencial estaria oculta nas leis estatísticas e probabilísticas da mecânica quântica e nas equações determinísticas da teoria do caos. Enquanto as ações providenciais de Deus permanecerem nas regularidades probabilísticas que a ciência observa, elas não contradizem nenhuma lei da natureza nem substituem nenhuma causa finita.

Como era esperado, essas propostas de modelos da ação divina providencial rapidamente suscitaram várias objeções entre cientistas, filósofos e teólogos.[62] Por exemplo, as objeções científicas levantam dúvidas sobre o real entendimento da ciência envolvida; as objeções epistemológicas questionam a escolha da interpretação da ciência; as objeções teológicas questionam tanto a noção de Deus aplicada ao debate quanto a utilidade, para a teologia, de recorrer às ciências naturais, enquanto as objeções metafísicas questionam os pressupostos presentes na noção da causalidade usada no debate, uma objeção que considerarei detalhadamente neste livro. Russell ensaia uma longa resposta a essa objeção em seu último texto sobre o assunto, tentando construir uma ponte entre sua perspectiva e a tomista, por meio da noção de milagre defendida por Tomás de Aquino. Voltarei a esse tema mais adiante, na próxima seção deste capítulo.

Nicholas Saunders argumenta de forma extensa que, dadas as muitas interpretações diferentes da mecânica quântica, é inválido escolher uma e utilizá-la teologicamente.[63] Essa crítica, que o físico Robert Brecha também

---

[60] Russell, "Special providence", p. 203.

[61] Russel, "Quantum physics and the theology", p. 586. [De novo, atualizar é no sentido metafísico e não em seu uso comum. (N. T.)]

[62] Russell aborda muitas dessas objeções em pelo menos dois de seus muitos ensaios sobre o assunto, a saber "Quantum physics and the theology", p. 583-5; e "What we've learned", p. 150-3.

[63] Saunders, *Divine action*, no qual ele expande as críticas feitas anteriormente em Nicholas Saunders, "Does God cheat at dice? Divine action and quantum possibilities", *Zygon* 35:3 (2000): 517-44.

compartilha,[64] em geral é respondida no mesmo tom, afirmando ser simplesmente uma questão de interpretação contestada se a mecânica quântica realmente mostra a indeterminação radical e ontológica do universo que a abordagem NIODA está buscando. Thomas Tracy faz alguns comentários úteis quando reconhece o fato de que, embora seja justo dizer que as interpretações dominantes da mecânica quântica são indeterministas, a questão não está totalmente resolvida.[65] Esse pluralismo interpretativo na física quântica cria tanto uma oportunidade quanto um risco para os teólogos que tentam lidar com ela. Por um lado, é legítimo preferir uma interpretação a outra por motivos teológicos. Por outro lado, se o teólogo se decidir por uma delas, corre o risco de que novos desenvolvimentos na física ou na filosofia da física solapem intensamente as construções teológicas.[66] Essa ambivalência, entretanto, não significa que o trabalho teológico não deva ser procurado. Da mesma forma, Russell sustenta que a interpretabilidade múltipla é um problema para qualquer teologia que busque se envolver com teorias científicas, porque toda teoria científica pode ser interpretada de várias maneiras. John Polkinghorne segue essa mesma estratégia. A melhor resposta a essa objeção é, para Russell, adotar uma posição "como seria se": seja claro ao reconhecer a múltipla interpretabilidade de qualquer teoria ao escolher uma interpretação particular, e enfatize que a abordagem NIODA é hipotética e experimental.[67]

Wesley Wildman, refletindo sobre a longa crítica de Nicholas Saunders, oferece um quadrilema[68] como critério para um modelo sólido de ação divina, exigindo que qualquer descrição da ação divina providencial ofereça uma descrição de: 1) objetividade, 2) incompatibilidade, 3) não

---

[64] Robert J. Brecha, "Schrödinger's cat and Divine action: some comments on the use of quantum uncertainty to allow for God's action in the world", *Zygon* 37:4 (2002): 909-24.

[65] Tracy, "Divine action", p. 895.

[66] Ibidem, p. 896. Russel também conclui de forma similar:

> Uma mudança na ciência ou em sua interpretação filosófica, no máximo, desafiaria a proposta construtiva em questão, mas não a viabilidade geral de uma teologia da ação divina na natureza, cuja garantia e fontes estão em outro lugar nas Escrituras, tradição, razão e experiência.

Veja Russel, "Special providence", p. 218.

[67] Russell, "Quantum physics and the theology", p. 584-5. Russell, "Five key topics", p. 203. Uma objeção semelhante é levantada contra a escolha de interpretação da teoria do caos por Polkinghorne, que ele simplesmente rejeita, afirmando que a teoria permite essa interpretação.

[68] Um quadrilema, às vezes tetralema, é um dilema com quatro opções e não apenas duas. (N. T.)

intervencionismo e 4) uma forte visão ontológica das leis da natureza. Russell, Tracy e Clayton,[69] entretanto, acham que essa conjunção de proposições dificilmente será um critério de sucesso para qualquer explicação da ação divina providencial. O quadrilema de Wildman é, para Russell, simplesmente contraditório: se uma forte interpretação ontológica das leis da natureza for correta, uma explicação para a ação divina especial jamais seria possível. Além disso, uma explicação incompatibilista da ação divina especial objetiva não intervencionista exige que a natureza seja causalmente indeterminista; mas uma forte interpretação ontológica das leis da natureza (se é que essa interpretação é possível) significa que a natureza é determinista, excluindo, assim, a possibilidade da ação divina providencial.[70]

Por fim, Bill Stoeger, bem como Michael Dodds e Taede Smedes, entre outros, consideram que o debate sobre ação divina e, especificamente, os modelos que utilizam a teoria quântica ou a teoria do caos para permitir a ação providencial de Deus tornam a atividade de Deus outra causa natural.[71] É verdade que nenhum dos participantes desse debate fazem isso intencionalmente (com exceção, talvez, de John Polkinghorne, que, após considerar a noção da *kenosis* divina, não teve problemas em aceitar que Deus age como uma causa entre outras causas).[72] Ainda assim, há dúvidas do sucesso deles em explicar a ação de Deus como diferindo de uma causa criada. Russell responde de modo assertivo que a ação de Deus não se reduz a uma causa natural em sua proposta. Seu argumento é o seguinte: conforme a interpretação filosófica a favor de um indeterminismo ontológico da teoria quântica, não há causas naturais eficientes

---

[69] Russell, "Quantum physics and the theology", p. 589; Thomas Tracy, "Scientific perspectives on Divine action? Mapping the options", *Theology and Science* 2:2 (2004): 196-201, 199: "essas quatro assertivas são logicamente incompatíveis."; Philip Clayton, "Wildman's Kantian skepticism: a Rubicon for the Divine action debate", *Theology and Science* 2:2 (2004): 186-9, 188:

> não é óbvio que uma teoria da ação divina com uma compreensão ontológica, mas não "forte" da lei natural, não pudesse atender ao requisito de tração. [...] Wildman acredita que se pode saber de antemão que nenhuma teoria de ação divina especial poderia satisfazer os quatro critérios.

[70] Russell, "Quantum physics and the theology", p. 589.

[71] Eu também levantei essa crítica em várias ocasiões. Veja, por exemplo, meu ensaio "A cause among causes? God acting in the natural world", *European Journal for Philosophy of Religion* 7:4 (2015): 99-114.

[72] Veja Polkinghorne, "Kenotic creation and Divine action", e meu texto "Polkinghorne on Divine action". Bethany Sollereder também argumentou em termos semelhantes, sugerindo que, após a encarnação, aceitar que Deus age como uma causa entre as causas não é uma posição problemática. Veja seu ensaio "A modest objection: neo-Thomism and God as a cause between causes", *Theology and Science* 13:3 (2015): 345-53.

para os eventos específicos em questão; assim, Deus não é uma causa natural.[73] Se fosse esse o caso, a ação divina poderia ser descoberta pela ciência. No entanto, precisamente pela mesma razão, a ação de Deus permanece oculta à ciência. Aliás, a proposta de Russell não aspira mostrar a ação de Deus como equivalente a qualquer outro agente natural agindo na natureza, pois por hipótese, o conjunto de causas naturais é insuficiente para trazer o evento à realização. A ação de Deus permanecerá oculta na estrutura da natureza e assumirá a forma de realização de um dos vários potenciais no sistema quântico, e não de manipulação de partículas subatômicas como uma força quase física.[74] A ação direta de Deus está oculta, *em princípio*, da ciência, porque, conforme o indeterminismo ontológico, não há causa natural para cada evento em questão para a ciência descobrir.[75] Assim, se Deus age com a natureza para produzir o evento pelo qual um núcleo radioativo decai, Deus não está agindo como uma causa natural eficiente; o colapso da função de onda ocorre pelo fato da causalidade divina e natural trabalharem juntas, mesmo quando a ação de Deus permanece ontologicamente diferente da agência natural.[76] Lidarei com esse tema em detalhes na próxima seção deste capítulo, pois creio ser esse o cerne de todo o debate.

A questão sobre as múltiplas interpretações das teorias científicas é, então, resolvida com uma cláusula "como seria se..." diante de todo o corpo do trabalho teológico, uma solução que é, na melhor das hipóteses, provisória e pouco convincente. Questões relativas ao indeterminismo da mecânica quântica ou dos sistemas caóticos são questões epistemológicas, que devem ser deixadas para os filósofos da ciência responderem. As questões que considero mais importantes que nos auxiliariam a desenvolver uma descrição da atuação providencial de Deus no mundo, são questões metafísicas sobre a distinção entre causação natural e causação divina. Estou inclinado a pensar que a dúvida de Stoeger permanece sem solução: é possível considerar Deus como uma causa radicalmente diferente das causas naturais se argumentamos que ele é necessário para completar a obra da

[73] Russell, "Quantum physics and the theology", p. 585.
[74] Russell, "Does 'the God who acts' really act?", p. 64.
[75] Russell, "Quantum physics and the theology", p. 585.
[76] Ibidem, p. 586.

natureza e, ainda mais, inserido nas leis da natureza? Se a resposta for negativa, Deus simplesmente deixaria de ser o Deus criador transcendente e onipotente da teologia cristã.

Argumentarei na seção seguinte que o problema básico para esse debate é a identificação de causalidade com determinação. Analisarei alguns dos pressupostos filosóficos e conclusões que podem ser tiradas desses modelos de ação divina da teoria quântica e do caos. Especificamente, focarei primeiro na relação entre uma causa e seu efeito, que se supõe ser determinístico. Portanto, tudo o que é indeterminístico é sem causa. Além disso, abordarei a questão da autonomia das causas naturais: parece que, pelo que foi dito sobre o debate, se Deus pudesse agir quando e onde quisesse no universo, a autonomia da natureza em seus processos seria ameaçada e com ela os fundamentos da ciência. Por fim, analisarei minha tese central de que pareceria que a causalidade de Deus causa como uma causalidade natural, o que nos leva a considerar Deus agindo na natureza como outra causa natural.

ALGUNS PRESSUPOSTOS NÃO EXAMINADOS

O debate sobre a ação providencial divina no mundo natural e por intermédio dele, conforme descrito pelas teorias científicas contemporâneas, parece ter chegado a um impasse. Considere o exemplo daqueles que argumentam a favor da ação divina quântica: eles continuam a manter sua posição independentemente das objeções (John Polkinghorne, ao contrário, recentemente suavizou sua opinião sobre a ação divina providencial por meio do *input* de informações ativas em sistemas caóticos) e aqueles que argumentam contra ela continuam a se opor. Apesar do aparente diálogo,[77] ninguém parece achar conclusivos os argumentos do outro. No fim das contas, os proponentes do modelo de ação divina providencial quântica (ou qualquer outro modelo não intervencionista de ação divina) continuam sustentando que, onde a ciência aponta para o indeterminismo ontológico

---

[77] Veja, por exemplo, o último artigo de Russell, no qual ele aborda as objeções tomistas à sua proposta. Embora tente considerar essas objeções de forma justa e séria, ele primeiro as descarta, porque elas argumentam de uma perspectiva tomista e ele "não vê nenhuma razão convincente para que *necessariamente* [o *esquema* neotomista] deva ser dado como certo". Veja Russell, "What we've learned", p. 154.

e a contingência, a fé vê Deus agindo de forma cuidadosa com a natureza, para fazer o futuro acontecer.

Portanto, acho apropriado olhar com certo distanciamento e considerar dois pressupostos filosóficos e uma conclusão teológica que ainda não foram exaustivamente analisados. O primeiro pressuposto é que a relação entre uma causa e seu efeito é (e não pode deixar de ser) determinística. Ou seja, causação é identificada com determinação no sentido forte do termo.[78] O segundo é que, se Deus pudesse agir no universo quando e onde quisesse, a autonomia da natureza em suas ações estaria ameaçada e, com ela, os fundamentos da ciência.[79] Ou seja, Deus não pode intervir na natureza, porque sua intervenção significaria que a natureza não é totalmente autônoma em suas operações. A partir dessas duas pressuposições, a conclusão teológica que se segue é que Deus tem de agir na natureza como outras causas, ou como se diz, uma causa entre causas. Argumentarei que esses dois pressupostos filosóficos são defendidos no debate, principalmente porque uma concepção moderna de causalidade é pressuposta e aceita, sem exame adequado. Afirmo que, se esses pressupostos forem aceitos, os modelos contemporâneos de ação divina providencial no mundo só podem concluir que Deus deve ser concebido como outra causa entre as causas, levando-nos a uma concepção empobrecida dele, que é, em última instância, limitado pelas assim chamadas "leis da natureza".[80] Essa conclusão constatará que a maioria dos modelos concebidos de forma que encontre espaços naturais para Deus agir não pode se prender aos quatro critérios ou desideratos descritos no capítulo anterior: eles são apresentados como uma escolha entre a onipotência de Deus e a autonomia da natureza e resolvem essa tensão percebida colocando Deus onde a natureza não tem poder causal.

O primeiro pressuposto filosófico diz respeito à relação entre uma causa e seu efeito. Conforme entendo o debate, essa relação é entendida

---

[78] Ou, pelo menos, uma maneira laplaceana de ver o mundo. Para a distinção entre determinismo e a imagem laplaceana, veja Alvin Plantinga, "What is 'intervention'?", *Theology and Science* 6:4 (2008): 369-401, 376-83. William A. Wallace, em seu *The modelling of nature: philosophy of science and philosophy of nature in synthesis* (Washington: CUA Press, 1996), p. 20, argumenta que "há uma tendência nos dias atuais de igualar causalidade com determinismo, pensar em uma causa como operando mecanicamente e como sendo rigidamente conectada com seus efeitos, tornando-a indefectível em seu causar".

[79] Plantinga, "What is 'intervention'?", p. 385, n. 42.

[80] Peter E. Hodgson, "God's action in the world: the relevance of quantum mechanics", *Zygon* 35:3 (2000): 505-516, 514.

como determinística (e não pode ser de outra forma). Assim, o efeito não pode ser algo diferente do que é, visto que a causa é necessária para causar o que deve causar. Plantinga estende essa noção a um determinismo universal, apresentando-o assim: "as leis naturais, somadas ao estado do universo, em qualquer dado momento, acarretam o estado do universo em qualquer outro momento".[81] Se observarmos como os proponentes da abordagem NIODA entendem a maneira pela qual as causas se relacionam com seus efeitos, descobriremos que uma causa é aquilo que determina o resultado do desenvolvimento de um sistema físico. Nesse cenário, não pode haver efeito sem causa determinante, pois o efeito não pode ser algo diferente do que é. A causa deterministicamente causa o que se destina a causar. Assim, um efeito que ocorre indeterministicamente, como um colapso quântico ou uma mutação genética, simplesmente não tem causa, ou, pelo menos, não é totalmente causado, porque não é determinado por sua causa precedente.

Considere o exemplo de como o colapso da função de onda é entendido a respeito de um evento "*a* causal", simplesmente porque não é determinístico. Veja como Russell coloca:

> Certas partes da ciência, e a mecânica quântica, em particular, advogam por uma nova interpretação da causalidade eficiente na natureza, na qual essa causalidade eficiente pode não operar inteiramente em todos os eventos no nível subatômico, abrindo a possibilidade da causação divina não intervencionista em relação a eventos específicos na natureza.[82]

O principal aqui é que, nesses eventos, não há *causas indeterminísticas* atuando: há, ao contrário, *uma falta de causalidade natural* que permite que o sistema quântico seja indeterminístico. Vejamos Russell de novo: "NIODA, *ex hypothesi*, diz respeito a eventos nos quais a natureza não tem causalidade suficiente para produzir os resultados que realmente ocorrem".[83] Explicar eventos quânticos como indeterminísticos, nesse caso,

[81] Plantinga, "What is 'intervention'?", p. 378.
[82] Russell, "What we've learned", p. 149.
[83] Ibidem, p. 155.

significa introduzir uma quebra na cadeia causal ontológica na natureza: não há causa nesses processos indeterministas no nível subatômico da natureza; assim, eventos futuros não são causados, e, portanto, não são determinados, por suas causas naturais (determinísticas).

Essa imagem do mundo natural pode ser bem-vinda, uma vez que parece permitir novidades em seus desenvolvimentos históricos. Essas novidades, porém, permanecem inexplicáveis relativamente a causas naturais, por causa da falta de causalidade natural no processo de seu aparecimento: não há causas naturais para explicá-las; em nosso exemplo, não há causas naturais que expliquem o resultado do colapso da função de onda. Em uma interpretação mais benevolente, pode ser dito que não há causas naturais suficientes para explicá-lo. Mesmo nessa formulação, no entanto, há uma falta de causação natural, reafirmando meu argumento de que a causalidade é compreendida com relação à determinação: causação é causação determinística. John Polkinghorne e Jeffrey Koperski têm pontos de vista semelhantes em seus modelos. O desenvolvimento dos sistemas caóticos exige, para Polkinghorne, que se postule algum princípio causal externo a eles, enquanto Koperski vê no caráter não determinístico das leis da natureza o lugar para que outros princípios causais determinantes atuem. Em ambos, há uma falta de causalidade natural que permite que outros princípios causais entrem em ação.

Para muitos na atualidade, a mecânica quântica traz uma quebra na cadeia causal ontológica no nível subatômico da natureza e, para Polkinghorne, a teoria do caos mostra a incompletude da cadeia causal natural. Eventos futuros, nessas visões, não são totalmente causados e, portanto, não determinados por eventos naturais anteriores. O fato de a ciência contemporânea oferecer uma visão da natureza na qual pode haver novidade em seu desenvolvimento é explicado por uma visão não causal da cadeia causal natural. Essa visão não deve ser confundida com um indeterminismo da causação natural ou, se alguém preferir, pode ser reconhecida como indeterminista no sentido de que não existe nenhuma causação natural. Meu ponto aqui é que, mesmo que Russell, Plantinga, Koperski e os demais afirmem que o dilema da ação divina providencial em um universo determinista foi quebrado por causa do caráter indeterminista do universo apresentado pela ciência no século 20, a noção de causalidade assumida nessas discussões permanece determinista: a causalidade é identificada com o determinismo.

A maioria dos autores concorda que, em um universo determinístico agindo como um sistema causalmente fechado dentro do qual apenas um resultado é relacionado a seus estados anteriores, que seguem as leis da mecânica clássica, não há possibilidade de qualquer tipo de ação providencial especial, ou como Taede Smedes diz: "o determinismo traz consigo a derrota de qualquer modelo de ação divina pessoal".[84] Dessa forma, os estudiosos acham necessário procurar alguma abertura nesse determinismo rígido para permitir que Deus aja providencialmente nele; eles encontram essa abertura no caráter indeterminístico do domínio quântico, embora entendam o indeterminismo da mecânica quântica como uma falta de causalidade natural, já que a causalidade é entendida como determinística.

Mais uma vez, o dilema com a ação divina na natureza ocorre em uma perspectiva determinista[85] e, ainda que o indeterminismo da mecânica quântica pareça oferecer a esses estudiosos uma solução para o dilema, as noções de causa e efeito utilizadas no debate permanecem deterministas, sendo uma parte essencial em seus discursos. Isso fica claro, de novo, quando Russell e Murphy querem explicar por que é necessário admitir que Deus age em eventos quânticos, invocando o princípio da razão suficiente, ou quando Polkinghorne, pela mesma razão, requer novos princípios causais para determinar o desenvolvimento de um sistema caótico.[86] Assim, a causação é considerada idêntica à determinação, o que implica que as causas devem ser pensadas apenas como causas determinísticas.

O segundo pressuposto não examinado que encontro nesse debate afirma que, se Deus consegue agir providencialmente quando e onde quiser,

---

[84] Taede A. Smedes, *Chaos, complexity, and God: Divine action and scientism* (Leuven; Paris; Dudley: Peeters, 2004), p. 38.

[85] Veja Plantinga, "What is 'intervention'?", p. 380, 387. Lá, diz que "o que realmente orienta seu pensamento não é a ciência clássica como tal, mas a ciência clássica mais um complemento metafísico", o determinismo.

[86] Russell, "Quantum physics and the theology", p. 591. Nancey Murphy, "Divine action in the natural order", in: Robert Russell; Nancey Murphy; Arthur Peacocke, orgs., *Chaos and complexity*, p. 325-357, 338. Plantinga parece ter se juntado a Russell e Murphy, argumentando que Deus poderia agir em todos os eventos quânticos (uma vez que são *a*causados) causando-os, às vezes com um resultado preferido, às vezes sem nenhum. Ele chama essa ação de causação do colapso divino [*Divine collapse causation*]. Veja Plantinga, "What is 'intervention'?", p. 393-5.

então a autonomia da natureza em suas ações está ameaçada e, com ela, os fundamentos da ciência. Em um argumento que parece ser o inverso daquele sustentado na Idade Média pelos teólogos *kalam* (apresentado no primeiro capítulo),[87] os teólogos contemporâneos parecem argumentar que qualquer apelo ao envolvimento divino providencial no mundo contrariaria os poderes da natureza: há uma incompatibilidade fundamental entre a visão da atuação providencial de Deus no universo, como a causa contínua de tudo o que é (universalmente ou no particular, embora, no debate contemporâneo, seja expressamente afirmado que a incompatibilidade é apenas particular),[88] e a visão de que existem processos naturais autônomos ocorrendo no mundo. Dada a noção determinista de causalidade, esses autores aceitam que, para defender a autonomia da ordem natural e a existência de conexões causais reais nessa ordem, é necessário restringir o poder causal de Deus. Como é preciso admitir que a ciência se fundamenta na regularidade da natureza e, portanto, em suas leis, eles são levados a pensar que é necessário negar ou reduzir o poder divino de ação no mundo.

Ainda assim, parece-lhes urgente encontrar formas adequadas de explicar a atividade providencial de Deus no mundo. A única maneira pela qual ele poderia fazer algo dentro do domínio natural é havendo uma situação dentro do universo que não tivesse causa, ou seja, um lugar no qual a natureza não fizesse nada. Nessa situação, portanto, não haveria causação natural autônoma, porque não haveria nenhuma causa natural. Portanto, se Deus atuasse dentro desses limites, não haveria incompatibilidade entre a autonomia da natureza e o poder de Deus. Russell desenvolve essa ideia, empregando os termos "compatibilista" e "incompatibilista":

> Um compatibilista classificará a ação objetiva especial de Deus como "intervencionista", porque ela vai além do que as leis da natureza demonstram, quer as ações divinas contradigam ou não a ação ordinária de Deus na e com a natureza. Para um incompatibilista, a ação divina objetiva é incompatível com um mundo determinista. Um incompatibilista verá a ação objetiva especial de Deus

---

[87] Veja William Carroll, *La creación y las ciencias naturales* (Santiago de Chile: Universidad Católica de Chile, 2003), p. 54-5.

[88] Veja Russell, "Quantum physics and the theology", p. 582: "As leis da natureza, em última análise, narram a ação regular de Deus trabalhando em, com e mediante processos naturais".

> como "intervencionista" apenas se o mundo for determinístico. Se o mundo é indeterminístico, então ela é não intervencionista quando produz eventos que vão além daqueles descritos pelas leis da natureza sem infringi-las ou refutá-las, porque a causalidade eficiente natural, conforme descrita por essas leis, é criada por Deus *ex nihilo*, de modo que seja insuficiente para fazer surgir esses eventos particulares.[89]

Claro, todos os que subscrevem a diferentes modelos objetivos não intervencionistas de ação divina adotam uma visão incompatibilista em relação às ações de Deus e à causalidade natural: onde há esta, não pode haver causalidade divina especial. Nesse sentido, a necessidade de explicar a autonomia da natureza aparece como indício de alguma redução do poder ou atividade de Deus.

A raiz dessa afirmação é, certamente, o notável sucesso da ciência moderna e contemporânea em explicar e descrever o funcionamento da natureza, particularmente seu padrão causal. Assim, parece que Deus está competindo contra a ciência (como muitos neoateístas gostam de dizer). Se ele pudesse agir dentro do domínio das causas naturais, os efeitos das ações divinas poderiam ser entendidos como efeitos da causalidade natural. Assim, pareceria impossível distinguir entre a ação de Deus e a ação da natureza. Se assim fosse, o cientista estaria na posição de não saber se foi a natureza quem agiu ou se foi Deus quem causou este ou aquele evento. Essa situação levaria a uma total descrença no empreendimento da ciência, pois seria impossível, a princípio, admitir que a ciência está verdadeiramente descrevendo e explicando o comportamento da natureza e não apenas se deixando enganar pela atividade divina especial no mundo. Mesmo que Deus agisse regularmente, a ciência não estaria narrando os poderes causais da natureza, mas a causalidade divina. Portanto, para evitar que a ciência perca seus fundamentos empíricos, esses autores decidem fazer fortes afirmações teológicas, impedindo que Deus interfira nos processos causais naturais. É, então, a noção determinista de causalidade utilizada no debate que faz os participantes assumirem que a causalidade de Deus na providência especial não deve ser de tal ordem que diminua o que se concebe como

---

89 Ibidem, p. 583.

autonomia e integridade da natureza, de forma que salve os fundamentos da ciência moderna e contemporânea.[90]

Esses dois pressupostos não examinados, a saber, que a causação é determinista e que o poder de Deus para agir na natureza se opõe à autonomia das causas naturais, levam ao que acredito ser uma conclusão inevitável: a ação de Deus deve ser concebida como outra causa natural. Essa, porém, é uma posição que nenhum dos participantes do Projeto sobre Ação Divina quer admitir. Na verdade, alguns a negam expressamente: Robert Russell, por exemplo, diz que "a causalidade de Deus é radicalmente diferente de qualquer um dos tipos de causalidade que conhecemos",[91] e Jeffrey Koperski rejeitou essa acusação, com a qual ele tem "menos simpatia".[92] No entanto, muitos afirmam que pelo menos a posição de Deus acabar sendo considerado uma causa entre as causas é algo que deve ser levantado de novo e contestado, pois não parece ter uma resposta simples.[93] Stoeger é explícito ao afirmar que não tem certeza de que o debate evitou por completo a localização de Deus no domínio das causas criadas ao modelar a ação divina quântica. As posições de Smedes e Dodds são, em seus termos, um pouco mais radicais: nenhum deles aceita que o debate consiga tratar Deus como diferente das causas naturais criadas. Dodds afirma que

> [os] esforços de alguns teólogos para localizar a ação divina dentro dos espaços que se tornaram disponíveis na teoria quântica sugerem que eles continuam operando a partir de uma compreensão unívoca da causalidade na qual a ação divina sempre parece arriscar uma confusão ou interferência na causalidade de outros agentes.[94]

Smedes é ainda mais severo. Ele afirma que procurar indeterminação no nível quântico sugere que a ação de Deus "compete com as leis da natureza

---

[90] Além disso, querem evitar que a ciência contemporânea seja interpretada apenas de forma instrumentalista. É claro que, se a ciência fosse um mero instrumento para dominar a natureza, sem ser uma explicação realista, não haveria nenhum problema entre ciência e religião ou, pelo menos, os debates seriam em um tom completamente diferente. Veja Plantinga, "What is 'intervention'?", n. 28.

[91] Russell, "Quantum physics and the theology", p. 582.

[92] Koperski, *Divine action*, p. 150.

[93] Michael Dodds, *Unlocking Divine action* (Washington: CUA Press, 2012), p. 143.

[94] Michael Dodds, "Science, causality and Divine action: classical principles for contemporary challenges", *CTNS Bulletin* 21:1 (2001): 3-12, 8.

e está no mesmo nível ontológico que o funcionamento da ordem natural".[95] Do outro lado do debate, Russell acha que Deus não pode ser pensado como outra causa natural, porque, dada a interpretação ontologicamente indeterminista da mecânica quântica, a própria teoria não permite que nenhuma causa natural cause o colapso da função de onda.[96] Minha pergunta neste momento é a seguinte: é possível considerar que Deus é radicalmente diferente das causas naturais, se ele age, nessa visão, para completar a obra da natureza e dentro das leis da natureza? Minha resposta chegará a argumentar que parece que Deus simplesmente deixaria de sê-lo se for concebido como agindo como uma causa natural.

A primeira questão a ser abordada é o significado dessa expressão. Afinal, todos os envolvidos nesses debates concordariam que Deus é uma causa, pelo menos de forma similar ao modo pelo qual coisas criadas também são causas. Deve ser considerado aqui que a objeção de que Deus é considerado uma "causa entre causas" não deseja negar que Deus é uma causa ou afirmar que não se deve dizer que ele causa. Pelo contrário, essa objeção significa que não é um bom movimento teológico considerar Deus agindo como causas secundárias/criadas. A objeção enfatiza a suprema transcendência de Deus, enfatizando que, quando ele age, está sempre causando como uma causa primária e nunca como uma causa secundária, criada. A ideia básica por trás dessa objeção, então, é que Deus não deveria ser colocado no nível das causas criadas, porque isso significaria negar ou diminuir a transcendência dele. Certamente, essa objeção não aspira negar a possibilidade da ação de Deus na ordem criada da natureza como uma causa (por exemplo, na realização de milagres), mas, sim, defender a não mundanidade de Deus. Ainda assim, apresentarei meu argumento de maneira não tomista (referi-me à causação primária e secundária neste parágrafo, termos tomistas por excelência).

Nos parágrafos seguintes, apresentarei um argumento que espero evitar a última objeção de Robert Russell à apresentação de Michael Dodds sobre essa questão: a de que ele (Dodds) coloca suas objeções em uma

---

[95] Smedes, *Chaos, complexity, and God*, p. 198.

[96] Russell, "Quantum physics and the theology", p. 5

estrutura neotomista.[97] Se eu puder evitar essa resposta de Russell, então muito trabalho terá sido feito para entender o significado da expressão "uma causa entre as causas".[98] Assim, Russell oferece uma resposta em termos tomistas, como adiantei acima, acatando a noção de milagres que Aquino ensina (a qual expandirei no quarto capítulo). Por enquanto, será suficiente dizer que Tomás de Aquino sustenta que Deus poderia realizar milagrosamente algo que não se opõe à natureza, mas que vai além do poder da natureza. Russell vê aqui uma ligação entre a perspectiva tomista e a sua, uma vez que a ação de Deus no modelo NIODA pode ser descrita precisamente nesses termos.

Ainda assim, Russell volta à ideia de que Deus precisa de que a natureza tenha um tipo de causalidade insuficiente para que ele realize esse tipo de ação:

> Agora, se todas essas ações "não são contrárias à natureza", então por que seria necessariamente contrário à natureza Deus agir em eventos em que *ex hypothesi* a natureza não tem causalidade suficiente para produzir os resultados que realmente ocorrem, ou seja, eventos no nível quântico, conforme interpretado pela escola de Copenhague?[99]

Como estou tentando explicar nesta seção, a ideia de exigir causalidade insuficiente para que Deus aja depende de uma noção determinista de causação que, em última instância, faz com que ele aja como uma causa entre as causas.

Volto agora ao meu argumento não tomista. Para tentar resolver essa questão, é necessário fazer algumas distinções: primeiro, não é o mesmo dizer que 1) Deus é concebido como uma causa entre as causas naturais e que 2) Deus age como uma causa criada, permanecendo divino. Parece que a crítica de Smedes se encaixa na primeira opção. Ele parece estar argumentando que o Projeto sobre Ação Divina quântica concebe a causalidade de

---

[97] Jeffrey Koperski ensaia uma crítica semelhante a essa objeção, dizendo que "talvez ela tenha maior força em uma metafísica aristotélico-tomista que eu não compartilho [...] sem esse compromisso prévio, porém, esse tipo de crítica perde sua força". Veja seu *Divine action*, p. 150.

[98] Russel, "What we've learned", p. 154.

[99] Russel, "What we've learned", p. 155.

Deus como estando no mesmo nível da causalidade natural criada. Russell, no entanto, não quer admitir essa possibilidade. Em vez disso, parece-me que ele não conseguiria negar a segunda afirmação. Se não fosse assim, todo o debate não teria razão de existir. Em certo sentido, dentro dos contornos da discussão, Deus está limitado pelas leis da natureza, que, no final, o estabelecem como agindo de acordo com elas. Portanto, Deus é concebido como agindo conforme as leis da natureza, que regem a causação das causas naturais e, portanto, de alguma forma, regem como ele age na natureza.

Na verdade, Russell e todos os outros admitem que Deus interage com a natureza no nível quântico por meio de um "evento de medição", particularmente se referindo ao resultado desse evento.[100] Isso, como explica Russell, pode ser entendido como qualquer tipo de interação de um sistema quântico com qualquer outro sistema microscópico ou macroscópico. Portanto, Deus não se limitaria a agir apenas quando um cientista realiza uma medição em um laboratório. Deus, no entanto, está limitado a agir dentro desses tipos de eventos e das leis que os regem. É claro que Russell argumentará que, uma vez que a teoria interpretada nos diz que não há causa natural que cause o colapso da função de onda dessa maneira específica, Deus não pode ser concebido como uma causa natural, mesmo que esteja causando o colapso da função de onda nos parâmetros dados pela teoria. Para Russell, a teoria afirma não haver causa natural, portanto, Deus não é uma causa natural.

Esse argumento me leva a uma segunda distinção, que diz respeito a como as causas naturais são concebidas nessa parte do debate. Por um lado, segundo Russell, as causas naturais são definidas pela teoria científica. Portanto, como a teoria diz não haver causa natural, embora o teólogo ache que Deus é a causa do colapso da função de onda, Deus não é uma causa natural. Vamos chamar isso de critério epistemológico para decidir sobre causas naturais. Por outro lado, seguindo os argumentos de Dodds e Smedes, uma causa natural tem seu tipo de causalidade ordenada pelas leis da natureza, que, ao final, são expressas pela teoria. Assim, as causas naturais

---

[100] Veja Russell, "What we've learned", p. 143, no qual ele relata o lugar exato onde vê Deus agindo no nível quântico: "A ação de Deus está relacionada ao resultado específico, mas pode ou não estar relacionada ao colapso. Em vez disso, o colapso pode ser em razão de causas naturais".

vêm antes da teoria. Vamos chamar isso de critério ontológico para decidir sobre causas naturais.

A abordagem epistemológica deriva da tradição de Copenhague, especialmente das ideias epistemológicas de Heisenberg, que admite que a teoria determina o que deve ser observado. Para entender totalmente o que acontecia nos fenômenos quânticos, Heisenberg utilizou o método de Einstein para interpretar qualquer fenômeno físico: apenas o que a teoria considera observável é realmente observado. Assim, pensou Heisenberg, é necessário deixar de lado, na descrição teórica dos fenômenos, aqueles conceitos que não podem ser observados. Claramente, Russell está tomando esse método e indo além dele, afirmando que apenas aquelas "causas naturais" que a teoria encontra realmente existem. Heisenberg e Einstein estavam simplesmente fazendo ciência ao aplicar esse método para evitar o uso de conceitos como a órbita de um elétron ou sua temperatura em suas teorias científicas. Russell, no entanto, usa esse método de maneira fortemente filosófica quando afirma a existência ou não de causas naturais ao aceitar o que diz a teoria científica.[101]

A teoria, no entanto, nada diz sobre o que não pode ser observado. Não diz que não há mais nada ou que há alguma outra coisa. Nesse sentido, a teoria quântica nada diz sobre as causas do colapso da função de onda. A interpretação da teoria, por sua vez, funciona de maneira diferente. Ela faz descrições ontológicas do que acontece para ocorrer o colapso da função de onda. Assim, a interpretação indeterminista da teoria quântica diz não haver causa natural para isso (lembre-se do que eu disse sobre causalidade ser identificada com determinação). Além disso, nessa forte abordagem epistemológica, Deus não é uma causa natural ao causar o colapso, simplesmente porque a interpretação diz que ele não é.

Inversamente, na abordagem ontológica, as causas naturais não dependem de uma teoria para serem causas naturais (ou para serem identificadas como tal). Elas simplesmente são o que são, sendo descobertas por cientistas que trabalham com teorias. A questão aqui é o que define uma causa natural como tal, se não é a teoria que as descreve. Uma causa natural poderia

[101] Para o testemunho de Heisenberg sobre esses assuntos, veja Werner Heisenberg, *Tradition in der wissenschaft, reden und aufsätze* (Munique: R. Piper, 1977).

ser definida como aquela que, pertencente ao mundo natural, age conforme os próprios poderes (como explicarei no capítulo seguinte), permanecendo nos limites da ordem natural, que pode ser descrita (assim pressupomos) pelas leis da natureza, como sugere Smedes. Portanto, se há uma exigência de que Deus aja nos limites da ordem natural, seria considerado que Deus atua como uma causa natural, embora não pertencendo ao domínio natural.

Ora, se usarmos o critério epistemológico sobre causas naturais criadas, não haveria como avaliar o argumento na totalidade, visto que ele seria autocontido. A interpretação ontologicamente indeterminística da mecânica quântica nos diz simplesmente tudo: o que é uma causa, quais causas existem, os tipos de causas que podemos encontrar e como elas funcionam. Não deixa, assim, nenhum outro parâmetro de decisão sobre ela. Portanto, resta-nos apenas o critério ontológico para avaliar as causas naturais. Assim, acho mais conveniente usar o referido critério para avaliar o que são causas naturais criadas. Além disso, se apenas permitirmos que uma teoria científica decida sobre o que é uma causa natural, corremos o risco de não olhar para fora dessa teoria e encontrar diferentes causas naturais. Isso inibiria o desenvolvimento de novas teorias científicas para explicar o mundo natural. Portanto, a perspectiva ontológica parece ser a mais apropriada a ser usada. O critério epistemológico para distinguir Deus e as causas naturais criadas, então, parece não ser bom o suficiente e, no fim das contas, seguindo o critério ontológico, Deus parece ser concebido no ato de causar do mesmo que as causas naturais.[102]

Considere o seguinte argumento, mas dessa vez decorrente da segunda pressuposição não examinada que analisei anteriormente: parece que, se alguém quiser defender que Deus poderia agir no universo criado, a autonomia da natureza em seus poderes causais seria posta em questão. Deve-se aceitar essa reduzida autonomia causal da natureza neste caso, porque se estaria assumindo uma incompatibilidade fundamental entre Deus agir no universo criado e o universo ter processos causais naturais autônomos. Assim, para defender a autonomia da natureza, o poder causal de Deus é

[102] Isso não significa que as ações de Deus não permaneceriam ocultas da ciência. Russel argumenta assim: "A ação direta de Deus será ocultada da ciência em princípio, porque, conforme o indeterminismo ontológico, não há causa natural para cada evento em questão para a ciência descobrir." Russell, "Quantum physics and the theology", p. 585.

restrito para onde não há causa natural. A urgência de encontrar maneiras adequadas de explicar a atividade de Deus no mundo forçou teólogos a identificar a causalidade de Deus com a causalidade natural criada. Assim, a causalidade divina está no mesmo nível ontológico que a causalidade natural criada, implicando que Deus causa como as causas naturais causam. Deus, então, no projeto NIODA, é forçado a causar como uma causa entre as causas, ou seja, como uma causa criada, aceitando que, em última análise, é obrigado pelas leis da natureza a agir dentro dos limites da natureza. Parece evidente, então, que o projeto NIODA considere tanto a causa insuficiente (criada) quanto a causa complementar (divina) como sendo do mesmo tipo.

É verdade que, para os proponentes da abordagem NIODA, não há dúvida sobre o poder de Deus, com o qual ele poderia causar qualquer coisa que uma causa natural pode causar: assumindo que é um ser todo-poderoso, não haveria nenhuma dificuldade em argumentar que Deus pode produzir qualquer coisa que qualquer causa natural poderia produzir. No entanto, um efeito natural em um mundo natural requer uma causa natural e, seja um agente natural ou divino que produz o efeito, ele o estaria produzindo no nível das causas naturais. Ou seja, considera-se que Deus está causando como causas naturais causam.

A questão então é: qual é o problema de Deus agir como uma causa entre as causas? Afinal, John Polkinghorne afirmou que, ao pensar em termos kenóticos,[103] pode ser dito que Deus certamente poderia agir energeticamente (divergindo respeitosamente de Halvorson),[104] defendendo que não havia nenhuma dificuldade com essa situação. Considero essa uma posição problemática, no entanto, por envolver questões relativas à própria natureza de Deus. Considerando os dois pressupostos não examinados que acabamos de analisar com a conclusão de que Deus age como uma causa a mais entre outras causas, parece-me que a noção divina tradicional do teísmo clássico (que foi, até certo ponto, aquela com a qual o debate começou) é completamente transformada em uma noção bastante diferente de Deus. Diante dessa situação, vejo dois caminhos a seguir: 1) aceitamos que

---

[103] Polkinghorne, *Faith, science, and understanding*, p. 105.

[104] Veja Hans Halvorson, "Plantinga on providence and physics", *European Journal for Philosophy of Religion* 5:3 (2013): 19-30, no qual ele rejeita essa possibilidade de forma explícita.

a noção de Deus deva ser mudada para que se possa fornecer uma descrição completa da realidade, incluindo os conceitos e noções da ciência contemporânea no discurso teológico e, assim, dando uma nova explicação teológica do universo; ou 2) revisamos nossas pressuposições e examinamos se há algum mal-entendido nelas que possa ter nos levado a essa encruzilhada. A segunda opção nos permite ou a) revisar os dados científicos ou b) examinar as crenças filosóficas em nosso discurso. Este trabalho não aspira ser uma investigação científica; portanto, analisei os pressupostos filosóficos não examinados do debate sobre causalidade e determinismo e, nos capítulos seguintes, oferecerei os elementos para uma compreensão teísta clássica da ação providencial divina na ordem criada.

É claro que muitos autores optaram confiantemente por seguir o primeiro dos caminhos mencionados acima, ou seja, mudar a noção de Deus à luz das novas teorias científicas que apresentam o mundo. Um exemplo paradigmático é Arthur Peacocke, que sugere uma teologia panenteísta para dar conta da relação entre o mundo e Deus. Outro excelente exemplo é John Polkinghorne, que revisa as interpretações filosóficas das teorias científicas, oferecendo uma explicação diferente da ação divina por meio da indeterminação encontrada em sistemas caóticos, mas também admite a necessidade de mudança na noção tradicional de Deus.[105] Por fim, há aqueles, como eu, que pensam que existem alguns pressupostos filosóficos não examinados que trazem vários problemas para a mesa.[106]

Todo o debate surge por causa da preocupação em manter a direção e o governo de Deus sobre os eventos do mundo, conforme descritos por nossas teorias científicas atuais. Essa preocupação levou os participantes do debate a encontrarem uma maneira pela qual Deus pudesse guiar providencialmente o universo por meio de ações diretas no mundo. Essa busca, no entanto, envolve assumir que Deus precisa ser visto agindo como uma causa entre causas, uma afirmação que é um enorme problema teológico para muitos. Em última análise, a disposição de defender a ideia da autonomia da natureza em seu funcionamento levou os estudiosos a rejeitarem pelo menos o primeiro dos quatro desiderata que considerei no capítulo

---

[105] Veja meu ensaio "Polkinghorne on Divine action".

[106] Michael Dodds é outro bom exemplo nessa posição. Veja *Unlocking Divine action*.

anterior, a saber, a onipotência de Deus. Nos capítulos seguintes, oferecerei uma possível solução para essa limitação na forma de uma proposta guiada pelo pensamento de Tomás de Aquino, caminho que muitos investigam com resultados variados. Afirmo que um modelo de ação divina providencial inspirado no pensamento de Tomás de Aquino consegue sustentar os quatro desideratos metafísicos descritos no primeiro capítulo.

CAPÍTULO 3

Uma metafísica da contingência natural

Após examinar o debate contemporâneo sobre providência divina e contingência na natureza, suas deficiências e sucessos, e por que penso que ele não está à altura dos critérios estabelecidos no primeiro capítulo para modelos sobre a ação divina providencial, é hora de abordarmos diretamente o pensamento de Tomás de Aquino. Os dois capítulos seguintes serão bastante técnicos sobre a metafísica tomista, primeiramente sobre contingência natural e depois sobre a natureza de Deus e sua providência. Esse movimento será necessário para mostrar por que defendo que um modelo de ação divina inspirado na filosofia de Aquino não é apenas plausível, mas pode realmente ser um modelo que sustenta todos os quatro desiderados. Este capítulo em particular explorará a metafísica da contingência, baseando-se de forma sistemática na compreensão de causalidade do teólogo medieval. Primeiro, apresentarei uma descrição abrangente de sua doutrina da causalidade, incluindo seu tratamento das quatro causas aristotélicas, e então terminarei com uma explicação da raiz metafísica da contingência na natureza. Esse exame minucioso abrirá o caminho para aprofundar a metafísica da doutrina da providência divina de Tomás de Aquino.

DEFININDO CAUSALIDADE

O cerne da compreensão de causalidade de Tomás de Aquino[1] é a noção de dependência, uma ideia que ele aplica tanto à causalidade natural quanto à causalidade divina providencial. Neste capítulo, analisarei com algum

[1] Todos os textos de Tomás de Aquino aqui são traduções de minha autoria, salvo indicação em contrário.

detalhe as visões dele sobre a causalidade natural a partir da perspectiva da noção de dependência, que nos levará a uma doutrina metafísica abrangente da contingência natural.

Para Tomás de Aquino, as coisas naturais "parecem ter algum princípio de movimento e repouso nelas".[2] Esse princípio de que fala Aquino chama-se a *natureza* de uma coisa, que é, em última análise, a causa dos movimentos naturais, tanto em coisas animadas quanto inanimadas. Como cada coisa é apenas determinado tipo particular de ser, a causalidade dos seres naturais não se estende a todos os seres, mas apenas às esferas de suas ações. Assim, o fogo aquece, a água molha, os elétrons atraem (sendo atraídos por) prótons e assim por diante. A causalidade própria das coisas naturais, portanto, decorre do tipo particular de ser que cada coisa é. Nesse sentido, então, as coisas naturais agem conforme certa necessidade que decorre de sua natureza e não podem fazer o que não está incluído nela: o fogo não pode molhar, os elétrons não podem atrair elétrons e a água não pode secar (a água pode aquecer, embora somente se anteriormente recebeu calor de outra fonte, de tal modo que não é seu próprio calor). Dessa forma, as coisas naturais estão de certa forma determinadas a agir conforme o que podem fazer. É nesse sentido que se deve entender o lema de Tomás de Aquino: "a natureza está determinada a uma ação".[3]

Seguindo essa ideia, Tomás de Aquino explica que os efeitos necessariamente seguem sua causa, mas apenas no sentido de que, sem essa causa, o efeito não poderia ter acontecido. Ele afirma, comentando sobre Aristóteles, que "a causa é aquilo de que alguma coisa decorre necessariamente".[4] Essa indicação preliminar implica uma tendência natural das coisas naturais para certo efeito determinado, que, conforme Aquino explicará depois, também implica que o efeito é produzido regularmente, caso existam circunstâncias favoráveis para sua produção. Essa caracterização, no entanto, não exige que, dadas as causas de determinado efeito, este sempre se siga, por ser possível pensar que algo produza certo efeito, como na maior parte das vezes, mas que pode, em algumas ocasiões, não produzi-lo.

---

[2] *In II Phys.*, l. 1.
[3] *SCG* III, c. 85. Cf. *S. th.* I, q. 42, a. 2; I-II, q. 1, a. 5; *De ver.*, q. 25, a. 1.
[4] *In V met.*, l. 1.

Como mostrarei mais adiante neste capítulo, essa falha na produção do efeito pode ser não apenas por interações com causas externas, mas também por uma falha intrínseca na própria causa, o que, conforme sugerirei, é a raiz metafísica da contingência na natureza.[5]

Tomás de Aquino recorre às noções de ato e potência para explicar essa doutrina metafísica, argumentando que as coisas naturais agem como elas são em ato, mas, como são uma mistura de ato e potência, são atos imperfeitos. Essa imperfeição em seus seres é a fonte metafísica última da imperfeição de suas ações. Aquino afirma, então, que

> nas coisas que têm a possibilidade de ser e não ser, há também a possibilidade de tornar-se e não se tornar. Essas coisas não são nem vêm a ser por necessidade, mas há nelas o tipo de possibilidade que as dispõe ao tornar-se e ao não se tornar, ao ser e ao não ser.[6]

Mesmo que coisas naturais específicas surjam e tendam a se desenvolver de maneira fundamentada, há sempre uma possibilidade latente do evento contingente e fortuito que frustra essas tendências e as torna, em última análise, infrutíferas.[7]

Como mencionei acima, o cerne da doutrina da causalidade de Tomás de Aquino é a noção de dependência, o que, em última análise, implica que a causalidade não é uma noção unívoca, mas, sim, analógica: uma vez que existem várias maneiras pelas quais algo pode depender de alguma outra coisa, haverá diferentes tipos de causas. Todos os tipos de causas compartilharão algo em comum: o fato de haver uma relação de dependência com seus efeitos; mas todos os tipos de causas também diferirão em outros aspectos, a saber, a maneira pela qual eles causam. Esse é o significado da afirmação aristotélica de Aquino: "as causas são ditas de muitas maneiras".[8]

---

[5] William Wallace oferece alguns exemplos em seu *The modelling of nature* (Washington: CUA Press, 1996), p. 19:

> indivíduos subdesenvolvidos aparecem em muitas espécies animais, uma zebra sem listras, membros ou órgãos malformados são possíveis em todos os tipos de organismos vivos; reações químicas às vezes não acontecem, cristais não são formados com a regularidade que se poderia esperar etc.

[6] *In I peri her.*, l. 14.

[7] Veja Wallace, *The modelling*, p. 19.

[8] *In V met.*, l. 3.

Compreender a noção de causalidade como uma relação de dependência também colabora com ideia de que essa noção não implica a necessidade do efeito a partir de sua causa. Embora seja necessário propor uma causa assim que o efeito é produzido, a noção tomista de causalidade como dependência não significa que uma coisa natural causará algo simplesmente por conseguir causá-lo, como se implicasse que o efeito sempre ocorrerá necessariamente dela. A esse respeito, como relação, a causalidade não é uma terceira entidade entre dois termos, como um intermediário entre causa e efeito, *pace* Hume. A causalidade, ao contrário, é a própria produção, por assim dizer, do efeito pela causa. Se não fosse assim, a própria noção de causalidade implicaria uma infinidade de intermediários, que, cada um por sua vez, ensejaria a causa intermediária seguinte, que ensejaria a seguinte.

Como termos de uma relação de dependência, continua Aquino, causa e efeito referem-se um ao outro conforme seus seres. Dessa forma, ele explica que a causa "implica algum influxo sobre o ser da coisa causada",[9] significando que a causa age em direção ao ser do efeito. Ele explica ainda que

> uma causa age no efeito conforme o próprio modo de ser causa, enquanto o efeito recebe a ação da causa de acordo com seu ser; assim, uma causa está no efeito conforme o ser do efeito e o efeito está na causa conforme o ser da causa.[10]

Essas noções serão de grande importância ao considerar a ação criadora de Deus, pois servirão para mostrar como as coisas naturais dependem de Deus para tudo o que são e como as coisas deixariam de ser instantaneamente se Deus não criasse de maneira contínua o mundo natural, como se tornará claro no próximo capítulo.

Como disse acima, a noção de causalidade como relação de dependência abre caminho para entendê-la como uma noção analógica. Uma causa é sempre aquilo de que algo depende para ser ou vir a ser, mas os modos de causalidade e dependência variam muito, dependendo dos tipos de causas envolvidas. Assim, como uma noção analógica, a causalidade pode ser

---

[9] *In V met.*, l. 1.
[10] *In de causis*, l. 12.

empregada de várias maneiras. Aquino utiliza essa ideia de causalidade como dependência ao longo de seus escritos, nos quais apresenta as quatro causas clássicas da tradição aristotélica. Como a maioria dos seguidores de Aristóteles, ele se refere a essas causas para explicar por que algo é o que é e por que pode mudar e se tornar outra coisa. Essas quatro causas diferentes, é claro, não causarão todas da mesma maneira. Pelo contrário, cada uma causará de uma maneira particular, sendo, cada uma delas, aquilo de que algo depende, com respeito a diferentes características da coisa causada.

AS CAUSAS NA NATUREZA

As quatro causas aristotélicas são bem conhecidas: final, eficiente, formal e material. Duas delas determinam a existência de um novo ser como extrínseco a ele mesmo, sem constituir o efeito no próprio ser. A primeira dessas é a causa final, que recebe esse nome porque é a última a ser realizada e é o fim que inicia (e por isso é também a causa primeira) e orienta a ação da causa ou agente eficiente. A causa eficiente é aquela cujo influxo ou ação determina a existência de um novo ser: o efeito. Essa causa eficiente consegue causar ao conceder uma nova determinação ou forma em uma matéria já existente.

Essas duas, a nova forma e a matéria já existente, são as causas remanescentes que constituem e causam a existência do efeito com o próprio ser. A matéria é o sujeito que recebe a determinação ou forma da causa eficiente. É chamada primeira, porque existe antes do influxo da determinação formal pela referida causa. A forma é aquilo que se recebe na matéria e a dispõe a ser este ou aquele tipo de ser. Nessa perspectiva, a causa formal explica por que algo existe como esse tipo particular de coisa e a causa material explica por que algo pode deixar de ser o que é e se tornar outra coisa. Mesmo que hoje pareça que apenas a causa eficiente e talvez a material possam ser consideradas relevantes para nossa compreensão da natureza, mostrarei a seguir que a compreensão completa do funcionamento da natureza requer a consideração dessas quatro causas. Como mostrarei, Tomás de Aquino defende enfaticamente uma ordem nessas causas, explicando que é somente pela causa final que a eficiente é movida a produzir a forma em uma matéria preexistente: "a matéria é completada pela forma; a forma, pela causa eficiente; e a eficiente, pela causa final".[11]

A causa material

Em seu *Comentário à "Metafísica" de Aristóteles*, Tomás de Aquino define a causa material como "aquilo a partir do que algo vem a ser e lhe é intrínseco, isto é, o que existe dentro de algo".[12] O primeiro caráter particular do "aquilo de que algo é feito" é que isso existe dentro da coisa, ou seja, a causa material é inerente ao mesmo efeito que está causando. Isso significa que não é algo diferente do efeito, mas um princípio de seu ser. William Wallace explica que a causa material é "um tipo de princípio de conservação que persiste por meio de todas as mudanças naturais no universo".[13]

Tomás de Aquino vê nessa relação entre a matéria e seu efeito uma relação de dependência do efeito em relação à causa. Veja o que ele tem a dizer em *Questões sobre o poder de Deus*:

> um efeito depende necessariamente de sua causa. Essa é uma característica da própria natureza de causa e efeito, sendo evidenciada em causas formais e materiais, já que, na remoção de seus princípios materiais ou formais, uma coisa imediatamente deixa de existir, porque esses princípios entram em sua essência.[14]

Se o princípio material de um ser for removido, a coisa cessaria de ser no mesmo instante.

Uma segunda característica dessa causa material é que a maneira pela qual a matéria causa seu efeito não é por meio de uma ação que ela executa para causar seu efeito. Em vez disso, a maneira pela qual uma coisa depende da matéria é que, para qualquer ser material, não ter matéria significa sua inexistência. Portanto, a maneira pela qual a matéria causa é simplesmente por ser e não com uma ação que segue seu ser material. Como mostrarei nas páginas seguintes, a matéria é potência para receber formas;

---

11 *In IV sent.*, d. 2, q. 1, a. 1A, co.

12 *In V met.*, l. 2. Tb. em *In I met.*, l. 8; e *In I gen. et corr.*, l. 12; *In I phys.*, l. 14 [edição em português: *Comentário à "Metafísica" de Aristóteles I-IV* (Campinas; Vide, 2016)].

13 Wallace, *The modelling*, p. 8.

14 *De pot.*, q. 5, a. 1, co.

portanto, a matéria não pode causar por um ato diferente de seu ser. Em vez disso, ela causa ao receber o ato da forma e comunicar o próprio ser material à forma. Aliás, a matéria é, em última análise, pura potência, que não pode existir por ela mesma e que precisa de uma forma que a atualize para existir. Nas palavras de Aquino,

> a matéria não pode existir por si sem uma forma por meio da qual é um ser atual [em ato], pois, por si só, é apenas potencial. E é uma coisa específica apenas por meio de uma forma pela qual se torna em ato.[15]

Por fim, uma vez que "todo efeito participa da virtude de sua causa",[16] por causa da materialidade da causa material, seu efeito é material.

Uma terceira característica da causa material é seu caráter potencial. Matéria refere-se a algo que "pode" ou "poderia" adquirir diversas formas em diferentes momentos. Não obstante, ela não pode ser desprovida de forma alguma, porque, como abordarei na seção seguinte, é por meio da forma que algo é esta ou aquela coisa específica. Pela forma, algo é uma coisa determinada e o que não é algo determinado não é nada. Assim, a capacidade de adquirir e ter uma ou outra forma é um caráter definidor da matéria, pelo qual ela faz com que a coisa que causa consiga mudar, isto é, adquirir novas formas, simplesmente porque a causa material não é a forma que ela tem. A matéria como tal não requer uma forma particular, porque pode adquirir qualquer forma. Essa capacidade pura de receber formas é chamada de potência pura. Portanto, a causa material é um princípio puramente potencial; é um princípio de poder ser algo agora e outra coisa em um momento diferente. Michael Dodds expressa essa ideia dizendo que "longe de ser a atualidade mais fundamental do universo, esse princípio, em si, não terá nenhuma atualidade [...]. Não é um ser, mas a mera 'possibilidade-de-ser'."[17] A matéria é a raiz da competência de algo em se tornar diferente do que essa coisa é. Em uma declaração um tanto exclamativa,

---

15 *In VII met.*, l. 2.
16 *In de causis*, l. 3.
17 Michael Dodds, "Top down, bottom up or inside out? Retrieving Aristotelian causality in contemporary science", palestra proferida no Summer Thomistic Institute, Universidade de Notre Dame, Indiana, em 25 de julho 1997.

Wallace reflete sobre esse caráter da matéria, dizendo que "é um princípio poderoso e potencial que está na base das convulsões mais cataclísmicas que ocorrem em nosso planeta, para não falar daquelas nas profundezas remotas do espaço."[18]

A causa material é ainda definida, portanto, como aquela pela qual algo pode ser outra coisa. Esse caráter definidor da matéria mostra a causa material tanto como potencialidade quanto como coprincípio dos seres naturais. Assim, a matéria é o princípio pelo qual qualquer ser material consegue se transformar em outro ser material, porque pode sofrer uma mudança em sua forma. Tomás de Aquino ensina essa ideia com a seguinte afirmação:

> a constatação de que a matéria, na medida em que diz respeito à sua essência, está em potência para todas as formas, embora não consiga existir sob muitas ao mesmo tempo, exige que aquilo que está sob uma [forma] esteja em potência para outras.[19]

Pode ser dito que a essência da causa material é estar em potência para receber ou adquirir formas diferentes em momentos diferentes. ("A matéria é a própria potência",[20] afirma Aquino). Portanto, a matéria carece de todas as formas que pode assumir para se tornar várias coisas naturais.

A razão para afirmar essa característica da matéria, para ele, está no fato de que "a potência, considerada em si, é indeterminada, porque pode ser muitas coisas."[21] Portanto, pode ser atualizada conforme a ação realizada sobre ela ou conforme o ato que sobre ela atue. A potência, em si, depende do ato que a atualiza para ser desta ou daquela maneira. A matéria, como está em potência, pode ser atualizada em diferentes formas, ou, como Dodds coloca, a matéria é "o princípio último da possibilidade, aquele aspecto de cada coisa que explica por que pode deixar de ser o que é e tornar-se um tipo diferente de coisa."[22] A esse respeito, a matéria é "uma

---

18 Wallace, *The modelling*, p. 9.
19 *In II sent.*, d. 12, q. 1, a. 1, co.
20 *In I sent.*, d. 3, q. 4, a. 3, ad 4; *In VII met.*, l. 2.
21 *Sent. IX eth.*, l. 11.
22 Dodds, "Top down, bottom up or inside out?".

indeterminação radical na raiz de todas as mudanças naturais";[23] e "potencialidade não qualificada e potencialidade ilimitada".[24] Portanto, Tomás de Aquino conclui, descrevendo a essência da matéria de modo um pouco diferente, que "matéria é aquilo que não é como uma coisa particular, mas está em potência para se tornar uma coisa particular."[25] Assim, ao ter uma forma, a matéria está em potência para receber outra forma diferente e perder aquela que tinha: "a matéria, enquanto subjacente a uma forma, está em potencialidade para outra forma e para a privação da forma que já detém."[26]

Em seu *Comentário à "Metafísica" de Aristóteles*, Tomás de Aquino explica que essas características podem ser descobertas na análise filosófica da mudança. Qualquer mudança ocorre entre contrários (como na geração e destruição, uma mudança na substância; aumento e diminuição, mudança na quantidade; alteração, mudança nas afeições; ou movimento local, mudança de lugar). Além desses contrários, existe um terceiro, aquilo que muda, e isso se chama matéria. Uma vez que aquilo que muda, a matéria, pode ser um dos contrários, então o que muda é, em si, em potência para os contrários.[27] Se não fosse assim, a matéria não conseguiria ter recebido a forma que está perdendo para poder receber a nova.[28] Essa mudança é o que o agente ou causa eficiente produz: uma nova forma para a matéria. Uma vez que a matéria está em potência para qualquer forma particular, ela é, de certo modo, todas as formas, mas apenas em potência: pode receber qualquer forma. É impossível para Tomás de Aquino que qualquer potência se mova para o ato sem uma causa eficiente para atualizá-la.[29] Por isso, é necessário haver uma causa eficiente para produzir essa passagem da potência da matéria para o atual recebimento da nova forma. Ainda assim, o teólogo medieval observa que "a matéria é anterior à forma do ponto de vista da geração e do tempo, porque aquilo de que algo vem é anterior ao que vem a ela".[30] Para uma causa eficiente atuar, ela precisa do material com o qual realiza aquela ação,

---

[23] Wallace, *The modelling*, p. 56.
[24] Richard J. Connell, *Substance and modern science* (Saint Paul: Centre for Thomistic Studies, 1988), p. 208.
[25] *In II de an.*, l. 1.
[26] *SCG III*, c. 4. E tb. em *In IV met.*, l. 12.
[27] Veja a análise de Jeffrey E. Brower em seu *Aquinas's ontology of the material world* (Oxford: OUP, 2014).
[28] *In XII met.*, l. 2.
[29] *In III de an.*, l. 9.
[30] *De prin. nat.*, c. 4. e *In II phys.*, l. 5.

porque, se esse material não existisse, não haveria substrato possível no qual realizar a ação ou nenhum recipiente que receberia a nova forma da causa eficiente. Assim, o que "anteriormente estava em potência na matéria é levado a ser em ato."[31]

A causa formal

Agora é hora de voltar nossa atenção para a causa formal, em resumo definida como aquilo que dá existência a uma coisa. Seguindo Aristóteles,[32] Tomás de Aquino oferece três razões para falar sobre formas no mundo natural. Em primeiro lugar, dadas as diferenças que percebemos entre as coisas naturais, deve ser admitido, para mostrar o que são, um princípio formal em seus seres. Por exemplo, se incluirmos apenas as pedras e a madeira na definição de uma casa, não é a casa que está sendo definida, mas a matéria da casa. Esta por si só não dá uma explicação adequada do ser que constitui a casa. Para darmos uma definição adequada desta, precisamos da disposição e união de todas as partes materiais. Assim, Tomás de Aquino afirma, "as diferenças nas coisas sensíveis indicam um princípio formal."[33]

Esse argumento inicia as outras duas razões para falar sobre formas. Como expliquei antes, a matéria é pura potencialidade, pura capacidade de, pura competência de ser. Portanto, a matéria requer um segundo princípio que atualizaria essa potencialidade, um princípio que transformaria esse "conseguir ser algo" em "ser algo" de verdade. Esse princípio é o que Tomás de Aquino, entre muitos outros filósofos, chamou de forma de uma coisa. Assim, a forma é o princípio pelo qual uma coisa realmente é e pelo qual é o que é. Por fim, a terceira razão para dar conta da existência das formas é olhar para a unidade das coisas. Existem coisas individuais (como os animais) as quais são uma unidade, ou seja, um todo, ou melhor, não são a mera justaposição de suas partes; isto é, as coisas são uma unidade não apenas porque suas partes permanecem juntas por um período. As coisas que são unas nesse sentido precisam de uma fonte ou de um princípio que lhes dê sua unidade. Nas palavras de Aquino, "todas as coisas com várias partes

---

31 *In IV phys.*, l. 14.
32 Em seu *Metafísica*, livro VIII, c. 2 (1042b 9-1043a 28). *In VIII met.*, l. 2.
33 *In VIII met.*, l. 2.

— no qual esse todo não é apenas um amontoado de partes, mas algo constituído de partes e está além das próprias partes — têm algo que as torna uma."[34] Portanto, como é pela forma que a coisa é algo determinado (em ato), a forma é o princípio pelo qual esse algo determinado vem a ser, e não pela matéria,[35] justamente porque "a matéria não faz uma coisa ser em ato, mas por intermédio da forma".[36]

Uma característica importante da matéria e da forma é que elas não são duas "coisas" realmente existentes no mundo natural. Se matéria e forma fossem coisas, coisas naturais, ainda seria necessário encontrar uma explicação para elas, o que nos levaria ao início de nossa busca. Matéria e forma são, ao contrário, coprincípios pelos quais as coisas naturais são. Michael Dodds explica de maneira convincente essa ideia, afirmando que:

> a forma não é algo adicionado a uma substância completa, como uma "força vital" pode ser adicionada a um conglomerado de substâncias inanimadas em uma visão vitalista. Tampouco é uma substância completa nela mesma. É um princípio substancial incompleto, correspondente ao princípio complementar da matéria primária. Somente juntos compreendem uma substância real unificada, seja um elétron, um átomo de sódio, um composto químico ou um organismo vivo.[37]

Essa ideia implica a própria essência da relação entre matéria e forma: elas se referem uma à outra como potência para o ato.

A forma, então, em virtude de sua atualidade, dá ser às coisas, atualizando a potencialidade da matéria. Nas palavras de Tomás de Aquino, "a forma é o princípio no ser, conforme o qual as coisas estão no ser."[38] Mediante a forma, então, uma coisa é de algum jeito tornada em *habens esse*, ou seja, detentora do ser.[39] Assim como com a matéria, a forma é uma causa por se unir imediatamente à matéria e não por meio de uma ação

---

[34] Ibidem, l. 5. Em um relato mais histórico, Pasnau explica que "para filósofos escolásticos de todas as tendências, a forma substancial é a base explicativa de toda a substância, servindo como causa interna e fornecendo as condições de identidade para toda a substância e suas partes". Veja Robert Pasnau, "Form, substance, and mechanism", *The Philosophical Review* 13:1 (2004): 31-88, 34.

[35] *SCG* II, c. 43.

[36] *In VII met.*, l. 2.

[37] Dodds, "Top down, bottom up or inside out?".

[38] *In V met.*, l. 1.

[39] Stephen Brock, "Harmonizing Plato and Aristotle on *esse*: Thomas Aquinas and the *De hebdomadibus*", *Nova et Vetera* 5:3 (2007): 465-93, 489.

intermediária. Dessa forma, ambas, forma e matéria, trazem à existência a coisa individual.[40] As coisas naturais, então, dependem de sua forma, tendo, assim, uma relação causal com ela: se a forma não as fizesse ser o que são, simplesmente não seriam.[41]

Essa composição de forma e matéria nas coisas naturais permite que elas sofram diferentes tipos de mudanças: mudança de lugar, alterações, mudança de quantidade, e também geração e destruição. Na verdade, a própria inteligibilidade da mudança, como expliquei na seção anterior, requer uma análise no que se refere à forma e matéria. Aristóteles argumenta dialeticamente a essa conclusão em sua *Física*: em qualquer um dos três primeiros tipos de mudança (movimento, alteração e crescimento), as coisas naturais mudam conforme alguma característica de seu ser, permanecendo como são no próprio ser; na mudança substancial, porém, as coisas naturais deixam de ser o que são e uma coisa nova é produzida. Todas essas mudanças são o efeito de uma forma saindo da coisa e uma nova forma surgindo da potência da matéria pela ação de uma causa eficiente. Tomás de Aquino expressa essa ideia da seguinte maneira:

> a corrupção de uma coisa acontece quando ela se separa de sua causa formal pela qual essa coisa tem o ser em ato; semelhantemente à geração, o caminho para o ser, que se dá pela aquisição de uma forma, a corrupção, o caminho para o não ser, se dá pela perda de uma forma.[42]

Como observado acima, a matéria não pode existir sem forma no mundo natural, mas a forma também não pode existir sem matéria. Aquino explica essa relação peculiar dizendo que forma e matéria são causas uma da outra com base em seu ser. A forma é a causa da matéria na medida em que dá o ser atual à matéria e a matéria é a causa da forma na medida em que sustenta a forma no ser.[43] A matéria não teria ser atual se não fosse pela forma e a forma não teria ser nenhum se não estivesse na matéria. Anthony Kenny explica essa doutrina da seguinte maneira:

---

[40] *In II de an.*, l. 1; *In II sent.*, d. 26, a. 1, ad 5.
[41] *De pot.*, q. 5, a. 1, co.
[42] *In de causis*, l. 26.
[43] *In V met.*, l. 2.

> Sobre sua relação causal, a melhor maneira que podemos dizer é esta: a matéria faz a forma ser a forma deste indivíduo; e a forma faz a matéria ser matéria deste tipo particular. Em nenhum dos casos, "faz" indica causalidade eficiente.[44]

Portanto, "diz-se que matéria e forma estão em relação uma com a outra",[45] e essa relação é de dependência.

Nas coisas naturais, a matéria é anterior à forma no que se refere à temporalidade e geração, porque "nas coisas geráveis, o imperfeito é anterior ao perfeito e a potência, ao ato."[46] Por outro lado, a forma, como é atualidade e como a potência material precisa de atualidade para se tornar em ato, é anterior em relação à substância e completude[47] ou em relação à natureza de ser um complemento,[48] porque a matéria só tem existência plena por meio da forma. Uma vez que a forma é necessária para atualizar a potencialidade da matéria e, ao fazê-lo, dá-lhe ser de modo que uma coisa natural seja composta de ambas, e dado o modo pelo qual a matéria e a forma se causam, uma coisa é o que é, e não algo diferente, apenas pela forma. Então, uma coisa é esse tipo de ser e não outro por sua forma, porque a forma traz à atualidade a potencialidade da matéria. Ainda assim, como é evidente pelas diferenças nas coisas, elas podem mudar e muito provavelmente o farão. Assim, nem toda potencialidade da matéria é atualizada, mas apenas algumas, o que significa que essa coisa tem determinada atualidade, e não outra, sempre com uma mistura de potencialidade ou indeterminação.

Consequentemente, uma coisa recebe de sua forma tudo o que é para ser essa coisa particular, incluindo a maneira pela qual ela age e opera. Assim, "cada coisa age de acordo com sua forma, sendo esta o princípio da ação."[49] Em outras palavras: as formas, com a matéria, ao intrinsecamente serem a causa das coisas naturais serem o que são, fornecem às coisas seus poderes para agir. Comportamentos, ações e reações são naturais para qualquer coisa específica, precisamente na medida em que procedem

---

[44] Ver Anthony Kenny, *Aquinas on being* (Oxford: OUP, 2002), p. 31.

[45] *De prin. nat.*, c. 4.

[46] Ibidem.

[47] Ibidem.

[48] *In II phys.*, l. 5.

[49] *In de causis*, l. 8. Veja tb. *In I sent.*, d. 2, q. 1, a. 2, co; *In III Sent.*, d. 18, a. 1, co. E tb. *In III sent.*, d. 13, q. 1, a. 1, ad 5; *De malo*, q. 3, a. 3, co.

de dentro dela e, portanto, de sua matéria e forma integrando seus constituintes básicos. As formas naturais são, então, a fonte interna de atividade e reação nas coisas naturais. É a causa eficiente, para a qual voltarei minha atenção agora, que causa agindo de acordo com a própria forma.

A causa eficiente

Segundo Tomás de Aquino, a matéria e a forma não bastam para explicar a mudança ou o vir a ser das coisas, pois sozinhas não podem fazer ou realizar nenhuma ação. Assim, ele apresenta a causa eficiente, que produz a mudança ou o surgimento das coisas. Como nas anteriores, a causa eficiente é uma causa, porque o efeito depende de sua ação para o próprio vir a ser ou a própria mudança. Se a causa eficiente não existisse, não haveria mudança ou surgimento de uma coisa nova. A ideia é que existe uma dependência real entre algo que veio a ser ou foi mudado e algo que o fez mudar ou vir a ser. No entanto, nesse caso, a causa eficiente é uma causa extrínseca do efeito, ou seja, não é imanente a este como o são a matéria e a forma. Assim, ela não causa com o próprio ser, como fazem as causas materiais e formais, mas com uma ação, que brota de seu ser, mas é, no entanto, diferente dele.[50] Portanto, toda causa eficiente age e causa isto ou aquilo conforme o próprio ser, pela própria forma. Assim, nenhuma causa eficiente pode produzir um efeito além de sua capacidade por seu poder causal. Quando uma causa eficiente age sobre outra coisa, não exerce sua ação sobre a formalidade da outra coisa, mas sobre sua potência, isto é, sua matéria, o destinatário dessa ação.[51] Por fim, como a ação vem da forma da causa eficiente, o que se recebe na matéria é a forma que a ação produz, segundo a própria potência da matéria. Nesse sentido, "o efeito decorre naturalmente da causa eficiente segundo o modo de sua forma."[52] Assim, causar como causa eficiente é fazer algo passar, em qualquer aspecto, de sua potência a seu ato.

---

50 *De spirit. creat.*, pro., a. 11, co.: "em nenhuma criatura a própria atividade é seu ser real".

51 *SCG* I, c. 28:

> a ação segue o modo de ato no agente. Portanto, é impossível que um efeito produzido por uma ação seja de um ato mais excelente do que o ato do agente. Por outro lado, é possível que o ato do efeito seja menos perfeito que o ato da causa eficiente, pois uma ação pode enfraquecer pelo efeito no qual termina.

52 *S. th.* I, q. 46, a. 1, ad 9.

Uma causa eficiente, então, é aquela que dá um ato (uma forma) a outra coisa que pode recebê-lo porque tem a potência (matéria) para tal.[53] Claramente, as coisas naturais não podem ser transformadas em qualquer coisa: uma coisa deve ter a potência do ser que está prestes a receber. Assim, certa preparação ou predisposição é necessária na coisa natural para receber a ação da causa eficiente. Essa predisposição implica que haja uma proporção à forma que está prestes a receber, à ação da causa eficiente.[54]

Tecnicamente falando, a forma vem a ser no sujeito e a partir do sujeito; não é produzida fora do material e depois ligada a ele. A forma surge na potencialidade da matéria e depende da disposição das propriedades existentes na matéria sobre a qual a causa eficiente atua.[55] Isso significa que qualquer coisa natural pode agir apenas sobre outra coisa natural, que é, por sua vez, composta por matéria e forma. Uma causa eficiente natural não pode agir sobre o nada. A esse respeito, "as causas eficientes, que estão entre nós, não produzem matéria, mas formas."[56]

Para explicar que as causas eficientes nem sempre produzem novos seres com formas próprias — na verdade, na maioria das vezes, as causas eficientes naturais produzem coisas que não têm a mesma forma dela mesma, Tomás de Aquino introduz a distinção entre dois modos nos quais as causas eficientes produzem seus efeitos.[57] Como explica Connell, a causa eficiente e seu efeito "não precisam ter uma semelhança entre si, conforme a mesma espécie."[58] Ainda assim, toda causa eficiente age por causa do fato de ter essa ou aquela forma[59] e, assim, faz algo que é semelhante àquela forma, ou seja, seu efeito tem algum tipo de semelhança com ela.[60] Assim,

---

[53] *In I meteor.*, l. 4: "Também a forma é um efeito do motor, que conduz a matéria da potência ao ato".

[54] *In IV sent.*, d. 17, q. 1, a. 2B, co.:

> a preparação necessária na matéria para receber a forma é dupla, pois deve ter uma proporção adequada à forma e à causa eficiente que deve produzir a forma, pois nada se autoproduz da potência ao ato.

[55] *De ver.*, q. 12, a. 4, co.: "a matéria e a disposição da matéria são necessárias para a atividade de uma criatura."

[56] *In de causis*, l. 1.

[57] Em seu *In I sent.*, d. 8, q. 1, a. 2, co., Tomás de Aquino argumenta que existem três modos de agência. Essa divisão diferente de modos de agência, no entanto, é para considerar o modo de agência de Deus.

[58] Richard Connell, *Nature's causes* (Nova York: P. Lang, 1995), p. 135.

[59] Como eu disse anteriormente, as formas naturais são a fonte interna da atividade. Essas formas equipam as coisas com poderes que podem ser ativados, e assim as tornam capazes de agir e interagir sobre e com coisas externas a elas.

[60] *De pot.*, q. 7, a. 5, co.

a primeira maneira ocorre quando o efeito tem a mesma forma de sua causa eficiente, como quando fogo produz fogo ou um cavalo produz outro cavalo, e pode ser dito que ambos, causa e efeito, têm a mesma forma. Tomás de Aquino chama esse modo de causação *unívoca*. Ele fala de causação *equívoca* quando o efeito tem uma forma diferente, como quando um homem constrói uma casa, na qual ainda há alguma semelhança no efeito com sua causa eficiente.[61] Aquino argumenta que a causação equívoca é possível, porque o poder da causa eficiente às vezes excede a potencialidade da matéria que recebe a ação.[62] Como a forma é recebida na matéria, conforme sua potência, pode haver uma diversidade de efeitos consoante à diversidade de potências, bem como à diversidade da causa eficiente. É por isso que alguns efeitos não refletem por completo a forma de suas causas eficientes, mas são apenas semelhantes a elas.[63]

Ao distinguir os tipos de causas eficientes, Tomás de Aquino acredita haver quatro delas na natureza: *principal, preparatória, instrumental e aconselhadora*,[64] isto é, na ordem inversa, aquela que aconselha ou comanda, aquela que ajuda, aquela que dispõe ou prepara e aquela que traz algo à perfeição. Cada uma pode ser considerada uma causa eficiente, embora cada uma delas em aspectos diferentes. Ainda assim, a do tipo *principal* é aquela que em todos os aspectos poderia ser chamada de eficiente, por ser dela de onde surge o efeito.

As causas aconselhadoras, ou seja, as causas eficientes que aconselham ou comandam, só operam nos agentes intelectuais, que agem seguindo

---

[61] Para essas definições, veja *In IV sent.*, d. 44, q. 3, a. 1C, ad 2:

> a imagem da causa eficiente é dupla no paciente. Primeiro, é da mesma forma que está na causa eficiente, como ocorre em todas as causas eficientes unívocas. Segundo, é de maneira diferente do que é na causa eficiente, como ocorre nas causas eficientes equívocas;
>
> *De ver.*, q. 11, a. 3, ad 4: "Como nas coisas físicas há um agente unívoco, que imprime uma forma da mesma maneira que a tem, e um agente equívoco, que a tem de uma maneira diferente daquela na qual a imprime"; e também em *De Malo*, q. 1, a. 3, co.: "todo efeito por si tem alguma semelhança com sua causa, seja segundo a mesma proporção, como nas causas eficientes unívocas, seja segundo uma proporção diferente, como ocorre nas causas eficientes equívocas"; e em muitos outros lugares também.

[62] Ver *In IV sent.*, d. 46, q. 2, a. 2A, co.; *De pot.*, q. 7, a. 5, co.; *S. th.* I, q. 4, a. 2, co.

[63] *S. th.* I, q. 13, a. 5, co. Tb. em *S.th.* I, q. 45, a. 7, co.: "Cada efeito em algum grau representa sua causa, mas de modo diverso. Pois alguns efeitos representam apenas a causalidade da causa, mas não sua forma."

[64] *In II phys.*, l. 5; *In V met.*, l. 2; *In IV sent.*, d. 1, q. 1, a. 4A, co. Para uma distinção um pouco diferente, veja tb. *De malo*, q. 3, a. 3, co.: "Às vezes, aquilo que prepara algo ou que oferece conselhos ou comandos é chamado de causa; às vezes, porém, aquilo que produz é propriamente chamado de causa." [Na tradução consagrada em português do *In V Met.*, as quatro causas eficientes são descritas como "a que aperfeiçoa, a que dispõe, a que auxilia e a que delibera". (N. T.)]

algo que lhes foi proposto ou sugerido. Uma causa aconselhadora, então, é aquela que dá ao agente a forma pela qual ele age. Esse tipo de causa eficiente difere da principal ou *perficiens* à medida que especifica a forma e o fim da atividade. Por exemplo, quando um pai dá alguns conselhos à filha sobre como acertar uma bola de tênis corretamente para ganhar um ponto, ele não acerta a bola de tênis, mas dá à filha o conhecimento para fazê-lo de modo correto. Aquino sugere que essa é uma maneira pela qual a primeira causa se relaciona com as causas secundárias, ou seja, como Deus se relaciona com as coisas naturais, especificando seus fins e ações.[65]

A causa instrumental, às vezes assistente ou auxiliar, é aquela que contribui para alcançar o efeito principal e é particularmente importante para entendermos a descrição de Tomás de Aquino sobre a natureza das ações providenciais de Deus no mundo criado. A causa eficiente instrumental, portanto, difere da principal, que atua para produzir uma forma particular na matéria, isto é, a causa principal produz seu efeito em virtude de sua forma, à qual esse efeito é assimilado, como o fogo que aquece em virtude do próprio calor. A causa instrumental, porém, não age para produzir o efeito por meio de uma forma que lhe é inerente, mas apenas à medida que é movida pela causa eficiente principal. Assim, uma causa instrumental não age segundo sua forma, mas unicamente em virtude do movimento que lhe é comunicado pela causa principal. Portanto, a semelhança do efeito é com o agente principal, pois uma cama não se parece com o machado que a esculpe, mas, sim, com o desenho na mente do carpinteiro.

Um *poder* instrumental torna-se inerente a um instrumento pelo próprio fato de que este está sendo movido pela causa principal. O poder da causa eficiente principal é até certo ponto permanente e completo, enquanto o poder instrumental é transitório e incompleto. Assim, assumindo de certa forma uma linguagem neoplatônica, Tomás de Aquino explica que o instrumento participa do poder da causa eficiente principal. Considere o seguinte exemplo simples: um machado faz algo para produzir

[65] *In V met.*, l. 2: "É assim que o primeiro agente que atua pelo intelecto se relaciona com todo agente secundário, seja ele natural ou intelectual." É bastante interessante notar que Philip Clayton afirma nas observações finais de seu artigo "Natural law and Divine action: the search for an expanded theory of causation", *Zygon* 39:3 (2004): 615-36, que "a causalidade divina é mais bem compreendida como uma forma de influência causal que prepara e persuade."

um banco. Pois, embora o machado tenha uma ação que lhe pertence pela própria forma, isto é, cortar e dividir, há outro efeito que lhe pertence apenas à medida que é movido pelo artesão, isto é, fazer um corte reto que corresponde à forma no plano do artesão.[66]

Portanto, pode ser dito que o instrumento tem dois efeitos: um que lhe pertence de acordo com sua forma; outro que lhe pertence à medida que é movido pela causa eficiente primeira e que transcende a própria forma. O primeiro efeito é próprio de si, segundo sua forma ou natureza. Por exemplo, cortar um pedaço de madeira é próprio de um machado em virtude do fio de corte afiado intrínseco a ele. O segundo efeito, que o instrumento produz conforme a ação da causa eficiente principal, sempre vai além da natureza do instrumento, ou seja, a causa instrumental não poderia realizá-lo a menos que a causa eficiente principal o fizesse agir dessa maneira. O instrumento, portanto, modifica a ação da causa eficiente principal para que ela possa agir de uma maneira que não agiria se não usasse essa causa instrumental específica, como quando um homem usa uma faca para cortar seu bife de maneira precisa, o que não conseguiria fazer sem ela. É, porém, por intermédio do primeiro efeito (aquele que pertence ao instrumento por sua natureza) que o segundo efeito (aquele que está conforme o agente principal) é realizado, razão pela qual este e não outro instrumento deve ser usado para realizar esse efeito particular: "ele não realiza a ação instrumental exceto pelo exercício da própria ação".[67]

A causa eficiente preparatória é aquela que torna a matéria apta para a perfeição que receberá. Por sinal, ela não induz a forma final que aperfeiçoa uma coisa, mas apenas prepara a matéria para essa forma. Como Connell explica,

> uma causa de preparação ou disposição é um agente que não introduz a forma ou propriedade específica na entidade produzida, mas age sobre os materiais de forma preliminar para proporcioná-los às atividades de um agente principal posterior.[68]

---

[66] *S. th.* III, q. 62 e *De ver.* q. 27, a. 4.
[67] *S. th.* III, q. 62, a. 1, ad 2.
[68] Connell, *Nature's causes*, p. 138.

Essa causa, portanto, não é propriamente dita a causa eficiente principal, porque o que produz permanece em potência até a forma final. Como uma causa eficiente preparatória atua sobre a potencialidade da matéria, ela gradualmente introduz a proporção necessária para produzir a forma a partir da potência da matéria e, assim, em última análise, permite menos resistência na matéria para a ação da causa eficiente principal.[69] Por exemplo, quando alguém se machuca, primeiro é necessário limpar a ferida para depois curá-la. O agente que limpa a ferida estaria atuando como causa eficiente preparadora e ao curá-la, o agente estaria atuando como causa eficiente aperfeiçoadora (a principal). Uma aula nos dá outro bom exemplo: quando um professor de lógica, por exemplo, mostra como os silogismos funcionam para seu aluno, o ensino está preparando o intelecto do aluno para entender como esses argumentos funcionam: o aluno é a causa eficiente principal de seu conhecimento, enquanto o professor simplesmente o prepara.[70] E até a natureza dá bons exemplos dessas causas, por exemplo, quando um pássaro primeiro come o alimento para prepará-lo para alimentar seus filhotes.

Por fim, a causa eficiente aperfeiçoadora ou principal é aquela que dá cumprimento à medida que causa o aperfeiçoamento de uma coisa.[71] Assim, na produção de formas, a causa eficiente é aquela de cuja ação a forma resulta diretamente.[72] Tomás de Aquino reduz todas as ações em causas naturais eficientes a estes quatro tipos: "tudo o que faz alguma coisa ser de qualquer maneira é reduzido a esse gênero de causa, não apenas no que diz respeito ao ser substancial, mas também no que diz respeito ao ser acidental, que ocorre em todo tipo de movimento".[73]

Tomás de Aquino é rápido em afirmar que é possível a toda causa eficiente não causar o que foi ordenada segundo sua forma. Ou seja, é possível

---

[69] *Quod.* 1, q. 4, a. 1, ad 2:

> aquilo que trabalha de modo antecipado na forma, gradualmente e em certa ordem, trazendo a matéria para uma forma ou disposição mais próxima, faz o corpo ser ao prepará-lo. Quanto mais próxima for uma forma ou disposição, menor será a resistência à introdução da forma e disposição completa.

[70] Para Aquino, o aluno é o verdadeiro agente de seu novo conhecimento. Veja *De ver.* q. 11 e *S. th.* I, q. 117, aa. 1,2.

[71] *In V met.*, l. 2, e *In II phys.*, l. 5.

[72] *De malo*, q. 3, a. 3, co.

[73] *In V met.*, l. 2.

encontrar eventos que não eram esperados a partir de suas causas, isto é, encontrar indeterminismo em eventos naturais. Uma causa eficiente de qualquer tipo pode falhar em produzir uma forma na matéria em que atua. Explicarei essa possibilidade na seção seguinte, na qual abordo a possibilidade de falha da causalidade da causa eficiente.

A causa final

A causa final é a segunda das causas extrínsecas, juntamente com a causa eficiente.[74] É chamada de "final" por dois motivos: 1) porque é a última coisa a vir a ser,[75] e 2) porque é o que a causa eficiente tende a fazer quando inicia o processo de causalidade. Assim, a definição de causa final para Tomás de Aquino é: aquela causa que move a causa eficiente para produzir seu efeito, atraindo-a para causar o efeito. Em latim é certamente muito mais curto: *id propter quod efficiens operatur* (isto é, aquilo para o qual a causa eficiente causa).[76] Esta seção visa aprofundar essa definição e ver até que ponto esse *propter quod efficiens operatur* pode ser uma causa.

No mundo natural, e mais ainda se limitarmos nossa análise aos seres inanimados, não parece evidente que as coisas (seja um átomo, um planeta, o vento ou uma rocha) ajam para um fim;[77] diga-se de passagem, parece que as coisas simplesmente agem e o fazem sem ir em direção a nada. Realmente, o maior problema para afirmar as causas finais é que elas ainda não existem quando as causas eficientes começam a causar seus efeitos e, portanto, não podem tender para algo que ainda não existe. Em sua *Summa theologiae [Suma teológica]*, Tomás de Aquino oferece um extenso relato do porquê se deve afirmar que as causas eficientes sempre agem em direção a um fim:

> Todo agente trabalha para um fim [...] se os agentes não fossem determinados em direção a um efeito, não produziriam isto ou aquilo; assim, para produzir algum

---

[74] Em *Nature's causes* (p. 183-9), Connell oferece uma excelente descrição sobre como as causas finais são compreendidas nas abordagens contemporâneas em biologia e filosofia da natureza. Nessas páginas podemos encontrar descrições do que Barrow e Tipler, Sommerhof, Mayr, Nagel, Woodfield e outros pensam sobre o assunto. Não entrarei nessa discussão, mas, seguindo o propósito deste capítulo, focarei minha exposição no entendimento de Aquino sobre a causa final.

[75] William Wallace oferece alguns exemplos disso: objetos naturais que caem, uma planta ou um elefante em crescimento, a combinação de hidrogênio e oxigênio etc. Veja *The modelling*, p. 16.

[76] *In V met.*, l. 2.

[77] Veja Wallace, *The modelling*, pt. 1, s. 2: "Modelling the inorganic".

> efeito determinado, é necessário ser determinado para algo certo, que tem a natureza de um fim. Essa determinação, que nos seres racionais é dada pelo apetite racional que se chama vontade, em outras coisas é dada por uma tendência natural, que se chama apetite natural.[78]

Tomás de Aquino está argumentando que, se não há causa final (uma tendência natural nas coisas para agir desta ou daquela maneira), então a causa eficiente não teria nada a fazer, porque teria perdido sua inclinação natural para agir.[79] Ou melhor, não teríamos explicação de por que a causa eficiente age desta ou daquela maneira.[80] A causa final desencadeia ações que, a esse respeito, são causais, iniciando as atividades nas coisas naturais. Agora, toda tendência para uma operação ou movimento é uma inclinação de algum tipo para o que poderíamos chamar de meta, objetivo ou propósito. Portanto, um comportamento natural intencional é descrito como um ato direcionado a um objetivo ou fim, o que o termo "causa final" significa desde que Aristóteles o tratou pela primeira vez.

A origem desse objetivo, meta ou propósito é uma questão bastante diferente que precisa ser abordada. Como eu disse antes, a causa formal é o princípio da ação nas coisas naturais. Estas são deste ou daquele tipo em razão de suas causas formais particulares. Então, uma vez que cada coisa natural age de uma maneira particular, é em razão da causa formal que as coisas naturais agem desta ou daquela maneira. Assim, é a forma que determina o fim da ação da causa eficiente.[81] Aquino muitas vezes defende essa posição ao afirmar, por exemplo, que "a própria forma e natureza de uma coisa é o fim e a causa para ela fazer algo".[82] A causa formal é, portanto, também uma causa final quando considerada não em relação a uma entidade existente, mas ao processo de produção. Isto é, a causa formal e o fim

---

78 *S. th.* I-II, q. 1, a. 2, co.

79 Connell faz uma ligeira alteração aqui ao expressar que, se não houvesse causas finais, "os agentes seriam subdeterminados, o que significa que produziriam uma variedade de efeitos diferentes, agindo aleatoriamente". Veja *Nature's causes*, p. 203.

80 Veja Stephen L. Brock, "Causality and necessity in Thomas Aquinas", *Quaestio* 2 (2002): 217-40, 221.

81 Em seu ensaio "Form, substance, and mechanism", Robert Pasnau argumenta que Tomás de Aquino coloca as formas substanciais a fazer trabalho metafísico quando as conecta com considerações teleológicas funcionais (p. 41). Veja *In III sent.*, d. 13, q. 1, a. 1, ad 5: "toda forma é ordenada *per se* em produzir".

82 *S. th.* I-II, q. 49, a. 2, co. Veja tb. *De ver.*, q. 21, a. 3, ad 3: "a forma é a causa final". Nesse sentido, é possível entender por que Aquino diz, em seu *De pot.*, q. 5, a. 1. co., que "onde não há ação, não há causa final".

são uma realidade na coisa, mas seus papéis causais são diferentes. Assim, toda causa eficiente, quando está causando, é previamente determinada a uma meta ou um fim.[83]

Como mencionei de passagem, para Tomás de Aquino, os seres racionais (seres humanos, por exemplo) determinam os próprios fins com suas vontades, enquanto naquelas coisas que agem sem conhecimento, ou seja, seres não racionais, a determinação que vem de sua forma é chamada de inclinação natural ou tendência para esse fim.[84] Esse fato não significa, entretanto, que as causas finais naturais sejam facilmente descobertas. Na verdade, para Tomás de Aquino, a causa final é aquela que é especialmente difícil de encontrar.

A questão final e mais premente em relação à causa final é: como ela realmente causa? Qual é o caráter de sua causalidade? Como essas causas estão relacionadas com as outras? A causa final é, como eu disse, o fim que a causa eficiente busca. Nessa perspectiva, a causa final é aquela que inicia todo o processo de causalidade, ou seja, é a causa da causalidade das outras causas e, portanto, "o fim é anterior em causar do que qualquer outra causa."[85] Aquino explica essa ideia apontando para a sequência da causação:

> a matéria é influenciada pela causa eficiente, então esta é anterior à causa material; a forma é o efeito do motor, que transforma a matéria de potência a ato. Mas o fim é anterior à causa eficiente, por ser ele que a move.[86]

A causa eficiente age sobre outra coisa, produzindo a forma. Essa causa eficiente, porém, age em razão de um fim. Portanto, a causa final é anterior às outras quanto a seu caráter causal. Assim, é "a causa da causalidade de todas as outras causas",[87] "porque a causa eficiente não causa a não ser para

---

83 Veja Connell, *Nature's causes*, p. 203.

84 Veja tb. *S. th.* I, q. 80, a. 1, co.: "a forma natural segue uma tendência natural, que é chamada de apetite natural." Para explicar essa ideia, Richard Connell afirma em *Nature's causes* (p. 183) que a causa final é "mais obscura do que as outras porque está mais distante da observação externa e porque os fins não têm existência física antes de funcionarem como causas."

85 *De ver.*, q. 21, a. 3, ad 3.

86 *In I meteor.*, l. 2.

87 *In V met.*, l. 3. Veja tb. *S. th.* I-II, q. 1, a. 1, *ad* 1: "o fim, mesmo que seja o último em sua produção, não deixa de ser o primeiro na intenção da causa eficiente".

um fim, e da ação da causa eficiente a forma é produzida na matéria e esta sustenta a forma."[88]

A causa final é, então, a causa da causalidade da causa eficiente, porque age por influência do fim e, por ser dessa maneira, a causa final é a causa da causalidade das causas formal e material, porque, pela ação da causa eficiente, a forma orienta a matéria e esta sustenta a forma. No entanto, a causa final não é anterior às outras causas do ponto de vista de seu ser, porque não existe antes de ser atingida pela ação da causa eficiente como fim de um movimento ou mudança. Assim, a causa final é a primeira tendo em vista a causalidade, mas a última do ponto de vista de ser.[89] Dessa forma, Tomás de Aquino afirma que a causa final é a causa da causalidade das outras causas, não a causa de seu ser.[90] Portanto, a causa eficiente é a causa da causa final em matéria de ser, porque a causa eficiente põe em ato a causa final; mas a final é considerada a causa da causa eficiente relativamente à sua causalidade:

> A causa eficiente é chamada de causa em relação ao fim, porque este não está em ato, a não ser pela ação da causa eficiente; mas o fim é chamado de causa em relação à causa eficiente, porque esta não agiria, a não ser por sua tendência ao fim.[91]

Essa ideia implica que a causa eficiente não causa a causalidade da causa final.[92]

Portanto, a maneira pela qual a causa final enseja algo é iniciando a ação da causa eficiente, atraindo-a para agir. Como a causa eficiente depende

---

[88] *De ver.*, q. 28, a. 7, co. Veja tb. *In V met.*, l. 3:

> a causa eficiente é a causa da causalidade tanto da matéria quanto da forma: por seu movimento, a matéria é receptiva à forma e a forma existe na matéria. Portanto, a causa final é também a causa da causalidade tanto das causas materiais quanto das formais.

[89] *In V met.*, l. 3: "o fim é último em ser em alguns casos, é sempre anterior no que toca a causalidade."

[90] Ibidem, l. 2: "a causa final é a causa da causa eficiente, não no sentido em que a faz ser, mas na medida em que é a razão da causalidade da causa eficiente".

[91] *De prin. nat.*, c. 4. Essa "tendência para o fim" deve ser entendida do ponto de vista de uma causa eficiente se estendendo para a própria ação, que vem de sua forma.

[92] Ibidem. Para completar essa ideia de prioridade em um aspecto e posterioridade em outro, veja o que Tomás de Aquino tem a dizer em *In II phys.*, l. 5:

> nada impede que uma coisa seja anterior e posterior a outra, segundo diferentes aspectos. O fim é anterior segundo a razão, mas posterior no ser; o inverso é verdadeiro para a causa eficiente. E, do mesmo jeito, a forma é anterior à matéria quanto à natureza de ser um complemento, mas a matéria é anterior à forma quanto à geração e ao tempo em tudo o que se move da potência ao ato.

da causa final para agir, o efeito da causa eficiente também depende da causa final. Assim, a causa final também é considerada uma causa com relação à dependência. O termo "atração" aqui significa que uma coisa tem algo que outra pode precisar para alcançar sua perfeição em ação ou ser. Portanto, da forma de uma causa eficiente flui a inclinação natural para alcançar o fim, propósito ou meta de sua ação e, portanto, a própria perfeição.

Essas considerações sobre as quatro causas aristotélicas devem ser suficientes para meus propósitos neste livro. Esses quatro tipos diferentes de causas causam todas juntas o que está sendo causado: a causa eficiente, por meio da causa final, causa a forma em uma matéria particular. E, assim, o efeito depende de todas elas.[93] Essa noção de dependência é, como apontei em cada caso, a noção básica para entender a maneira particular que Tomás de Aquino pensa a causação. Uma causa é aquilo de que algo depende. Em todas as quatro causas, então, há uma relação de dependência do efeito sobre a causa. Essa é a noção que nos ajudará a entender a maneira pela qual Deus pode ser considerado uma causa *do* domínio natural, bem como uma causa *no* domínio natural.

Passarei agora a considerar a maneira pela qual se pode dizer que a natureza age por necessidade, mas de tal maneira que o acaso, a contingência e a indeterminação também estão incluídos em sua ação. A ideia principal que norteará a próxima seção é que, embora as coisas naturais tenham um tipo particular de forma que as faz funcionarem de uma maneira específica (determinada), uma vez que as coisas naturais são e poderiam não ser, ou seja, são contingentes, segue-se que sua atividade também é contingente.

CONTINGÊNCIA NATURAL

As coisas naturais, para Tomás de Aquino, tendem a agir de uma maneira específica, como expliquei na seção anterior, conforme seu tipo específico de ser. Em certo sentido, eles estão determinados a se comportar dessa

---

[93] Veja Wallace, *The modelling*, p. 24: "O agente trabalha sobre a matéria, produzindo da matéria uma forma, que é, ela mesma ,o fim do processo."

maneira específica. No entanto, Aquino também reconhece que as coisas naturais podem não realizar o efeito para o qual sua natureza tende: "nos corpos naturais, às vezes há defeitos em relação ao curso da natureza."[94] As coisas naturais não existem por elas mesmas, sozinhas, separadas de outras coisas naturais. Existe um ciclo, o *curso da natureza*, no qual as coisas naturais estão envolvidas. É justamente pelo envolvimento nesse ciclo que existe a possibilidade da não realização do efeito determinado pela natureza de cada coisa.[95]

Além disso, as coisas naturais são contingentes em seu ser, ou seja, podem ser ou não ser. Assim, suas ações também são contingentes, considerando que qualquer coisa age conforme o próprio ser: a coisa pode agir ou não e ainda pode agir conforme sua natureza ou pode falhar em suas ações naturais. O reconhecimento dos fatos metafísicos fundamentais — explicados nas seções anteriores — de que as ações naturais decorrem das formas, de que as formas são os princípios da atualidade das coisas e de que todas as coisas têm certa mistura de imperfeições graças à sua causa material, mostra como pode haver, e realmente há, contingência na natureza. Dito de outra forma, toda causa natural ativa pode ser impedida.[96] Ou, como William Wallace diz: "a necessidade da natureza está longe de ser absoluta e é possível até mesmo imaginar que ela seja mais caprichosa do que determinada em seu modo de operação."[97]

Aquino distingue entre eventos que quase sempre acontecem e aqueles que são raros, mas às vezes acontecem: "as coisas de origem natural são sempre ou quase sempre da mesma maneira, embora às vezes possam falhar graças a alguma corrupção."[98] Coisas que ocorrem quase sempre *(ut in pluribus)*, são quase determinadas em suas causas e, em geral, não há impedimento no processo de causá-las. Essas ocorrências referem-se às

---

[94] *SCG* III, c. 64.

[95] Veja Connell, *Nature's causes*, p. 241:

> Embora determinado a um efeito, nenhum agente natural consegue produzir seu efeito em todas as circunstâncias e, portanto, nenhum é uma causa absolutamente necessária; isto é, nenhum agente natural pode garantir plenamente que nada interferirá na ocorrência de seu efeito.

[96] Veja Connell, *Nature's causes*, p. 241.

[97] Veja Wallace, *The modelling*, p. 19.

[98] *SCG* III, c. 39. Veja tb., *S. th.* I, q. 63, a. 9, co.; *In I peri her.*, l. 14; *De ver.*, q. 3, a. 1, co.; *De malo*, q. 1, a. 3, ad 17; *In II de cae. et mun.*, l. 9; *In VI met.*, l. 2; *In VI met.*, l. 3; *SCG* III, c. 99.

ações das coisas naturais. Ora, eventos que ocorrem raramente ou em poucas instâncias (*ut in paucioribus*) são aqueles que não são determinados em suas causas, mas acontecem *per accidens* (ou seja, por acidente), ou por causa de alguma corrupção.

Tomás de Aquino explica que uma coisa pode ser a causa *per accidens* de outra coisa de duas maneiras:[99] 1) do ponto de vista da causa, como quando algo que acontece a uma causa é considerado como uma causa acidental do efeito da causa original, como a brancura das paredes é causa acidental de uma casa porque ser branco é acidental à parede; no entanto, a parede é a causa material da casa e, portanto, pode ser dito que a brancura é uma causa acidental da casa; 2) do ponto de vista do efeito, como quando algo ocorre além do efeito próprio da causa eficiente, ou seja, além da intenção da causa. Lidarei apenas com esse segundo modo.

O argumento de Aquino a favor da contingência e do indeterminismo no ato das causas naturais se dá nos termos da composição hilemórfica das coisas naturais, ou seja, quanto à matéria e à forma, e, portanto, a questão será resolvida relativamente às causas intrínsecas das coisas, isto é, a causa material e a causa formal. Ou seja, a possibilidade de um impedimento como característica extrínseca exige seu fundamento na ordem intrínseca das coisas.[100] Assim, embora as causas naturais atuem de forma necessária na medida em que são determinadas a uma alternativa, elas são, não obstante, a fonte da possibilidade de contingência em suas ações, contingência essa que decorre de sua (limitada) necessidade.[101] Assim, o argumento dirá que os eventos que ocorrem *ut in paucioribus* (os raros) têm sua raiz última na causa material, que, como expliquei, é um dos dois coprincípios

---

[99] Ver *In V met.*, l. 3:

> uma coisa pode ser considerada a causa acidental de outra coisa de duas maneiras: por um lado, do ponto de vista da causa; porque tudo o que é acidental a uma causa chama-se causa acidental, por exemplo, quando dizemos que algo branco é a causa de uma casa. De outro modo, do ponto de vista do efeito, isto é, na medida em que se diz que uma coisa é causa acidental de outra, porque é acidental ao efeito próprio.

[100] Oscar H. Beltrán, "La doctrina de la contingencia en la naturaleza según los comentarios del Card. Cayetano y S. Ferrara", *Studium* 11 (2003): 41-75, 51. Veja tb. *SCG* III, c. 86:

> impressões de causas universais são recebidas em seus efeitos, conforme o modo dos receptores. Agora, essas coisas inferiores são flutuantes e nem sempre mantêm a mesma condição: por causa da matéria que está em potência para muitas formas e por causa da contrariedade de formas e poderes.

[101] Veja Connell, *Nature's causes*, p. 242.

intrínsecos das coisas naturais. Vale a pena investigar com alguma profundidade a descrição que Tomás de Aquino faz desses eventos, de modo que se possa oferecer, mais adiante, uma visão tomista da interpretação de Copenhague a respeito da mecânica quântica.

Tomás de Aquino explica que a falha da relação causal entre a causa eficiente e seu efeito, e, portanto, a fonte de contingência, pode ocorrer por três razões: 1) relativas à causa em si; 2) a coisa material sobre a qual atua a causa eficiente; ou 3) o encontro de muitas causas eficientes.[102] Como afirma Aquino em seu *Comentário à "Metafísica" de Aristóteles:*

> Se, então, atribuirmos todos os eventos contingentes aqui apenas a causas particulares, veremos que muitas coisas ocorrem de maneira acidental. Isso é assim por uma série de razões. (1) Primeiro, por causa da conjunção de duas causas, uma das quais não está sob a causalidade da outra, como quando ladrões me atacam sem eu querer; pois esse confronto é causado por uma força motriz dupla, a saber, a minha e a dos ladrões. (2) Em segundo lugar, por causa de algum defeito do agente, tão fraco que não consegue atingir a meta que almeja, por exemplo, quando alguém cai na estrada por causa do cansaço. (3) Terceiro, por causa da indisposição da matéria, que não recebe a forma pretendida pelo agente, mas outro tipo de forma. É o que ocorre, por exemplo, no caso das partes deformadas dos animais.[103]

Por causa da conjunção de duas causas

A primeira razão para a ocorrência de coisas não esperadas em suas causas é a conjunção de uma série (de duas ou mais) causas. Quando Aquino trata de eventos que ocorrem de modo casual ou por acaso, ele identifica a conjunção fortuita de muitas causas independentes que origina o evento casual com o *ens per accidens* (um ser acidental),[104] que não é uma coisa em si (um *ens per se*), porque carece de unidade formal:[105] "o que é acidental,

---

[102] Veja Connell, *Nature's causes*, p. 242: "As ações dos agentes naturais podem ser algumas vezes defeituosas em razão de causas ativas extrínsecas ou de materiais inadequadamente preparados ou de uma indisposição resultante de uma causa ativa fortuita e perdida."

[103] *In VI met.*, l. 3. Veja tb., *SCG* III, c. 99. É interessante notar a mudança quando Aquino menciona o caso do encontro de muitas causas. No *Comentário [In VI met.]*, refere-se a isso como "a conjunção de duas causas", enquanto na *SCG* ele usa a expressão "por causa de algum outro agente mais forte".

[104] *SCG* III, c. 74. Veja tb. Brock, "Causality and necessity", p. 224.

[105] *S. th.* I, q. 116, a. 1, co.

não tem causa, porque não é um ser de verdade, já que não é verdadeiramente um."[106]

Assim, a conjunção no tempo e no espaço de diferentes séries de causas independentes não pode ser reduzida a uma causa *per se*. Para Aquino

> uma causa que impede a ação de outra causa tão ordenada a seu efeito que o produz na maioria dos casos, às vezes entra em conflito com essa causa por acidente: e a conjunção dessas duas causas, à medida que é acidental, não tem causa. Por consequência, o que resulta dessa conjunção de causas não deve ser reduzido a outra causa preexistente, da qual decorre necessariamente.[107]

Nas coisas naturais, então, em razão do fato de haver muitas coisas agindo todas ao mesmo tempo, pode acontecer que duas ou mais delas atuem, ao mesmo tempo e no mesmo lugar, fato que, na verdade, é acidental, ou seja, não há razão para que essa conjunção aconteça: o concurso de muitas causas não pode ser explicado por outras causas naturais, porque "o que é acidental, propriamente falando, não é um ser nem uma unidade. Portanto, é impossível que o acidental seja efeito próprio de um princípio ativo natural,"[108] isto é, outra causa eficiente. Ou seja, uma vez que o que é *per accidens* não é propriamente algo com unidade interna, não é possível que este *ens per accidens* seja o efeito de uma causa eficiente natural *per se*, que tem unidade interna. Dessa forma, o evento assim produzido pode ser considerado causado de forma puramente acidental e, portanto, não tem uma causa *per se* propriamente dita. Podemos falar, então, de uma causa acidental.

A causa *per accidens*, causa de um evento fortuito, carece de unidade formal e, portanto, não é, a rigor, uma coisa *per se*. Além disso, por falta de unidade formal, é impossível prever cada causa isolada que compõe a conjunção de causas que causa o evento. Tudo o que é *per se* tem uma causa eficiente que é uma coisa *per se*. Então, por uma conjunção acidental de causas eficientes *per se*, o efeito obtido nessas circunstâncias não seria uma

---

[106] Ibidem, q. 115, a. 6, co.
[107] *S. th.* I, q. 115, a. 6, co.
[108] Ibidem, q. 116, a. 1, co.

coisa *per se*; antes, seria coisa *per accidens*, por falta de uma causa própria *per se*. Ora, uma vez que a conjunção causal é em si acidental, não tem uma causa eficiente natural determinada e, portanto, é impossível conhecer todo o concurso causal e prever o efeito que será produzido.[109]

Na conjunção de diferentes séries de causas, a própria pluralidade de causas é indefinida e essa pluralidade se comporta como a *possibilitas materiae* (isto é, a potência da causa material). Desde o momento em que uma determinação é introduzida (uma orientação específica da conjunção), não há mais pluralidade e, portanto, não há mais indeterminação; isto é, o fato de haver uma série causal é em si por acaso ou *per accidens*. Essa série não causa o acaso, mas é um efeito do acaso ou, como diz Stephen Brock, "o *concursus* será uma mera coincidência."[110] As diferentes linhas causais que coincidem em um tempo e lugar não estão determinadas a coincidir entre si. Assim, a conjunção causal é acidental, porque não tem causa determinada.[111] É o acaso que faz surgir a conjunção material das causas.

Por causa de algum defeito na causa eficiente

Como já sugeri, uma análise metafísica da contingência e do contínuo vir a ser das coisas naturais mostra que, nessas coisas naturais, há uma composição intrínseca de dois coprincípios, realmente diversos e diferentes: primeiro, um princípio de ser e de atualidade, de perfeição, de determinação, que constitui a coisa em sua essência específica e, portanto, determina sua natureza e seus modos de agir; esse princípio recebe o nome de causa formal; e segundo, um princípio de potencialidade, de uma capacidade puramente passiva de ser, que por si só é indeterminada, indiferente para o ser ou não ser, para o ser isto ou aquilo e, portanto, para o agir desta ou daquela maneira; esse segundo princípio intrínseco das coisas recebe o nome de causa material. Essa composição significa que as causas naturais eficientes não são completamente ato e pura determinação, mas, sim, uma

---

[109] Innocenzo D'Arenzano, "Necessità e contingenza nell'aggire della natura secondo San Tommaso", *Divus Thomas* 64 (1961): 28-69, 41-2.

[110] Brock, "Causality and necessity", p. 228.

[111] Charles de Koninck, "Réflexions sur le problème de l'indéterminisme", *Revue Thomiste* 43:2 e 3 (1937): 227-52, 248, 393-409. Veja tb. Connell, *Nature's causes*, p. 245: "O acaso é uma união contingente e eventual de efeitos provenientes de dois ou mais agentes determinados, nenhum dos quais é previamente ordenado à essa união."

mistura de atualidade e potencialidade, de determinação e indeterminação. Essa mistura intrínseca aponta para a origem e o princípio da defectividade na ação das causas eficientes naturais; ela apresenta a própria razão de não realizarem aquilo a que tende seu poder causal: a potencialidade e a indeterminação fundamentais da matéria. Comentando sobre Aristóteles, Tomás de Aquino explica que "a possibilidade e contingência nas coisas [é] que a matéria está em potência para qualquer um de dois opostos."[112]

Aquino encontra, assim, a fraqueza da causa eficiente (*impedimentum ex parte agentis*) como uma das raízes da indeterminação e da contingência na ação dos seres materiais. Essa fraqueza é expressa segundo o princípio passivo do qual o ser material é composto. Assim, graças a esse princípio passivo, a potência ativa das causas naturais eficientes poderia, às vezes, deixar de produzir seu efeito determinado por falta de "energia interna".[113] A causa material, que, nas coisas naturais, é a potência passiva, gera nas coisas a possibilidade de "escapar" da potência ativa que as determina a agir desta ou daquela maneira.[114]

Por causa da indisposição da matéria

A matéria a que me refiro aqui não é o coprincípio material da causa eficiente. Ao contrário, refere-se ao que é intrínseco ao ser que recebe a ação da causa eficiente, que costuma ser chamada de paciente. Mesmo que a causa eficiente atue de maneira determinada para ser a causa do efeito esperado, sem nenhum impedimento (seja de algum concurso causal extrínseco ou de sua deficiência), ainda é possível que o efeito não se produza em razão da composição hilemórfica da coisa que recebe a ação.

Essa possibilidade de falha na produção do efeito advém, à semelhança do que aconteceu no caso anterior, da causa material, embora neste caso seja a causa material da coisa que recebe a ação. Esta, como ser material, também é uma mistura de um princípio ativo, sua forma, e um princípio passivo de indeterminação, sua matéria. Dada a potencialidade para os

---

112 *In I peri her.*, l. 14.

113 Em seu "Causality and necessity in Thomas Aquinas", Stephen Brock oferece uma leitura diferente do pensamento de Tomás de Aquino, afirmando que todos os impedimentos precisam ser extrínsecos (p. 235) no que tange às causas conflitantes.

114 D'Arenzano, "Necessità e contingenza", p. 46.

opostos da causa material, a forma do paciente não influencia completa e perfeitamente a matéria à qual está unida. Ou seja, a forma não completa a potencialidade total da matéria, explicando o fato de as coisas naturais poderem se transformar em outra coisa. Assim, essa potencialidade, caso esteja livre da informação da forma, pode ser, em parte, uma causa independente, embora não seja uma causa verdadeiramente efetiva. A ideia é que a causa material, dada sua potencialidade para opostos, poderia permitir alguma indeterminação na forma pela qual o efeito é produzido.

Resumindo, embora Tomás de Aquino afirme que as causas eficientes naturais agem por necessidade dada sua determinação para um tipo de efeito, ele também sustenta que elas são, não obstante, a raiz da contingência das próprias ações, permitindo uma espécie de determinismo imperfeito na natureza. Dado que a causa material está sempre presente nas ações de todas as causas eficientes, existe a possibilidade de que o efeito para o qual essa causa eficiente foi ordenada por sua forma não possa ser efetuado com perfeição. Em vez disso, pode haver efeitos fortuitos.[115] No composto material, independentemente da perfeição da forma, há sempre lugar para o indeterminismo e a contingência. A fonte desse indeterminismo é o coprincípio material, que pode permitir a ocorrência de um efeito que não foi necessariamente determinado em sua causa, ocorrendo, assim, *per accidens*.

UMA CONCLUSÃO SOBRE CAUSAS NATURAIS

Se alguém assumir a segura suposição de que não há consenso sobre o que constitui uma boa explicação causal hoje, estamos, portanto, livres para perguntar se a explicação da causalidade de Tomás de Aquino ainda pode ser válida.[116] Aliás, mesmo que a ciência explique eventos na natureza com uma descrição de causalidade que envolva apenas previsibilidade e regularidade, uma descrição filosófica da causalidade ainda seria necessária, porque é preciso dar conta do poder produtivo de uma causa.

---

[115] *In I peri her.*, l. 14.

[116] Veja, p. ex., a análise de Derek Jeffreys dessa ideia em seu "The soul is alive and well: non-reductive physicalism and emergent mental properties", *Theology and Science* 2:2 (2004): 205-25, 213.

Minha posição é que Tomás de Aquino oferece um poderoso conjunto de noções com as quais se pode compreender as maneiras pelas quais as coisas naturais se comportam de modo autônomo. Reinterpretando a explicação da causalidade de Aristóteles, Aquino ensina que, para compreender plenamente as particularidades das operações das coisas na natureza, é necessário usar uma noção ampla, precisa e analógica de causa: aquela que é associada à noção de dependência. Uma causa, assim, não é entendida apenas como aquilo que faz algo acontecer, ou seja, como a causa eficiente. A noção de causalidade como dependência mostra que as coisas dependem de várias causas em vários níveis ou camadas além da causa eficiente: 1) aquilo de que a coisa é feita e sobre a qual a causa eficiente atua, ou seja, a matéria, a qual é em potência e requer a causa eficiente para entrar em ação; 2) aquilo que a faz ser o que é, ou seja, a forma, que também requer a operação da causa eficiente para ser em alguma matéria; e, por fim, 3) aquilo para o qual a causa eficiente tende, ou seja, a causa final ou a meta da operação da causa eficiente.[117]

Além disso, embora haja necessidade e determinismo na ordem natural, eles estão sujeitos aos modos pelos quais as coisas são causadas. Nessa perspectiva, "a necessidade da causa eficiente refere-se tanto à ação em si quanto ao efeito resultante."[118] A ação de uma causa eficiente resulta da necessidade de sua forma, pois atua na medida em que é atual. Mas essa necessidade de ação, resultante da forma, no que se refere à potência de agir, pode não ser necessária do ponto de vista do efeito: pois, se o fogo é quente, é necessário ter a potência de aquecer, embora não seja necessário que aqueça, pois pode ser impedido por algo extrínseco. A razão dessa peculiar mistura de necessidade e contingência na ação das coisas

---

[117] Ver *De prin. nat.*, c. III:

> O que está em potência não pode reduzir-se a si e depois ao ato; por exemplo, o bronze que está em potência para ser estátua não pode se fazer estátua, mas precisa de uma causa eficiente para que a forma da estátua passe da potência ao ato. A forma também não pode passar da potência ao ato (falando aqui como a forma de uma coisa gerada que dizemos ser o termo da geração), porque a forma só existe naquilo que foi feito ser. No entanto, o que está feito está em estado de tornar-se desde que a coisa esteja vindo a ser. Portanto, é necessário que, além da matéria e da forma, haja algum princípio que atue. Isso é chamado de causa eficiente, causa móvel ou causa agente, ou aquela de onde provém o princípio do movimento. Também porque, como diz Aristóteles no segundo livro da Metafísica, tudo o que atua só atua tendendo para alguma coisa, é necessário que haja uma quarta coisa, a saber, aquela que é pretendida pelo agente; e isso é chamado de fim.

[118] *SCG* II, c. 30.

naturais é que todas elas são compostas por um princípio ativo e um princípio potencial, sem os quais as ações no mundo natural não poderiam atingir seus fins:

> a necessidade no efeito ou na coisa movida, resultante da causa eficiente ou motora, depende não só da causa eficiente, mas também da condição da coisa movida e do destinatário da ação da causa eficiente; pois o destinatário pode não ser de forma alguma receptivo ao efeito dessa ação, ou então sua receptividade ser impedida por causas eficientes contrárias ou por disposições contrárias no móvel, ou por formas contrárias, a tal ponto que o poder da causa eficiente seja ineficaz.[119]

Chegamos, assim, ao final de minha apresentação do entendimento de Tomás de Aquino sobre as causas naturais e a maneira pela qual elas agem. A noção central desse relato foi, como afirmei, a de dependência. É o efeito que depende da causa para seu ser ou seu mudar e essa dependência pode ser vista em diferentes características dos eventos naturais. Assim, com essa noção central em mente, é hora de avançar para a compreensão de Tomás de Aquino sobre Deus como uma causa na natureza. Esse estudo terá duas etapas. Primeiro, apresentarei o relato de Aquino sobre a natureza e o poder de Deus, para depois explicar seu relato de como esse poder é aplicado, ou seja, como dizemos que Deus age de maneira providencial no mundo natural.

---

[119] Ibidem.

CAPÍTULO 4

Uma metafísica da providência divina

O caminho para uma metafísica plena da providência divina e sua relação com a contingência natural no pensamento de Tomás de Aquino passa pela apresentação do entendimento de Deus como atuante no universo criado. A compreensão do teólogo medieval sobre a ação divina providencial está inserida primeiro em sua explanação mais ampla de Deus como "ato puro" e como a fonte "criativa" do ser; segundo, em sua análise de causa; e terceiro, em seu exame do que significa predicar qualquer coisa (incluindo agência causal) sobre Deus. Neste capítulo, portanto, apresentarei com alguma profundidade as explanações de Tomás de Aquino sobre o primeiro e o terceiro tópicos e usarei, nesse processo, sua compreensão de causa descrita no capítulo anterior.

As ideias de Aquino sobre a ação providencial divina na natureza podem ser encontradas ao longo de seus escritos, desde a primeira pergunta em seu *Commentary on the "Sentences" of Peter Lombard* [*Comentário às Sentenças de Pedro Lombardo*] (1252-1256),[1] até os últimos comentários sobre as obras de Aristóteles (1269-1273); tanto em sua *Summa contra gentiles [Suma contra os gentios]* (1259-1264)[2] quanto na *Summa theologiae [Suma teológica]* (1266-1273),[3] passando por boa parte de seus textos sobre diferentes tópicos, como as questões controversas *De potentia Dei* [*Sobre o poder de Deus*] (1265-1266),[4] *De veritate* [*Sobre a verdade*] (1256-1259),[5]

---

1 *In II sent.*, d. 1, q. 1, a. 4.

2 *SCG, III*, cc. 65 e 69 [edição em português: *Suma contra os gentios* (Porto Alegre: EST, 1990, 1995). 2 vols.

3 *S. th.* I, q. 105, a. 5. [edição em português: *Suma teológica*, ed. bilíngue (São Paulo: Loyola, 2001s.), 9 vols.

4 *De pot.*, q. 3, a. 7.

5 *De ver.*, q. 5, a. 2, *ad* 6. [Em português, temos apenas a obra *Verdade e conhecimento* (São Paulo: Martins Fontes, 2011), na qual há apenas as questões 1 e 4 de *De veritate.* Além dela, o volume sobre Tomás de

seu comentário ao *Liber de causis* [*Livro das causas*] (1272) e o opúsculo *De aeternitate mundi* [*Sobre a eternidade do mundo*] (1270).[6] Uma descrição completa de seu pensamento sobre esse tema não é uma tarefa fácil. Para enfrentar essa dificuldade, abordarei a explicação de Aquino sobre a ação divina providencial em suas *Quaestiones disputatae de potentia Dei*. Usarei esse texto como base, ao mesmo tempo em que extraio percepções de suas outras obras. É também nessa obra que Tomás de Aquino apresenta uma doutrina madura, analisando todas as questões cruciais envolvidas na problemática da ação providencial de Deus, com profundidade e abrangência apreciáveis. As disputas das quais derivam essas *Questiones* ocorreram depois que escreveu a *Summa contra gentiles*, e logo antes de começar a *Summa theologiae*. O que é dito pela primeira vez na *SCG* é desenvolvido em profundidade no *De potentia* e os breves argumentos encontrados posteriormente na *S.th.* são explicados em mais detalhes aqui também.[7]

De potentia lida exatamente com o problema abordado neste capítulo, ou seja, o poder de Deus, e, portanto, é a fonte mais adequada para meus propósitos. A obra aborda primeiro o poder de Deus em si e seu poder generativo (qq. 1,2). Em seguida, considera a maneira pela qual Deus gera as coisas pela criação, incluindo questões sobre como as coisas são preservadas em seu ser e a possibilidade de Deus agir na natureza, ou seja, se Deus pode fazer milagres e um exame do que são (qq. 3-6). Por fim, a obra faz um recuo para examinar Deus em si mesmo, considerando primeiro sua simplicidade e unidade [ele é uno], para depois partir para uma abordagem das relações e da processão existentes entre as Pessoas na Trindade (qq. 7-10). O argumento será concentrado principalmente na segunda parte dessas questões controversas. Como mencionei anteriormente, primeiro estudarei a noção

---

Aquino da antiga coleção *Os pensadores* (São Paulo: Nova Cultural, 1974), traz a questão 1 de *De veritate*. (N. T.)]

6 Há edições portuguesas desse texto, sendo a mais recente *A eternidade do mundo*, ed. bilíngue (Porto: Afrontamento, 2013). (N. T.)

7 Veja James Weisheipl, *Friar Thomas D'Aquino: his life, thought, and works* (Washington: CUA Press, 1983), p. 200-1:

> Boa parte dos pontos abordados aqui [*De pot.*] já foram tratados na *SCG*. Mas em *De pot.* há uma franqueza e simplicidade de pensamento metafísico que indicam um desenvolvimento do pensamento. Esse desenvolvimento fica no meio do caminho entre a *SCG* e a primeira parte da *S. th.* Na verdade, *De pot.* é cronológica e especulativamente o predecessor imediato da primeira parte da *Summa theologiae*. Nenhum metafísico ou teólogo especulativo pode negligenciar as questões controversas em *De pot.* sem prejuízo da própria compreensão da *S. th.* de Aquino.

de poder de Deus, o que exigirá uma definição de "poder" e algumas considerações preliminares sobre o que Deus é ou não. Após essas preliminares, examinarei a explanação de Aquino para a ação divina.

Os argumentos que o teólogo medieval segue fluem de suas noções aristotélicas de ato e potência, assim como os argumentos para sua compreensão da causalidade. Ainda assim, ele também se vale de conceitos trazidos da filosofia neoplatônica, notadamente a noção de participação, desenvolvendo-a de tal forma que lhe possibilita oferecer uma doutrina coerente a partir dos princípios aristotélicos.[8] Tomás de Aquino concebe Deus como ato puro, desprovido de qualquer tipo de potência passiva. Essa é a conclusão de sua análise da existência contingente das coisas naturais, que requer, como será mostrado a seguir, a existência de um ser necessário para dar-lhes um ser próprio. Esse mesmo "dar o ser" é precisamente a definição de criação e, como tal, não é um evento que ocorreu no passado, mas algo que acontece no presente, sendo uma relação real e presente das coisas naturais com Deus. Assim, a criação nunca pode ser considerada uma mudança entre dois estados, um anterior de inexistência e outro posterior de existência.

A criação é, para Tomás de Aquino, uma ação que Deus produz *ex nihilo* (do nada), ou seja, não usando nenhum material preexistente. Essa noção de criação inclui não apenas a própria existência de coisas criadas, mas também a natureza (ou essência) delas e, portanto, a maneira pela qual essas coisas agem. Ou seja, Deus comunica não apenas seu ser às coisas naturais, mas também comunica (ou, em uma forma mais neoplatônica de falar, *participa*) seu poder às criaturas. Assim, uma vez que as coisas naturais agem conforme o poder que Deus lhes dá, Aquino argumentará que Deus é capaz de agir na natureza, participando desse poder nas coisas naturais ou simplesmente agindo no mundo natural ao fazer algo que as coisas naturais não podem realizar, como no caso dos milagres. Assim, como explicarei

---

[8] Stephen Brock, "Harmonizing Plato and Aristotle on *esse*: Thomas Aquinas and the *De hebdomadibus*", *Nova et Vetera* 5:3 (2007): 465-93, 475. Veja tb. W. Norris Clarke, *The philosophical approach to God*, 2. ed. (New York: Fordham University Press, 2007), p. 48:

> [A metafísica da participação de inspiração neoplatônica de Tomás de Aquino] é uma síntese pessoal que ele construiu (1) assumindo a estrutura formal da teoria da participação neoplatônica, (2) esvaziando-a de seu excessivo realismo das ideias platônicas, (3) preenchendo com o vinho novo de sua visão bastante original do ato da existência como o núcleo positivo último de todas as perfeições reais — um ato multiplicado e diversificado pela recepção em vários modos limitadores de essência —, e (4) expressando toda a estrutura em uma terminologia aristotélica transformada de ato e potência.

mais adiante neste capítulo, Tomás de Aquino defende um modo tríplice pelo qual Deus age na natureza: o modo da criação, o modo de agir com seu poder dado às criaturas no mundo natural e o modo de agir diretamente na natureza sem coisas criadas, ou seja, pela via dos milagres.

O QUE DEUS É: *ESSE PURUS*

Para entender o que Tomás de Aquino pensa sobre Deus como uma causa e, assim, resolver o problema da ação divina providencial na natureza, é necessário, como eu disse, que estejamos cientes do que ele quer dizer com Deus como puro *esse*, ou ser como tal. Abordarei essa questão, porém, de forma breve e não definitiva, simplesmente seguindo os argumentos dele em seus textos, não tratando, então, dos debates intraescolares contemporâneos sobre como interpretar *esse*, ou de suas doutrinas de analogia, participação e coisas do tipo.[9]

Deus certamente não é evidente de forma direta a nossos sentidos. No bom estilo aristotélico, no entanto, Aquino argumenta que mesmo que nosso conhecimento comece a partir de nossos sentidos, ele pode ir além destes. Ainda assim, para dizer alguma coisa sobre algo que não é conhecido diretamente pelos nossos sentidos, é necessário partir do conhecimento que eles fornecem. Assim, para dizer algo sobre Deus, o discurso humano deve partir daquilo que é acessível aos sentidos. Essas coisas são as causas naturais abordadas no capítulo anterior.

Como Aquino explica em seu *De ente et essentia* [*O ente e a essência*],[10] nessas coisas naturais, sua natureza ou essência difere da coisa real existente — que instancia essa essência —, porque a essência ou natureza conota apenas o que está incluído na definição do que essa coisa é.[11] Por

---

[9] Para essas discussões, ver, por exemplo, o trabalho de Rudi te Velde, *Aquinas on God: the "Divine science" of the Summa Theologiae* (Aldershot: Ashgate, 2006), ou Cornelio Fabro, *Participation et causalité selon S. Thomas D'Aquin* (Louvain: Presses Universitaires de Louvain, 1961).

[10] Edição em português: *O ente e a essência* (São Paulo: Vozes, 1995).

[11] *De ente et essentia*, c. 4. Devemos notar que, mesmo que *De ente* seja uma das primeiros obras de Tomás de Aquino (1252-1256), a maioria de seu sistema metafísico fundamental já está presente aqui como está no primeiro livro de *In Sent.* Veja John Wippel, *The metaphysical thought of Thomas Aquinas* (Washington: CUA Press, 2000), p. 595. Para uma extensa análise dessa passagem, veja Wippel, *The metaphysical thought*, p. 137-50. Empregarei o termo "existência" em geral quando me referir ao termo latino *esse*, seguindo a sugestão do próprio Kenny de que nessa passagem *esse* significa "existência". Veja Anthony Kenny, *Aquinas on being* (Oxford: OUP, 2002), p. 34.

exemplo, "humanidade" denota o que está incluído na definição de um ser humano, pois é por essa "humanidade" que esse ser humano é considerado como tal, e é precisamente isso que "humanidade" significa, a saber, aquilo pelo qual um ser humano é, de fato, um ser humano. Uma coisa individual, que é individual por sua matéria, não está incluída na definição do que é ser essa coisa particular: essa carne, ossos, comprimento e cor de cabelo etc. não estão incluídos na definição de um ser humano. Portanto, essa carne, esses ossos e qualquer outra qualidade acidental que distingue essa matéria particular não estão incluídos na definição de "humanidade"; no entanto, estão incluídos na coisa que é esse ser humano. Portanto, esse ser em particular tem algo mais em si do que a "humanidade". Consequentemente, "humanidade" e "esse ser humano" não são totalmente idênticos; mas "humanidade" é entendida como a parte formal de um ser humano, porque o princípio pelo qual uma coisa é definida é considerado o constituinte formal em relação à matéria individualizante.[12] Ainda assim, além de ter esses e aqueles acidentes particulares adicionados à sua essência ou natureza, para uma coisa ter todos esses acidentes particulares que ela precisa ter, se posso expressar assim em português seguindo as expressões próprias que Aquino usa ("*esse*", "ser", "existência" ou "ato de ser"): ela precisa existir.[13] Isto é, essa coisa particular, com esses acidentes ou propriedades particulares, realmente existe. Para Tomás de Aquino, ser (*esse*) é o ato de existir, o "ser" que explica o que uma coisa é.[14] Anthony Kenny expressa essa doutrina explicando que alguém "pode apreender um conceito sem saber se o conceito é instanciado".[15]

É nesse sentido que *esse* não é outro ato entre atos, mas é o ato de todos os atos[16] e, portanto, a perfeição de todas as perfeições.[17] Essa existência

---

[12] Veja *S. th.* I, q. 3, a. 4, co.: "matéria individual, com todos os acidentes individualizantes, não está incluída na definição da espécie [...] tal coisa, que é um homem, tem algo mais em si do que humanidade."

[13] *De ente*, c. 3: "Tudo o que não faz parte do conteúdo compreendido de uma essência ou qualidade é algo que vem de fora e faz uma composição com a essência [...]. É claro, portanto, que a existência difere de essência ou quididade."

[14] Michael Dodds, "The doctrine of causality in Aquinas and the book of causes: one key to understanding the nature of Divine action", palestra proferida no Summer Thomistic Institute, University of Notre Dame, Indiana, 14-21 de julho, 2000, p. 11.

[15] Kenny, *Aquinas on Being*, p. 35.

[16] Ou, como Fabro coloca em seu *Participation et causalité*, p. 370: "O ato supremo pelo qual todos os outros atos estão em ato é o ser". Tradução própria.

[17] *De pot.*, q. 7, a. 2, *ad* 9.

de algo não está incluída na definição dessa coisa.[18] Assim, "humanidade" explica o que é um ser humano, mas não diz que *um* ser humano realmente existe em ato. A existência, então, é aquilo que torna atual toda essência ou natureza; pois a "humanidade" é dita como atual, apenas porque é dita como existente.[19] Portanto, a existência deve ser comparada à essência como a realidade à potencialidade,[20] uma vez que, conforme Aquino, a essência de algo é aquilo por meio de que a coisa tem sua existência.[21] O *esse*, ou existência de um ser, nada mais é do que seu ato de ser ele mesmo:[22] seu *esse* nada mais é do que seu *actus essentiae* (o ato da essência).[23]

Aprofundando-nos na metafísica do ser e da existência elaborada por Tomás de Aquino, tudo o que uma coisa tem que não está incluído em sua essência deve ser causado ou pelos princípios constitutivos dessa essência, quer por uma propriedade que necessariamente acompanha a essência, sendo causada pelos princípios constituintes dessa coisa, quer por alguma causa eficiente exterior, como as qualidades que não vêm como propriedades de uma natureza ou essência, quer quando alguém tem cabelos loiros ou castanhos. Portanto, como a existência de uma coisa difere de sua

---

[18] Brock, "Harmonizing Plato and Aristotle on esse", p. 492.

[19] Para diferentes argumentos sobre a distinção real entre essência e *esse*, veja Wippel, *The metaphysical thought*, p. 150-76. Sobre outro assunto relacionado, a tese defendida por Kenny em *Aquinas on being* de que a compreensão de Tomás sobre *esse* não é satisfatória é bem conhecida. Sua análise visa mostrar 12 diferentes noções de *esse* nos escritos de Tomás de Aquino, argumentando que ele nunca chegou a uma teoria bem definida sobre o termo. Contra essa tese, veja Enrico Berti, "El 'tomismo analítico' y el debate sobre el *esse ipsum*", palestra proferida na Faculdade de Filosofia da Universidad Católica Argentina, Buenos Aires, 7 de outubro de 2008. Nessa palestra Berti, que compartilha muitas das ideias de Kenny, menciona Stephen L. Brock, "'On whether Aquinas' *ipsum esse* is platonism", *The Review of Metaphysics*, 60:2 (2006): 269-303 como a melhor resposta. Brock afirma que, para Tomás de Aquino, *esse* é a atualidade de uma essência particular e o *esse* de Deus e a essência divina são idênticos, o que significa que Deus é o próprio *esse*, não o recebendo de nenhuma outra fonte, o que, no fim das contas, significa que ele não é um *esse* puro e vazio, mas, sim, a soma de todas as perfeições encontradas na criação.

[20] Rudi te Velde, em seu *Participation and substantiality in Thomas Aquinas* (Leiden: Brill, 1995), p. 68, explica que "como potência, a essência é impensável fora de sua relação com o ato de ser". Fabro, em *Participation et causalité*, p. 370, diz que "ser é o ato de toda essência". Tradução própria.

[21] *De ente*, c. 1: "Chama-se essência porque por ela e nela um ser real tem existência." É importante observar aqui que, para Tomás de Aquino, *esse* não é algo que acontece acidentalmente a uma *essentia* (*pace* Avicena). Veja *In IV met.*, l. 2, 556, 558. Brock oferece em seu *Harmonizing Plato and Aristotle on* esse, p. 472ss, um bom relato das diferentes interpretações que a doutrina tomista da distinção entre *esse* e *essentia* teve no século 20.

[22] Brock, *Harmonizing Plato and Aristotle on* esse, p. 491. Kenny, em seu *Aquinas on being*, p. 37, afirma que essa "doutrina, quer sua formulação seja confusa ou não, parece ser verdadeira e importante."

[23] *De pot.*, q. 5, a. 4, *ad* 3. Veja tb. *In I sent.*, d. 4, q. 1, a. 1, *ad* 2; d. 19, q. 5, a. 1, *ad* 1; d. 33, q. 1, a. 1, *ad* 1; d. 37, q. 1, *ad* 2; *De ver.*, q. 10, a. 1, *ad* 3; *De spir. creat.* a. 11; *S.th.* I, q. 54, a. 1; *In I peri her.*, l. 5. Veja tb. *De pot.*, q. 9, a. 5, *ad* 19. Te Velde, em seu *Aquinas on God*, p. 86, afirma isso ao dizer que "Tomás atribui ao ser diferente papel ontológico do princípio da atualidade". Para uma análise do que *esse* significa para Tomás de Aquino, veja Wippel, *The metaphysical thought*, p. 99-102, em que ele estabelece três pontos: 1) que o próprio *esse* não participa de nada mais; 2) que *esse* não admite o acréscimo de nada extrínseco a seu conteúdo formal; e 3) que o próprio *esse* não é composto, pois uma entidade composta ou combinada não pode ser identificada com seu *esse*.

essência, essa existência deve ser causada por algum agente exterior ou por seus princípios essenciais. Ora, é impossível que a existência de uma coisa seja causada por seus princípios constitutivos essenciais, pois nada pode ser a causa suficiente de sua existência: se uma coisa fosse a causa de sua existência, ela existiria antes de ter existência, o que é impossível.[24] Portanto, aquela coisa, cuja existência difere de sua essência, deve ter sua existência causada por outra coisa.[25]

Isso quer dizer que tudo na natureza tem sua existência de maneira contingente, ou seja, a existência das coisas não pertence à sua essência e, assim, tudo na natureza tem sua existência causada. De uma perspectiva neoplatônica sobre essa relação, a *essentia* participa no *esse*.[26] Como a existência deve ter uma causa, parece necessário chegar a algo que tem sua existência pela própria essência, algo para o qual a existência pertence propriamente à sua essência.[27] Dizendo de outra forma, deve se chegar a um ser para o qual sua existência é a própria essência e, portanto, pode causar a existência de outro ser.[28] Para entender melhor essa ideia, deixe-me usar o exemplo clássico do calor. *Esse* é considerado aqui como o calor, que, naqueles seres aos quais o calor não pertence por essência, por exemplo, a água, se removermos a causa de seu calor (por exemplo, o fogo que aquece a chaleira), então a água perde seu calor. Assim, se retirarmos a causa de *esse*, o ser que tem a própria existência causada perde essa existência real. "No caso de *esse*, qual deve ser a causa está claro: a própria causa primeira, a divindade."[29]

---

[24] SCG I, c. 22. Veja tb. Wippel, *The metaphysical thought*, p. 405.

[25] Veja *S. th.* I, q. 3, a. 4, co.: "é impossível que a existência de uma coisa seja causada por seus princípios constituintes essenciais, pois nada pode ser a causa suficiente de sua existência, se esta for causada. Portanto, aquela coisa, cuja existência difere de sua essência, deve ter sua existência causada por outra. Veja tb. Wippel, *The metaphysical thought*, p. 407.

[26] Brock, *Harmonizing Plato and Aristotle on* esse, p. 475. Wippel, em *The metaphysical thought*, p. 107, afirma que "'a importância dessa junção da relação potência-ato entre essência e *esse* com a metafísica da participação dificilmente pode ser exagerada". Veja *In De heb.*, l. 2. Veja tb. Brock, *Harmonizing Plato and Aristotle on esse*, p. 479-80.

[27] Wippel, em *The metaphysical thought*, p. 409, expressa essa ideia dizendo que "a menos que se admita a existência de uma fonte incausada de *esse*, este, a respeito de todo ser causado, permanece inexplicado."

[28] Dodds, *The doctrine of causality*, p. 13. Aquino está usando aqui a distinção entre alguma coisa que pertence a algo por essência e outra que pertence a algo porque é causado. Nesse caso, diz-se que a existência pertence aos entes não por suas essências, mas por uma causa. A fonte da existência deveria tê-la, portanto, por sua essência, pois se ela tivesse sua existência não por sua essência, seria necessário ser causada por outra coisa em vez de ser a fonte dela. Veja Norris Clarke, *Explorations in metaphysics* (South Bend: Notre Dame Press, 1994), p. 94, e Clarke, *The philosophical approach to God*, p. 51-3. Veja tb. Kathryn Tanner, *God and creation in Christian theology* (Oxford: Blackwell, 1988), p. 58: "'Na metafísica tomista faria sentido dizer que Deus é o que as criaturas apenas têm por causa de uma distinção real entre suas essências e existência". Veja tb. Wippel, *The metaphysical thought*, p. 105.

[29] Brock, *Harmonizing Plato and Aristotle on* esse, p. 482.

Essa *coisa,* cuja essência é existir, é o que chamamos de Deus: "Há uma coisa, Deus, cuja essência é a própria existência [...] porque sua essência não é outra senão sua existência."[30] Assim, Deus seria o ser cuja existência é necessária, no sentido de que é sua essência existir. Mais uma vez, se a essência de Deus não fosse "existir" e, assim, essa essência fosse diferente da existência de Deus, seria necessário que esta fosse causada por alguma outra coisa que precisaria ter existência por direito próprio, sem ser causada.[31] Assim, Tomás de Aquino insiste que é necessário afirmar a existência de uma causa primeira do ser ou da existência, que se chama Deus.[32]

Como a essência de Deus é ser ou existir, não pode ser algo em particular, ou seja, não pode ser caracterizada como isto ou aquilo, pois, se fosse este ou aquele tipo particular de ser, então não seria simplesmente existente, mas teria uma espécie de existência, ou seja, seria um ser particular. A natureza ou essência do *esse* divino, então, está além do *esse* que Deus cria, sendo uma semelhança parcial dele. Portanto, Deus não pertence à ordem natural,[33] pois nesta encontramos coisas cujas essências não são sua existência, mas cujas essências são uma espécie de existência, ou seja, devem ser este ou aquele tipo particular de ser, que realmente existe por causa de seu *esse.*[34] Além disso, se Deus é sua própria existência, não há potência nele, ele é pura atualidade, pois, se houvesse algum tipo de potência em Deus, seria possível dizer que Deus pode se tornar algo que ainda não é e, assim, não seria pura existência ou ser, mas esse tipo de ser que poderia se tornar outra coisa. No entanto, Deus não pode ser um tipo particular de ser e, portanto, não pode ter nenhuma potencialidade; ele é pura

---

30 *De ente*, c. 4. Veja tb. *In De causis*, l. 3: "Deus não é um tipo de existente, mas é a existência *simpliciter* e incircunscrita nela mesma".

31 A essência divina não deve ser concebida como idêntica a *esse*. É idêntica ao próprio *esse* divino. Nisso, ele é único, pois nenhum outro ser tem uma essência idêntica ao próprio *esse*. As outras coisas só têm seu *esse*. Mas o *esse* que elas têm é verdadeiramente delas, inerente a elas; e não é o *esse* divino. Veja Brock, *Harmonizing Plato and Aristotle on* esse, p. 483. Veja *De ver.*, q. 21, A. 4, *ad* 7: "só Deus é sua existência, embora outros tenham existência, que é, aliás, diferente e separada da existência divina." Essa ideia será um ponto importante para entender como as coisas criadas são causas reais, como observaremos no próximo capítulo.

32 Veja *SCG* I, c. 22.

33 Isso significa que Deus transcende a criação. A divindade certamente contém toda a perfeição que está sob *esse*. Mas também transcende essa perfeição. Embora absolutamente simples, a divindade contém todas as perfeições encontradas nas coisas e *esse* não é a única perfeição. Veja *S. th.* I, q. 12, a. 2. Veja tb. Brock, *Harmonizing Plato and Aristotle on* esse, p. 482.

34 *De ente*, c. 3.

atualidade. É isso que Aquino entende quando diz, ao longo de sua obra, que Deus é ato puro, isto é, puro ato de ser.[35]

Como corolário final dessa rápida imersão na metafísica do ser em Tomás de Aquino, ele ensina que a relação descrita entre os seres naturais e Deus se dá pelo entendimento neoplatônico de participação da existência:[36] o que tem existência por sua essência e, portanto, é a própria existência pode dá-la e partilhá-la a outros seres. Uma vez que, como expliquei acima, essência e existência diferem nos seres naturais, sua existência é causada: nenhum ser natural existe por sua essência, mas recebe sua existência daquele ser que é existência em si.[37] Algumas palavras sobre a doutrina da participação de Tomás de Aquino serão úteis para entender melhor essas ideias.[38] A participação ajuda Aquino a explicar a posse comum de determinado atributo em muitos sujeitos pela referência a uma fonte superior da qual todos recebem ou *participam* de alguma forma da perfeição que têm em comum.[39] Para falar de participação, portanto, são necessários três elementos: 1) uma fonte que tenha a perfeição em questão; 2) um sujeito participante que tem a mesma perfeição de alguma forma parcial ou restrita; e 3) que esse participante tenha recebido essa perfeição de alguma maneira da fonte superior ou na dependência dela.[40] Por causa do terceiro elemento, a noção de participação é a ferramenta metafísica preferida de Tomás de Aquino para expressar a relação fundamental de dependência das criaturas em Deus, tanto para sua origem quanto para sua semelhança com a essência divina.

Ora, falar de Deus como *causa* de existência das coisas nos leva a questionarmos o que significa predicar algo a Deus. Embora existam muitos lugares nas obras de Tomás de Aquino nos quais essa questão é analisada, me voltarei a seus pensamentos expressos no *Commentary to the book of*

[35] Por exemplo, em *In de causis*, l. 6: "A causa primária é ato puro, não tendo nenhuma potencialidade nela."

[36] Uma das características fundamentais da noção de participação é que o participante recebe, de forma limitada, a perfeição que em sua origem existe em estado de ilimitação ou infinitude. *In De causis*, l. 4. Veja Clarke, *Explorations in metaphysics*, p. 90.

[37] Te Velde, em *Participation and substantiality*, p. 122, explica que "Deus deve ser pensado como algo que está em estrita identidade consigo mesmo, que de modo algum depende de outra coisa para ser. Assim, Deus deve ser pensado como 'o próprio ser'". Veja *SCG* I, c. 22.

[38] Para estudos importantes sobre a noção de participação de Tomás de Aquino, remeto o leitor, primeiro, ao volume clássico de Fabro, *Participation et causalité*, e tb. a L. B. Geiger, *La participation dans la philosophie de S. Thomas d'Aquin* (Paris: J. Vrin, 1942) e Rudi te Velde, *Participation and substantiality*.

[39] Clarke, *Explorations in metaphysics*, p. 92. A melhor explicação dessa doutrina aparece em *In de heb.*, l. 2.

[40] Clarke, *Explorations in metaphysics*, p. 93.

causes [Comentário ao livro das causas],[41] em que ele examina os diferentes tipos de causas das coisas para chegar à sua causa primeira, que identifica como Deus. Em seu comentário, Tomás de Aquino afirma que Deus está além de qualquer afirmação possível da mente humana[42] e, portanto, realmente nada do que alguém poderia predicar de Deus seria inteiramente adequado.[43] Para explicar a noção de que Deus está completamente além da compreensão humana, Aquino argumenta que há três maneiras diferentes de conhecer algo: primeiro, como efeito por sua causa; segundo, em si; e terceiro, como a causa de um efeito.

Ora, Deus não pode ser conhecido no primeiro sentido, porque não tem uma causa de seu ser.[44] Deus também não pode ser conhecido no segundo sentido, isto é, nele mesmo. A razão para isso é que está além do âmbito das coisas naturais, que estão ao alcance de nosso intelecto. Uma vez que Deus é pura existência, não é nenhum tipo de ser. Qualquer ser natural, por exemplo, pertence a um tipo particular de ser. Ora, uma vez que Deus está além do alcance de nosso intelecto, este não pode conhecê-lo em si.[45] Por sinal, já que nosso intelecto só pode conhecer diretamente as coisas compostas de essência e existência relacionadas como potência para ato e que Deus não tem essa composição, conforme abordado anteriormente, não podemos conhecer a Deus e, portanto, não podemos predicar propriamente qualquer coisa a Deus.

Por fim, Tomás de Aquino explica que Deus não pode ser suficientemente conhecido por seus efeitos. Embora seja verdade que, olhando para os efeitos, pode se conhecer algo sobre a causa e, portanto, nesse caso, algo sobre Deus pode ser conhecido e afirmado; também é verdade que Deus como causa excede infinitamente os próprios efeitos, como apresentarei mais adiante ao falar sobre a criação. Na verdade,

---

[41] Tomás de Aquino também tratou dessa questão extensivamente em seu *In de div. nom.*

[42] *In de causis*, l. 6: "a causa primeira é superior a qualquer discurso." te Velde, *Aquinas on God*, p. 73: "[Para Aquino] Deus é maior do que tudo o que podemos dizer, maior do que tudo o que podemos conhecer; Ele está além da compreensão de toda mente (criada)". Veja tb. Wippel, *The metaphysical thought*, p. 511.

[43] Como Tanner coloca em seu *God and creation*, p. 61: "Deus é identificado por regras de discurso que anunciam a inadequação geral da linguagem que usamos para falar sobre o mundo."

[44] *In de causis*, l. 6: "Apenas da causa primária não se pode falar, porque não há causa superior pela qual se possa falar dela."

[45] Ibidem: "A causa primária está acima do ser tanto quanto é o próprio ser infinito, enquanto as coisas participam finitamente do ser e isso é proporcional a nosso intelecto [...] mas a essência de Deus é o próprio ser, que está acima de nosso intelecto". Veja Dodds, *The doctrine of causality*, p. 12.

embora seus efeitos tenham existência por participação, Deus é, propriamente falando, existência, ou seja, as coisas são exist*entes* enquanto Deus é exist*ência*. Assim, uma causa que excede tanto seus efeitos não pode ser suficientemente conhecida por seu efeito para podermos fazer uma predicação adequada dela. Portanto, Deus está além de qualquer afirmação humana.[46]

É importante dizer, no entanto, que, para Aquino, Deus está além de qualquer afirmação humana relativa a como ele é, mas não sobre Deus realmente ser. Na verdade, mostrei nesta seção até agora os argumentos de Tomás de Aquino a favor da afirmação de que existe algo que deve ser considerado Deus. Analisando a existência não necessária dos seres naturais, ele chega a um ser necessário, cuja essência é simplesmente existência.[47] Assim, a partir dos efeitos chega-se à causa desses efeitos, porque

> já que todo efeito depende de sua causa, se o efeito existe, a causa deve preexistir. Portanto, a existência de Deus, à medida que não é autoevidente para nós, pode ser demonstrada por aqueles de seus efeitos conhecidos por nós.[48]

Assim, deve haver maneiras pelas quais podemos falar sobre Deus e estas, para Tomás de Aquino, são o caminho da negação[49] e o caminho da analogia.[50] Uma vez que os seres humanos não podem saber o que Deus é, Aquino adota a estratégia de dizer o que Deus não é, retirando assim o que seria impróprio predicar de Deus, como ser um ente material, temporal

---

46 *In de causis*, l. 6: "a causa que excede o efeito não pode ser suficientemente conhecida pelo seu efeito."

47 Tomás de Aquino adota o que se costuma chamar de teologia negativa para falar sobre o que Deus é. Essa teologia negativa é, segundo te Velde, "baseada na causalidade. A *via negationis* pressupõe a afirmação prévia de Deus como a causa da qual todas as coisas dependem para seu ser". Veja Te Velde, *Aquinas on God*, p. 75.

48 *S. th.* I, q. 2, a. 2, co.

49 Te Velde, em *Aquinas on God*, p. 73, explica que "a abordagem negativa de Deus é uma característica notável e importante da teologia de Tomás de Aquino. Não podemos saber o que Deus é, apenas o que ele não é". Ele acrescenta, uma página depois, que, ao mostrar como Deus não é, ao negar-lhe as estruturas fundamentais do pensamento e do falar humano sobre a realidade, Aquino aspira salvaguardar nossa palavra e nosso pensamento de cair na idolatria: porque quando falamos de Deus, não falamos de uma das coisas que existem, mas do Criador de todas essas coisas.

50 Conforme Te Velde, *Aquinas on God*, p. 109, "embora [a analogia] não se sustente como uma teoria metafísica, seu uso está claramente incorporado em uma descrição metafísica da relação causal entre as criaturas e Deus." Para uma extensa exposição sobre nomear Deus analogicamente ao longo dos escritos de Tomás de Aquino, veja Wippel, *The metaphysical thought*, p. 543-72. Uma discussão sobre diferentes interpretações da analogia tomista, e uma interpretação por sua vez também diferente, qual seja, que "Tomás não oferece nenhuma teoria da analogia" (p. 170), pode ser encontrada em David Burrell, *Analogy and philosophical language* (New Haven: Yale University Press, 1973), p. 119-70.

e imperfeito, e predicados ou propriedades semelhantes.[51] Portanto, se alguém diz que Deus não é um acidente, então ele é distinto de todos os acidentes, e, se alguém afirma que Deus não é um corpo, ele é distinto de todas as coisas corpóreas. Então, quando se conhece Deus como distinto de todas as coisas, chega-se a uma consideração adequada dele, embora não perfeita, porque sabemos o que Deus não é, mas não sabemos o que ele realmente é.[52]

Seguindo sua estratégia, Tomás de Aquino sugere nomear Deus a partir das coisas naturais. Considerando que as coisas naturais são efeitos de Deus, como abordarei na seção sobre a criação, elas revelam algo de sua causa, mesmo que Deus como causa exceda infinitamente esses efeitos. Assim, algo pode ser dito de Deus a partir das coisas naturais (sempre tendo em mente que esse conhecimento seria em sua maioria incompleto e imperfeito).[53] Assim, Aquino defende que Deus não pode ser conhecido como tal por seus efeitos, mas pode ser significado por intermédio deles, ainda que ultrapasse inteiramente nosso modo de significá-lo.[54]

Para compreender melhor essa doutrina, seria útil retornar à noção de Deus como ato puro. Se Deus é ato puro, então é absolutamente perfeito e não precisa de nenhuma outra perfeição.[55] Nesse sentido, todas as perfeições encontradas nas coisas naturais estão em Deus,[56] pois ele é a causa delas e aquilo que se encontra de perfeição no efeito de alguma forma preexiste em sua causa.[57] Uma vez que Deus é puro ser e pura existência, todas as perfeições do ser estão nele de modo perfeito, completa e simplesmente na perfeição, completude e simplicidade de seu ser

---

[51] Para a análise de todos esses atributos, consulte *S. th.* I, qq. 3-11, no qual podem ser encontradas considerações sobre a simplicidade, perfeição, bondade, infinitude, imutabilidade, eternidade e unidade de Deus.

[52] *SCG* I, c. 14: "Pois conhecemos cada coisa com mais perfeição quando mais plenamente vemos suas diferenças em relação às outras."

[53] *S. th.* I, q. 13, a. 1, co.: "Desse modo, portanto, ele pode ser nomeado por nós a partir das criaturas, mas não de modo que o nome que o significa expresse a essência divina em si."

[54] Dodds, *The doctrine of causality*, p. 12. Te Velde, em seu *Aquinas on God*, p. 76, explica que "a mudança da negação para a excelência [*eminentia*] é crucial".

[55] *S. th.* I, q. 4, a. 1, co.

[56] David Burrell, *Knowing the unknowable God* (South Bend: Notre Dame Press, 1986), p. 44: "Identificar a essência com *esse* em Deus indicaria uma perfeição e não um empobrecimento apenas se *esse* representasse a soma das perfeições."

[57] Veja Te Velde, *Aquinas on God*, p. 89: "Se uma realidade é completamente determinada em identidade com seu ser, então este deve estar presente nela consoante toda a gama de perfeição, incluindo perfeições como vida e inteligência e assim por diante". Veja tb. Te Velde, *Participation and substantiality*, p. 124.

ou existência.[58] Se todas as perfeições das coisas naturais existem perfeitamente em Deus, então, das perfeições das coisas naturais pode se dizer algumas coisas sobre ele. No entanto, como essas perfeições representam de modo imperfeito o ser de Deus, porque não são toda a perfeição divina, a maneira pela qual conhecemos e predicamos coisas sobre Deus não seria perfeita se apenas considerássemos o que está sendo significado pelo que predicamos de Deus. No entanto, essas perfeições, de maneira perfeita, são sobremaneira atribuíveis a Deus, uma vez que ele é o ser perfeito.[59] Assim, a maneira pela qual se diz coisas sobre Deus não é a mesma como se diz sobre os seres naturais.[60] Como expliquei acima, Deus é existência pura, ao passo que as coisas naturais são existentes, isto é, existem de uma maneira ou modo de ser particular, dado pelas próprias essências. Por isso, as coisas naturais não representam Deus de maneira perfeita, mas imperfeita. Assim, todas as perfeições ditas das coisas naturais são ditas de Deus de modo imperfeito. Nas palavras de Aquino, estas deixam "a coisa significada como incompreendida e como excedendo a significação do nome",[61] no qual a coisa significada é o ser de Deus.[62]

Essa ideia leva Tomás de Aquino a afirmar que há uma semelhança do ser de Deus nas coisas naturais,[63] embora não uma identificação ou uma imitação específica.[64] Assim, ele sugere que a maneira pela qual algo deve ser dito de Deus a partir das coisas naturais é por meio de analogia

---

[58] *S. th.* I, q. 4, a. 2, co. Para um argumento mais longo sobre como as coisas naturais podem ser como Deus, veja *S. th.* I, q. 4, a. 3, co. Veja tb. *In de causis*, l. 3: "o próprio bem, o próprio ser, a própria vida e a própria sabedoria não são senão um e o mesmo, que é Deus."

[59] *S. th.* I, q. 13, aa. 2,3.

[60] Veja Te Velde, *Aquinas on God*, p. 110:

> Dizer que estamos empregando um termo analogamente acontece quando o termo é predicado de coisas diferentes, nem exatamente no mesmo sentido, nem em um sentido totalmente diferente, mas em um parcialmente diferente e parcialmente o mesmo, ou seja, conforme diferentes relações com uma e a mesma coisa.

[61] *S. th.* I, q. 13, a. 5, co.

[62] Nessa mesma linha de argumentação, Aquino diz em seu *In de div. nom.*, proo.: "toda semelhança entre criatura e Deus é deficiente e o que Deus é em si excede tudo o que se encontra nas criaturas".

[63] Wippel, *The metaphysical thought*, p. 517-8. Sobre diferentes tipos de semelhança, veja o mesmo trabalho, p. 574.

[64] Como te Velde coloca em seu *Aquinas on God*, p. 112: "A relação da dependência causal das criaturas em relação a Deus implica que as criaturas têm alguma semelhança com ele. No entanto, é apenas uma semelhança segundo certa analogia."

ou proporção.[65] Esse modo de proporção admite haver algum tipo de ordem a partir das coisas naturais para Deus quanto a seu princípio e causa, nas quais todas elas preexistem de maneira perfeita e excelente.[66] Portanto, as perfeições estão nas coisas naturais de modo diverso ou em proporção diversa do modo pelo qual são em Deus.[67] Em Deus, todas essas perfeições se encontram unidas em seu ser simples, na pura existência de Deus: ele não é bom ou inteligente da mesma forma que os seres naturais são bons ou inteligentes.[68] Assim, essa predicação analógica está relacionada com a afirmação do que Deus não é, em vez de dizer como Deus é. E assim "ninguém pode verdadeiramente falar sobre Deus ou conhecê-lo".[69]

Tomás de Aquino, muito influenciado pela filosofia neoplatônica do *Liber de causis* e por suas leituras do *De divinis nominibus* [*Sobre os nomes divinos*] de Pseudo-Dionísio, enfatiza a transcendência ou a excessividade das perfeições de Deus, usando expressões como superativo ou superbondade e semelhantes.[70] A transcendência em Deus é encontrada de tal forma que está além do gênero que está sendo expresso pelo nome dado a Deus e essa transcendência é expressa pelo uso do prefixo "super": "o excesso, assim, é duplo: um em gênero, significado com o comparativo ou superlativo; e o outro além do gênero, representado pela adição da preposição 'super'."[71] A razão para usar esse tipo de expressão é porque Deus está acima e além de qualquer tipo de existência e, portanto, acima e além de qualquer potência natural do conhecimento: "Deus é incompreensível para qualquer intelecto criado, porque está acima de toda razão e mente."[72]

---

65 *S. th.* I, q. 13, a. 5, co. Fabro, *Participation et causalité*, p. 523, explica que "a analogia é, portanto, dominada pela convergência do princípio da similitude e do princípio da participação".

66 Ibidem: "há relação de uma criatura com Deus como seu princípio e causa, em que todas as perfeições das coisas preexistem excelentemente."

67 Veja tb., *SCG* I, c. 34, em que Tomás de Aquino explica essa noção de predicação analógica.

68 Para uma estrutura básica e bem definida da doutrina da analogia de Tomás de Aquino, veja Fabro, *Participation et causalité*, p. 528-37.

69 *In de div. nom.*, c. 1, l. 1.

70 Existem muitos exemplos disso em toda a obra de Tomás de Aquino, alguns dos quais podem ser encontrados em seu *In de div. nom., proo.*: "Dionísio às vezes nomeia Deus como o próprio bem, ou o superbem, ou o bem principal, ou a bondade de todo bem. E, da mesma forma, ele nomeia Deus como a supervida, a supersubstância"; c. 2, l. 1: "aquilo que se diz de Deus que se afasta dele próprio por sua excelência, como superbem, supersubstancial, supervivo, supersábio e semelhantes se diz de Deus porque Ele os excede".

71 *In de div. nom.*, c. 4, l. 5.

72 *In de div. nom.*, c. 1, l. 1.

Para resumir as principais ideias expressas nesta seção a partir da distinção real nas coisas naturais entre sua essência e seu *esse* (seu ser ou ato de existência), abordei como Tomás de Aquino pode chegar à existência de um ser com existência pela própria natureza: um ser que é a sua *existência*. Esse ser é aquilo de onde os outros seres participam de sua existência, aquilo de onde eles recebem sua existência. Esse ser é o que as pessoas chamam de Deus.

Também abordei as maneiras pelas quais algo pode ser atribuído como predicação a Deus. A conclusão de Aquino é que apenas a predicação analógica pode ser usada quando se trata de Deus, dado que, uma vez que Deus é puro ser e, portanto, ato puro, ele está além de qualquer tipo particular de ser e, portanto, além da compreensão humana. As coisas naturais, porém, por receberem seu ser de Deus, têm certa semelhança e parecença com Deus. Portanto, é possível ter algum tipo de conhecimento analógico positivo dele. Wippel explica que

> Embora ele [Aquino] tenha defendido a possibilidade de chegarmos a algum tipo de conhecimento de Deus que não seja puramente negativo, mas que possa ser descrito como próprio, substancial e analógico, Tomás de Aquino gostaria que nunca nos esquecêssemos das consideráveis limitações a que esse conhecimento é sujeito. É claro que nunca será abrangente ou, nesta vida, quiditativo. Estará sempre sujeito à necessidade de negar a Deus o *modus significandi* de criatura que empregamos ao predicar nomes a ele. Jamais nos será permitido aplicar nomes univocamente a Deus e às criaturas, mas apenas de maneira analógica, na melhor das hipóteses. Essas limitações decorrem, em última análise, da situação ontológica, do fato de que na ordem da realidade os efeitos não são como Deus nem específica nem genericamente, mas apenas conforme algum tipo de analogia na forma pela qual o próprio ato de ser é comum a todos os seres.[73]

Após analisar o ser de Deus e sua relação com as coisas naturais, passarei agora à questão do poder de Deus, que nos levará mais perto de nossa análise sobre a atividade providencial de Deus no mundo criado, nosso tema de interesse.

---

[73] Wippel, *The metaphysical thought*, p. 574-5.

O PODER DE DEUS

A questão que motivou este estudo, ou seja, como Deus age providencialmente no mundo criado, é agora reformulada na questão de como um Deus, cuja essência é puro ser, age providencialmente na natureza. Por isso, deslocarei minha análise para o tema específico da forma pela qual Tomás de Aquino atribui poder a Deus e a que tipo de poder ele se refere. As seções seguintes estudarão, portanto, o que Deus faz com esse poder. Seguindo a obra *De potentia* de Aquino, dividirei as seções em: ação divina de criação, ação divina em toda ação natural e ação divina em milagres.

No primeiro artigo da primeira questão do *De potentia*, Tomás de Aquino define poder em relação ao ato. Essa relação é expressa no texto com a preposição *ab*, com a qual ele quer mostrar que todo poder tem origem na própria coisa em que reside. Nessa perspectiva, "um poder deve ser definido por seu ato, e os poderes, por sua vez, se distinguem uns dos outros na medida em que seus atos são diferentes."[74] Ora, "ato" pode ser entendido de duas maneiras diferentes: pode ser um primeiro ato, que se refere à forma de uma coisa natural, ou pode ser um segundo ato, referindo-se às operações das coisas naturais, que se originam na forma da coisa como seu princípio.[75] Assim, como mencionei no capítulo anterior, o que uma coisa pode ou não fazer tem origem em sua forma, ou seja, o poder de uma coisa vem do que ela é.

De maneira semelhante, o poder ou potência de uma coisa pode ser entendido de duas maneiras diferentes. Primeiro como potência ativa, que corresponde ao modo pelo qual uma coisa opera. Assim, "o poder ativo é o princípio da agência em outra coisa",[76] um poder enraizado no ato desta, pois qualquer coisa que faz algo o faz porque está em ato.[77] Em segundo lugar, o poder pode ser entendido como o poder ou potência passiva de uma coisa, correspondendo à possibilidade de adquirir uma nova forma: "o poder passivo permite que qualquer coisa atinja sua perfeição, seja em ser,

---

[74] *De an.*, a. 13, co.
[75] *De pot.*, q. 1, a. 1, co.
[76] *S. th.* I, q. 25, a. 1, co.
[77] S. *th.* I, q. 25, a. 1, *ad* 1: "Poder ativo não é contrário ao ato, mas é fundado sobre este, pois tudo atua conforme como é em ato."

seja em alcançar seu fim",[78] ou seja, o poder passivo permite que as coisas atinjam o objetivo para o qual suas formas tendem. Portanto, se a potência passiva é aquela pela qual uma coisa é ordenada a receber sua perfeição (que nada mais é do que cumprir o fim para o qual a forma tende), e a ordem para a perfeição de algo vem do que essa coisa é, que é o que a forma dessa coisa determina, a potência passiva corresponde à forma como um primeiro ato. A possibilidade de a coisa mudar e atingir essa perfeição vem do princípio potencial dela, o qual é a causa material. A potência passiva se distingue do ato, porque tudo o que pode ser mudado o é porque está em potência de receber um ato.[79]

Como a potência ativa corresponde ao ato e a potência passiva corresponde à potência, a esta, a passiva, será atualizada ou reduzida em ato por causa da ação ou da operação da primeira, ativa. No entanto, não é que qualquer ato pode atualizar qualquer potência: a todo poder passivo corresponde um poder ativo que o atualizaria ou poderia atualizá-lo.[80] Portanto, quando algo tem muitos poderes passivos, haveria a mesma quantidade de poderes ativos diferentes para atualizar cada um desses poderes passivos, pois, segundo Tomás de Aquino, existe uma ordem entre o poder ativo e o passivo, da qual a existência de um poder passivo não teria sentido se não houvesse um poder ativo para atualizá-lo.[81] Com essas considerações em mente, além daquelas abordadas na seção anterior sobre a natureza de Deus,[82] uma vez que Deus

> é ato puro e primário, é sobremodo adequado para ele agir e comunicar sua semelhança a outras coisas: e consequentemente o poder ativo é sobremaneira próprio para ele: uma vez que o poder é chamado ativo na medida em que é um princípio de ação.[83]

---

78 *S. th.* I, q. 9, a. 2, co.

79 *S. th.* I, q. 25, a. 1, *ad* 1: "poder passivo é contrário ao ato; pois uma coisa é passiva conforme o que é em potência."

80 *S. th.* I, q. 105, a. 1, co.

81 *De virt.*, q. 1, a. 10, *ad* 13: "poder passivo responde a poder ativo."

82 Em *De pot.*, q. 1, a. 1, Aquino oferece uma breve descrição dessas conclusões, dizendo que "nossa mente esforça-se para descrever Deus como um ser sobremodo perfeito." A questão tratada aqui não é o que Deus é, mas, sim, se existe poder em Deus, pois aquilo que ele pressupõe ser a noção de Deus foi tratado na seção anterior.

83 *De pot.*, q. 1, a. 1, co.

Para entender o que queremos dizer ao falarmos sobre o poder de Deus, Tomás de Aquino retoma suas considerações sobre nosso modo de conhecer e nomear Deus. Sua principal linha de argumentação favorece a conclusão de que nossa mente não consegue se aproximar de Deus a não ser assemelhando-o a seus efeitos.[84] Por exemplo, quando dizemos que Deus tem "ser" (*esse*), essa palavra "*esse*" denota algo completo e simples, mas não subsistente, ou seja, *esse* expressa algum tipo de inerência em uma coisa que a faz existir. Deus também é dito ser *substantia*, uma palavra que denota algo subsistente, mas ainda assim sujeito de algo. Assim, Tomás de Aquino argumenta que, quando *esse* e *substantia* são predicados de Deus, *substantia* o é em razão de subsistência e não de substrato e *esse*, em razão de simplicidade e completude, não de inerência. Assim, quando se diz que Deus tem operações, isso é feito em razão de ele ser a perfeição suprema e não por causa das operações que se passam nas coisas naturais, as quais são uma mistura de ato e potência (passiva). O poder é, então, atribuído a Deus em razão daquilo que é permanente e que é o princípio do poder, isto é, o que foi definido como poder ativo e o princípio da potência ativa e não em razão daquilo que se completa por operação, que é como se define potência passiva.[85]

No entanto, Tomás de Aquino qualifica essa afirmação de que o poder ativo é predicado a Deus. Aliás, em seu *In sent.*, ele argumenta não apenas que em Deus não há potência passiva, mas também que nenhum poder ativo real pode ser encontrado nele. Em vez disso, argumenta, seguindo o modelo neoplatônico que mencionei brevemente acima, que é melhor atribuir a Deus um poder *super*ativo. Seu principal fundamento para elucidar essa noção é o seguinte: como não há movimento em Deus, seu poder ativo não pode ser relacionado ao movimento. Ainda assim, Aquino afirma algum tipo de poder ativo em Deus seguindo a operação de Deus. Ora, ele explica a diferença entre operação e movimento, referindo-se à diferença entre o perfeito e o imperfeito. Assim, embora toda operação na natureza seja algum tipo de movimento, em Deus, a operação é o seu ser perfeito, que, de certa forma, já é aperfeiçoado. Portanto, dado que alguém pode

[84] Dodds, em seu *The doctrine of causality*, p. 14, explica essa ideia assim: "Uma vez que o efeito de um agente é de alguma forma parecido com o agente, algo do criador pode ser conhecido por meio da criatura. Nós podemos, assim, falar de Deus e sua ação usando a analogia das criaturas."

[85] Para esse argumento completo, veja *De pot.*, q. 1, a. 1, co.

predicar a Deus uma operação que não está relacionada ao movimento como nas operações naturais, ele entender ser melhor falar de Deus como detentor de um poder superativo.[86]

Ora, como esse poder superativo pertence ao ser que é a própria existência, ele não tem limite, ou seja, esse ser é onipotente. Tomás de Aquino oferece a seguinte linha de raciocínio: como o ser de Deus não é recebido (como acontece com as coisas naturais, nas quais seu ser é *recebido* em suas essências), simplesmente porque o ser de Deus é sua própria essência, o ser de Deus é puro ser, sem nenhum tipo de limitação (como as coisas naturais); assim, o ser de Deus é universal e infinito. E, já que todo poder ativo tem ato ou ser como seu princípio, se um princípio é infinito, o poder também seria infinito, como no caso de Deus.[87] Ainda assim, embora Deus sempre atue conforme todo o seu poder infinito, os efeitos não são infinitos, porque estão limitados à determinação da vontade de Deus.[88]

Como continuação dessas discussões, Tomás de Aquino considera até que ponto Deus pode ser considerado onipotente, perguntando se ele pode fazer coisas impossíveis para as coisas naturais. O teólogo medieval argumenta que existem três maneiras diferentes pelas quais o "impossível" pode ser entendido. Primeiro, quando algo é impossível em si mesmo por causa da exclusão mútua de termos e não em relação a uma potência ativa.[89] Pode se dizer que algo é impossível em relação a uma potência ativa de duas formas. Primeiro, por defeito inerente ao poder ativo, no qual o efeito está além de seu alcance, como quando uma causa eficiente natural não pode transformar

---

[86] *In I Sent.*, d. 7, a. 1, *ad* 3:

> o poder divino não é passivo, mas também não é verdadeiramente ativo; ao contrário, é superativo: sua ação não é por meio de movimento, mas de operação, diferente do movimento, segundo o Filósofo, como o perfeito para o imperfeito.

[87] *De pot.*, q. 1, a. 2, co. Em seu *In de div. nom.*, c. 8, l. 1, Aquino enumera cinco modos diferentes nos quais o poder de Deus pode ser considerado infinito:

> Diz-se que o poder divino é infinito de cinco maneiras: primeiro, porque não é determinado a nenhum efeito, mas em vez disso produz todos os poderes; segundo, não apenas por isso, mas também porque não é proporcional a nenhum outro poder, estando acima de todo poder particular [...]; terceiro, porque não se esgota nas potências existentes, mas pode produzir infinitos modos e infinitas outras potências, sem enfraquecer essa ação superinfinita, que é produtora de toda potência [...]; quinto, chamamos de infinito aquilo que não cabe no intelecto e o que não pode ser conhecido é inefável e desconhecido e o poder divino excede tudo.

[88] *De pot.*, q. 1, a. 2, *ad* 13.

[89] *De pot.*, q. 1, a. 3, co.

determinada matéria em outra coisa por causa de sua falta de poder. Em segundo lugar, quando a impossibilidade não provém da própria potência ativa, mas de uma causa extrínseca, como uma potência inibida. Considerando os dois últimos casos, ambos relativos a dado poder ativo, Tomás de Aquino argumenta que Deus pode fazê-los, pois, sendo seu poder infinito, não está sujeito a nenhum defeito, nem existe matéria que não possa transformar.[90] Para compreender plenamente essa força ativa divina pela qual Deus consegue fazer o que é impossível para as coisas naturais, é importante observar que, para Tomás de Aquino, tudo o que Deus faz nas criaturas é seminatural para elas, pois as criaturas não apenas têm uma potencialidade natural para suas próprias operações, mas também uma potencialidade "obediencial", que responde ao que Deus faz nelas,[91] noção que será explicada a seguir. Como será mostrado, esse tópico fala diretamente acerca das preocupações quanto às ações de Deus interferirem na ordem da natureza.

O primeiro tipo de impossibilidade, no entanto, é quando Deus não pode fazer algo, uma vez que implica coisas que em princípio não podem ser ou existir. Esse modo de impossibilidade expressa coisas às quais o ser ou a existência não podem ser predicados. Em última análise, nenhum poder ativo pode fazer coisas às quais o ser não pode ser predicado, porque estaria fazendo algo que, em certo sentido, "é" e "não é" ao mesmo tempo. Nesse sentido, não dizemos que Deus não pode fazer essa coisa por falta de poder, mas por falta de uma possibilidade lógica.[92] A possibilidade real, nesse caso, não pode ser anterior à atualidade. Como explicarei a seguir, a possibilidade das essências finitas é criada juntamente com elas mesmas. Isso significa que a possibilidade lógica não deve ser tomada como a possibilidade real para Deus. A possibilidade lógica não limita a potência real.

Se, como foi comentado de maneira breve, o logicamente impossível, isto é, o contraditório, é aquilo que não pode ser, então este não pode

---

[90] Veja *SCG* II, c. 22.

[91] *De pot.*, q. 1, a. 3, *ad* 3. Essa ideia deve ser acompanhada da afirmação da *SCG* II, c. 22: "Portanto, por seu poder ativo, Deus consegue fazer tudo o que está na potência do ser criado [...] Portanto, Deus pode fazer todas as coisas." Essa ideia implica uma conclusão bastante interessante sobre o significado da intervenção divina na natureza: as intervenções de Deus não interfeririam na natureza, mas esta ainda faria o que deveria realizar: seguindo o comando de Deus.

[92] *De pot.*, q. 1, a. 3, co. Veja tb. *SCG* II, c. 22: "Deus é ato perfeito, tendo nele mesmo as perfeições de todas as coisas. Seu poder ativo, portanto, é perfeito, estendendo-se a tudo o que não é repugnante à noção daquilo que é o ser em ato". Veja tb. *SCG* II, c. 25.

limitar nada, pois aquilo que não é não pode fazer ou limitar nada. A expressão "Deus não pode realizar o contraditório" é feita sob nossa forma humana de expressar as coisas, que está sob a ideia de ser, ou seja, dar o mesmo tratamento ao que não existe como ao que existe. Assim, a expressão "Deus não pode realizar o contraditório" é o inverso de uma expressão positiva, porque é feita de uma dupla negação. É por isso que não implica nenhuma restrição ou limitação no poder divino superativo. Dizer "Deus não pode realizar o contraditório" é o mesmo que dizer "não há nada que Deus não possa fazer", ou, expresso em uma afirmação plena, "Deus pode fazer tudo". Assim, o poder de Deus é expresso e definido com o próprio objeto, o qual é tudo.[93] Em última análise, Tomás de Aquino diz que Deus é propriamente chamado de onipotente. O poder ativo de Deus, considerado em si mesmo, estende-se a todos os objetos que não implicam nenhuma contradição, isto é, a tudo o que pode ser. É nesse sentido que se pode dizer que Deus é onipotente, porque pode fazer todas as coisas que são, em si, possíveis.[94]

Agora é hora de passar para a principal preocupação desta investigação: como podemos conceber Deus como uma causa. Expliquei seguindo Aquino que Deus tem poder ativo (na verdade, superativo) e que pode, com esse poder, realizar tudo o que pode ser feito. Tomás de Aquino fala de dois tipos diferentes de ações que Deus realiza: aquelas que são imanentes (as ações da vontade e do intelecto de Deus) e aquelas ações que são transitórias (as ações que podem ser entendidas como *ad extra Dei*). Dado que o debate que estou analisando neste trabalho diz respeito à agência divina providencial na natureza, abordarei apenas o último tipo de ação divina. A primeira dessas ações transitórias é chamada de "criação", enquanto a segunda se refere ao agir de Deus em cada ação na natureza e a terceira às ações que Deus realiza na natureza, sem a natureza. A criação é a comunicação ou doação de ser a tudo o que existe, fazendo-o existir; a segunda

---

93 *SCG* II, c. 22:

> O poder de Deus é por si a causa do ser e o ato de ser é seu efeito [...] Portanto, seu poder alcança todas as coisas com as quais a noção de ser não é incompatível [...] Portanto, Deus pode fazer todas as coisas que não incluem essencialmente a noção de não ser, e estes envolvem uma contradição. Segue-se que Deus pode fazer tudo o que não implica uma contradição.

94 *De pot.*, q. 1, a. 7, co.

ação é a atuação de Deus em cada ação de qualquer agente natural, necessária para dar conta de forma completa das ações dos seres naturais; e a terceira ação é conhecida como milagres.

CRIAÇÃO

Tomás de Aquino é inflexível em sua afirmação de que Deus pode criar e que nós, seres humanos, podemos conhecer o fato da criação usando nossa razão natural. Na questão do conhecimento e possibilidade de algo vir de Deus pela criação em seu *In II Sent.*, o teólogo medieval faz a proposição filosófica mais forte que pode ser feita neste assunto: "que existe criação, não é apenas sustentado pela fé, mas também é demonstrável pela razão."[95] Ele mantém essa posição ao longo de toda a obra, sempre que trata da Criação.[96]

Em seu *De pot.*, q. 3, Tomás de Aquino faz uma pergunta bastante diferente, embora intimamente relacionada, a saber, se Deus pode criar algo do nada.[97] Ele começa a pergunta afirmando ser preciso admitir que Deus pode realizar algo do nada e que realmente o faz.[98] Ele afirma que toda causa eficiente age como ela é em ato, e qualquer ação é atribuída a uma causa eficiente conforme a medida de seu ato. Ora, uma coisa natural está em ato de uma maneira particular, que pode ser entendida de duas maneiras: 1) por comparação consigo mesma, porque nem toda a substância está em ato; e, portanto, é necessário dizer que as coisas naturais não atuam em relação à sua totalidade, mas apenas consoante à sua forma, pela qual estão em ato; e 2) por comparação com as coisas que estão em ato, porque nenhuma coisa natural compreende todas as perfeições naturais e, portanto, cada coisa natural atua segundo o fato de ser este ou aquele tipo particular de coisa natural. Nesse sentido, como expliquei no capítulo anterior, as

---

95 *In II sent*, d. 1, q. 1, a. 2, co.

96 Veja Fabro, *Participation et causalité*, p. 364: "A criação é para Santo Tomás uma verdade que pode ser demonstrada apoditicamente". Tradução própria. Veja tb. Steven Baldner, org.; William Carroll, trad. para o inglês, *Aquinas on Creation* (Toronto: Pontifical Institute of Medieval Studies, 1997), Introdução.

97 A primeira pergunta é sobre o poder de Deus, a segunda pergunta é sobre o poder gerador de Deus (*ad intra*) ou a processão das pessoas na Trindade e a terceira pergunta é como as coisas naturais procedem de Deus.

98 *De pot.*, q. 3, a. 1, co.: "devemos sustentar firmemente que Deus pode e realiza coisas do nada." Uma declaração semelhante é feita em *S. th.* I, q. 44. a. 1, co.: "todo ser que existe de alguma forma é de Deus."

coisas naturais atuam movendo outras coisas, uma ação que requer matéria. Portanto, as coisas naturais não podem realizar coisas do nada.[99]

Deus, porém, é absoluta e totalmente ato em ambos os sentidos: em comparação consigo mesmo, porque não tem nenhuma potência, e em comparação com outras coisas que estão em ato, por Deus ser o próprio *esse*, tendo todas as perfeições e, portanto, a fonte de toda perfeição nas coisas. Assim, por sua ação, Deus produz todo o ser subsistente de tudo. Por essa razão, Tomás de Aquino conclui que Deus pode fazer coisas do nada, uma ação chamada de "criar".[100] Portanto, o ser (*esse*) das coisas que não são Deus é pela criação.[101] Na *Summa theologiae*, Aquino usa um pouco mais de terminologia neoplatônica para abordar essa definição, dizendo que "essa emanação [das coisas] designamos pelo nome de criação".[102] Ele utiliza essa ideia de criação para fazer uma primeira abordagem da diferença entre causação primária e secundária. A causação do ser é absolutamente reduzida à primeira causa universal, Deus em sua ação criadora,[103] ao passo que a causação de tudo o que é além do ser, ou seja, o ser específico, pertence a causas secundárias que atuam por informação, isto é, dando forma e atualidade ao efeito, na pressuposição do vir a ser do efeito a partir da primeira causa.[104]

Seria útil elucidar um pouco esse conceito de criação e torná-lo mais preciso. Falamos de algo ser feito *ex nihilo* em um duplo sentido. A negação incluída no termo *nihil* pode negar a preposição *ex* ou pode ser incluída nessa preposição. Se nega apenas a preposição, há, de novo, dois sentidos: primeiro, poderia negar o todo, negando também o verbo, como se algo fosse feito do nada porque não é feito (o não falar de um homem calado); e segundo, poderia negar apenas a preposição enquanto o verbo permaneceria afirmado, como se não houvesse coisa preexistente da qual algo é feito (quando alguém sofre por nada). Esse segundo sentido é a maneira

[99] Ibidem: "Portanto, o agente natural age movendo algo e, consequentemente, requer a matéria como sujeito de mudança ou movimento; portanto, não pode fazer uma coisa do nada."

[100] *In Psalm.* L, 6: "Algo é criado... quando é trazido a ser do nada."

[101] Tomás de Aquino acrescenta uma observação notável: embora o ser seja por meio da criação, "a vida e outros semelhantes são por informação" (*De pot.*, q. 3, a. 1, co.). Esse poderia ser um interessante caminho de pesquisa no debate sobre as teorias da evolução e a teologia cristã.

[102] *S. th.* I, q. 45, a. 1, co. Para uma descrição sobre a criação como emanação, veja te Velde, *Participation and substantiality*, p. 102ss., e Burrell, *Knowing the unknowable*, p. 94. David Burrel, em seu *Aquinas: God and action* (Scranton/ London: University of Scranton Press, 2008), p. 159, ao examinar essa passagem, afirma que "não podemos conceber como essa derivação pode ocorrer. Nem precisamos."

[103] *De pot.*, q. 3, a. 4, co. "doar o ser como tal deve ser o efeito da primeira causa apenas, por seu poder."

[104] Veja *Fabro, Participation et causalité*, p. 370.

pela qual se diz que algo foi feito *ex nihilo* pela criação. Ora, se a preposição inclui a negação, há também dois sentidos possíveis, um verdadeiro e outro falso. O sentido falso é se a preposição denota a causa de algo, o que é falso, porque "nada", falando de forma absoluta, não pode ser a causa de nada; enquanto o sentido verdadeiro é se a preposição denota simplesmente uma ordem, de modo que fazer uma coisa do nada é fazer uma coisa antes da qual nada havia[105] e isso é verdade para a criação.[106]

Tomás de Aquino acrescenta que, quando se diz que uma coisa é feita do nada, ela é feita de todo instantaneamente,[107] porque, ao dar ser (*esse*) às coisas, Deus também cria ao mesmo tempo aquilo que recebe esse ser (*esse*), ou seja, a essência.[108] Assim, Aquino insiste que toda a natureza da criatura, sua essência e seu ser, é de Deus, ou seja, é criada por ele.[109] Não é possível, então, considerar a criação uma mudança, porque na mudança deve haver algo que seja comum a ambos os termos da mudança.[110] Na criação, entretanto, não há nada antes que a coisa seja criada; nada está em ato ou em potência.[111] Pode-se argumentar que antes de a criatura ser criada, ela estava na potência do criador e, quando criada, é em ato.[112] Portanto, uma vez que tudo o que passa da potência ao ato é mudado, aquilo que é criado é mudado, uma conclusão que provaria que a criação é uma mudança. Ainda assim, Aquino argumenta, apenas o que vai da potência passiva para o ato é alterado, não o que passa de uma potência ativa para o ato. E a criação é a passagem da potência ativa de Deus ao ato criado. Consequentemente, a criação não é uma mudança ou um movimento de forma alguma.[113]

---

[105] Essa ordem é uma sequência ou ordenação no ser e não no tempo, embora, pelo nosso modo de pensar, essa sequência venha como um tempo imaginário. Veja *S. th.* I, qq. 44-5.

[106] *De pot.*, q. 3, a. 1, *ad* 7. Essa análise é muito mais simples no *In II Sent.* e refere-se apenas às maneiras pelas quais essa expressão *ex nihil* poderia ser entendida no contexto da criação.

[107] *De pot.*, q. 3, a. 1, *ad* 11. Veja tb. Fabro, *Participation et causalité*, p. 374.

[108] *De pot.*, q. 3, a. 1, *ad* 17.

[109] Dodds, *The doctrine of causality*, p. 12. Wippel, *The metaphysical thought*, p. 115: "Deus é a causa da existência de todas as outras coisas e seu princípio de ser."

[110] Te Velde, *Aquinas on God*, p. 139.

[111] *De pot.*, q. 3, a. 2, co.: "Na criação [...] não há sujeito comum real ou potencialmente existente." A única maneira pela qual a criação está em potência é que ela não é contraditória em termos. Veja *De pot.*, q. 3, a. 1, *ad* 2.

[112] Tomás de Aquino admite na *S. th.* I, q. 45, a. 2, *ad* 2 que "a criação não é uma mudança a não ser no modo de entendê-la". Uma vez que a criação não é um fato evidente, é preciso entendê-la a partir daqueles fatos que nos são evidentes, como o movimento e a mudança.

[113] *De pot.*, q. 3, a. 2, *ad* 5.

Após ter explicado como a criação surge do nada e o que a criação não é (uma mudança ou movimento),[114] Tomás de Aquino continua versando sobre o *status* ontológico da criação. Assim, ele pergunta se a criação é algo real na criatura e, em caso afirmativo, o que é. O teólogo medieval é forte em sua afirmação de que o ato da criação não é uma espécie de meio entre Deus e as criaturas pelo qual traz as criaturas à existência.[115] Essa noção significa que a criatura depende diretamente do criador para sua existência, enquanto o criador não depende de forma alguma da criatura.[116] Tomás de Aquino insiste que essa dependência da criatura é a mesmíssima doação do ser. Assim, essa dependência é o próprio ato da criação, porque a doação do ser não está em um instante do tempo no passado, mas em todo e qualquer instante do tempo.[117] Se não fosse assim, uma vez que a criatura depende do criador para existir a cada momento, ela deixaria de existir se a doação do ser parasse.[118] Nessa perspectiva, a criação é a relação real de dependência da criatura com seu criador.[119]

Agora, a criação pode ser entendida ativa ou passivamente. Por um lado, entendida de forma ativa, designa a ação de Deus, que é a própria essência em relação à criatura[120] (denotando o poder ativo de Deus com o qual ele traz coisas à existência). Essa relação não deve ser concebida como uma relação real, mas como uma relação lógica.[121] Por outro lado, se a criação

---

[114] Para ambos os argumentos, veja Baldner; Carroll, *Aquinas on creation*, p. 41-6.

[115] Dodds, *The doctrine of causality*, p. 9.

[116] *De pot.*, q. 3, a. 3, co.: "A criatura depende do criador que não depende dela." te Velde, *Participation and substantiality*, p. 98, expressa isso em matéria de "semelhança":

> Por seu ato de criação, Deus estabelece uma relação positiva de outra coisa consigo mesmo. Porque a criatura tem aquilo que é de Deus, diz-se com razão que ela é semelhante a Deus. Mas o inverso é falso: porque Deus não tem nada que seja da criatura, não se pode dizer que Deus é semelhante a ela.

[117] Fabro, em seu *Participation et causalité*, p. 374, explica essa ideia dizendo que devemos evitar conclusões fáceis, como pensar que Deus dá *esse* para depois deixar a coisa ser. Ainda assim, acrescenta que "é evidente que só o *ser* por essência é o único subsistente real por definição".

[118] *De pot.*, q. 3, a. 14, *ad* 10: "A obra de Deus, pela qual Ele faz as coisas existirem, não deve ser entendida como a obra de um artífice que faz uma caixa e depois a abandona: porque Deus continua a dar o ser". Veja tb. *De pot.*, q. 5, a. 1.

[119] *De pot.*, q. 3, a. 4, co. William Stoeger, em seu "Conceiving Divine action in a dynamic universe", in: Robert John Russell; Nancey Murphy: William R. Stoeger, orgs., *Scientific perspectives on Divine action: twenty years of challenge and progress* (Vatican City/ Berkeley: Vatican Observatory — CTNS, 2008), p. 225-47, enuncia uma forte suspeita de que a categoria de relacionamento é mais fundamental que a de ato ou causa. Veja tb. Burrel, *Knowing the unknowable*, p. 34.

[120] *De pot.*, q. 3, a. 3, co.: "Entendido ativamente, isso denota o ato de Deus, que é sua essência, com uma relação com a criatura."

[121] A teoria das relações de Tomás de Aquino é complexa. Explicada resumidamente, no entanto, ela diz que uma relação é entre dois termos. Essa relação pode ser real ou lógica, dependendo da natureza dos

é concebida de maneira passiva, ela denota a relação da criatura com o criador. Nesse sentido, a criação deve ser considerada nada mais do que uma relação, pelas seguintes razões: como a criação não é uma mudança, porque não é a passagem da criatura de um estado a outro, ou seja, a criação não significa a recepção passiva de algo, ela denota a própria coisa realizada. Assim, a criação não denota uma aproximação do ser, nem uma mudança efetuada pelo criador, mas é o começo da existência (de determinado existente), sendo o *esse* dado pelo criador.[122] Tal *esse* concedido pelo criador, o qual é criação, é a relação de dependência que existe entre a criatura e o criador. Ao tratar da mesma questão em sua *S. th.*, Tomás de Aquino dá alguns passos adiante em sua compreensão da criação, considerando um aspecto duplo diferente: primeiro, a criação pode ser vista como a criação do ser, o que expressa essa relação de dependência do criador; e segundo, a criação considerada em si, que significa a própria criatura: a criação é a criatura, ou, no tom mais definido do latim, *creatio est creatura.*[123]

O argumento de Aquino é constante: parte da necessidade de afirmar um ser que dá existência a todas as outras coisas, porque estas têm ser (*esse*) mas não são ser (*esse*) nelas mesmas. Esse doador de ser ou existência é o próprio ser ou existência (*esse*), chamado de Deus. Aquino passa a analisar o modo pelo qual o ser (*esse*) é dado, a saber, a criação, que ocorre *ex nihilo*, porque a existência total das coisas é dada, afirmando que a criação não é um movimento ou uma mudança, pois ambos precisam ter algo que se move ou que muda de uma situação para outra, enquanto na criação não há nada preexistente ao que é criado. Assim, Tomás de Aquino afirma a diferença entre o modo pelo qual Deus causa, como causa primária, e aquele pelo qual as coisas naturais causam, como causas secundárias.

---

termos. Existem certas relações que podem ser reais em relação a um termo e lógicas em relação ao outro termo. Assim, pode-se dizer que algo é relativo a outro, não porque se refere ao segundo, mas porque o segundo termo se refere a ele. Nesse caso, a relação do primeiro termo com o segundo não é real, como a relação que um homem tem com sua imagem no espelho. Por outro lado, a relação que o segundo termo tem com o primeiro é real, porque depende do primeiro: a imagem depende de o homem estar ali. Veja *In I sent.*, d. 8, q. 4, a. 1, *ad* 3; *S. th.* I, q. 13, a. 7, co.; *De pot.*, q. 7, a. 1, *ad* 9; *In V phys.*, l. 3, n. 8.

[122] *De pot.*, q. 3, a. 3, co.: "a criação não denota uma aproximação ao ser nem uma mudança efetuada pelo criador, mas apenas um começo de existência e uma relação com o criador de quem a criatura recebe seu ser."

[123] *S. th.* q. 45, a. 3, *ad* 2. Veja tb. Burrell, *Aquinas*, p. 155, no qual ele explica que a noção de criação de Tomás de Aquino acrescenta uma "nota existencial".

Por fim, abordando o *status* ontológico da criação, o teólogo medieval explica que, concebida ativamente, a criação significa a mesma essência do criador em relação à criatura, enquanto entendida passivamente implica uma relação real de dependência no ser (*esse*) da criatura com o criador. Em última análise, Tomás de Aquino afirmará que a criação, além de ser relação de dependência da criatura em relação ao criador, é a própria criatura sendo criada. Se essa análise metafísica se sustenta, então a criação, entendida como a constante doação de ser ou existência de Deus às coisas naturais,[124] é um fato ao qual a filosofia, entendida como a investigação dos princípios do mundo apenas pelo uso da razão humana, consegue chegar, embora seja também uma verdade teológica da religião cristã, que pode ser aceita pela fé: "a razão demonstra e a fé sustenta que tudo é criado por Deus."[125]

Como foi apontado anteriormente de maneira breve, nessa análise da criação, Aquino fala da diferença entre causalidade primária e secundária: Deus é a causa primária das coisas, porque o que ele causa é a própria existência de todas as coisas criadas, sem as quais elas simplesmente não seriam. Em última análise, a primeira coisa, por assim dizer, necessária para fazer qualquer coisa é ser.[126] Por isso, a causa secundária não pode fazer nada se não for por meio da causa primária que a faz ser, existir. Assim, aquilo que causa o que primeiro é necessário é a causa primária.[127]

Ora, a maneira pela qual esses nomes — "causa", em particular — são predicados da causa primeira, Deus, não é a mesma maneira que são predicados das coisas naturais. O uso da palavra "causa" para Deus requer uma qualificação um tanto extensa (provavelmente mais extensa do que oferecerei nas próximas linhas).[128] Primeiro, Tomás de Aquino afirma que a causa primária é mais influente no efeito da causa secundária do que a

---

[124] *S. th.* I, q. 104, a. 1.

[125] *De pot.*, q. 3, a. 3, co.

[126] *In de causis*, l. 3: "os efeitos da causa primária preexistem aos da causa secundária, sendo difundidos universalmente: o ser que é comum a tudo é difundido a tudo a partir da causa primária." E *In de causis*, l. 18: "a compreensão pressupõe o viver e o viver pressupõe o ser, mas o ser não pressupõe nada anterior."

[127] *In de causis*, l. 9: "a primeira causa [...] de modo algum tem o ser por participação, já que ela mesma é puro ser; assim, tudo o que é participado é derivado daquele que subsiste puramente pela própria essência."

[128] Te Velde, *Participation and substantiality*, p. 166ss usa a mesma estratégia que uso para analisar o argumento de Tomás de Aquino, olhando para seu *In de causis*.

própria causa secundária.[129] Dado que o próprio ser da causa secundária é causado pela causa primária, tudo o que aquela é, pela causa primária é causado. Assim, seu poder de ser uma causa e poder produzir alguma outra coisa é dado pela causa primária: porque uma causa secundária tem a própria substância da primeira causa, ela também tem o próprio poder de agir vindo da primeira causa.

Então, mesmo que a causa secundária seja a causa real de seu efeito, propriamente falando, a causa primária é primariamente a causa do efeito da causa secundária e é somente por isso que se pode dizer que a causa secundária é realmente uma causa. Em segundo lugar, como a causa secundária não age sobre o efeito senão com o poder que a causa primeira causa nela, o efeito não procede do poder da causa secundária, exceto por causa do poder da causa primeira. Portanto, o poder da causa primária, e não o da causa secundária, alcança primeiro o efeito. Essas considerações abrirão o caminho na seção seguinte para a compreensão das maneiras pelas quais se pode dizer que Deus é providencialmente ativo no universo criado.

Ainda assim, antes de entrar neste assunto, os argumentos de Tomás de Aquino exigem a consideração de mais duas ideias para continuar a qualificação de nossa compreensão de Deus como uma causa. Se recordarmos os quatro tipos diferentes de causas eficientes que apresentei no capítulo anterior (principal, preparatória, instrumental e aconselhadora), Tomás de Aquino diz que a maneira pela qual Deus pode ser chamado de causa eficiente é primariamente conforme a causa *principal* ou *perficiens*.[130] A causa *perficiens* é aquela que pode ser apropriadamente chamada de causa de alguma coisa, porque é aquela da qual o efeito decorre de forma direta.[131] Ainda assim, ele também reconhece que Deus como causa primária pode ser chamado de causa eficiente *consilians*, porque é aquela que dá o fim para o qual tendem as coisas naturais, bem como sua forma.[132] Ao dar o

---

[129] *In de causis*, l. 1: "a primeira causa influencia mais do que a segunda". É interessante notar que no mesmo argumento Tomás de Aquino diz que "a causa primeira ajuda a causa secundária, fazendo-a funcionar", em razão de que a operação da causa secundária é causada pela primária e, portanto, a operação da causa secundária é um efeito da primária.

[130] *SCG* III, c. 92.

[131] *De malo*, q. 3, a. 3, co.: "essa [a causa principal] própria e verdadeiramente é chamada de causa, porque é a causa da qual o efeito flui."

[132] *In V met.*, l. 2.

ser, a causa primária também dá o modo de ser, significando que Deus dá a natureza ou a forma das coisas naturais criadas.

Por fim, Aquino argumenta que Deus não age nem como causa unívoca nem como causa equívoca. Deus causa de maneira analógica.[133] Ele não poderia causar univocamente, porque nada pode ser predicado de Deus de maneira unívoca. E Deus também não pode causar equivocamente, porque seus efeitos se assemelham a ele de alguma forma, embora de maneira imperfeita, como mencionei de forma breve anteriormente.[134] O efeito de uma causa eficiente analógica fica aquém da perfeição da causa: ele recebe uma semelhança diminuída e remota de sua causa e, portanto, dizemos que as analogias são usadas para designar a conexão inteligível entre esse tipo de causa e seus efeitos.[135] No domínio da causalidade, entretanto, apenas Deus é considerado um agente analógico.[136]

AÇÃO DE DEUS EM CADA AÇÃO NATURAL

A segunda maneira pela qual Tomás de Aquino considera que Deus é ativo na natureza é por meio de causas secundárias. Ao pensar sobre a ação divina na natureza além do ato da criação, Aquino primeiro rejeita os pontos de vista daqueles que dizem que a natureza não tem nenhum poder e operação própria e que, portanto, é somente Deus quem age em todas as operações naturais aparentes. Ele considera que essa posição é baseada em um entendimento incorreto da diferença entre causalidade primária e secundária, argumentando que vai contra os sentidos, a razão natural e a bondade de Deus, como expliquei no primeiro capítulo.[137]

---

[133] Veja Wippel, *The metaphysical thought*, p. 117.

[134] Veja tb. *In I sent.*, d. 8, q. 1, a. 2, co. E tb. Te Velde, *Aquinas on God*, p. 114: "A criatura é igual a Deus, mas de maneira diferente. Enquanto Deus é seu ser, a criatura só participa do ser e, portanto, tem o ser de uma maneira particular consoante uma natureza específica. Veja tb. Te Velde, *Participation and substantiality*, p. 96.

[135] Te Velde, *Aquinas on God*, p. 110.

[136] Stoeger, *Conceiving Divine action*, p. 230, argumenta que:

> é precisamente por essa razão que o modelo causal primário-secundário foi desenvolvido — para enfatizar que, quando falamos de Deus como uma causa, é de uma forma diferente de qualquer outra causa ou ato, transcendendo o que podemos apresentar ou articular.

[137] *De pot.*, q. 3, a. 7, co. Um argumento semelhante pode ser encontrado em Te Velde, *Participation and substantiality*, p. 162.

Tomás de Aquino oferece mais razões na *S. th.*,[138] afirmando que a opinião de que não há poderes criados, mas que é Deus quem age em toda operação natural aparente é impossível por duas razões: primeiro, isso privaria a criação de sua ordem em causas e efeitos, o que, no fim das contas, iria contra o próprio poder de Deus. Ele não conseguiria criar algo que agisse com o próprio poder, mas precisaria criar algo que não agisse de forma alguma. Uma vez que Aquino aceita que a partir das coisas naturais a razão humana pode chegar à existência de Deus e a seus atributos e que essas coisas naturais não teriam nenhum poder, no fim das contas, não seria possível admitir que Deus tenha poder algum. Na verdade, a perfeição dos efeitos indica a perfeição de sua causa. Ora, ele reconhece que Deus é a causa eficiente mais perfeita. Portanto, as coisas que Deus cria recebem uma semelhança de sua perfeição. Consequentemente, diminuir a perfeição da criatura é diminuir a perfeição do poder divino. Assim, se nenhuma criatura exerce uma ação para a produção de um efeito, há uma diminuição da perfeição da criatura; porque é pela abundância de sua perfeição que uma coisa consegue comunicar a outra a perfeição que tem. Assim, afirmar que as coisas naturais não operam e que é somente Deus quem o faz acaba diminuindo o poder divino.[139]

Em segundo lugar, se as criaturas não tivessem nenhum poder, sua existência não teria sentido, pois as criaturas são aperfeiçoadas pela ação. Considerando que não estariam agindo, não seriam aperfeiçoadas. Além disso, se os efeitos forem produzidos não pelo ato de criaturas, mas apenas pelo ato de Deus, o poder de uma causa criada não poderia ser indicado por seu efeito, já que o efeito não é indicação do poder da causa, exceto em razão da ação que procede do poder e termina no efeito. Ora, a natureza de uma causa não se conhece pelo seu efeito, a não ser à medida que esta é uma indicação de sua potência resultante de sua natureza. Por consequência, se as criaturas não exercem nenhuma ação na produção de efeitos, segue-se que a natureza de uma criatura nunca pode ser conhecida a partir de seu efeito: não apenas as criaturas seriam sem sentido, mas também todo o conhecimento da ciência física seria

---

[138] *S. th.* I, q. 105, a. 5.
[139] *SCG* III, c. 69.

impossível.[140] Portanto, causas criadas devem ter um princípio de operação para efeitos criados de modo que fossem os executores da ordem causal criada.[141]

Após rejeitar essa posição, Tomás de Aquino explica a própria compreensão da operação de Deus na natureza. Ele argumenta que ser a causa da ação de outra coisa pode ser entendido de quatro maneiras diferentes, nas quais mostra de modo progressivo como a causalidade de Deus penetra mais intimamente na causalidade das coisas naturais criadas.[142] Primeiro, pode-se entender que alguma coisa dá a outra o poder de agir: toda operação consequente a certo poder é atribuída ao doador desse poder como um efeito de sua causa.[143] Uma vez que todo poder de qualquer causa eficiente vem de Deus, então se diz que ele causa todas as ações das coisas criadas, porque dá às coisas naturais os poderes pelos quais elas conseguem agir, a partir do primeiro princípio de toda perfeição.

Em segundo lugar, pode-se dizer que Deus é a causa de uma ação ao sustentar o poder natural criado em seu ser (*esse*). Toda ação que não pode continuar depois que a influência de certa causa eficiente cessou, pertence propriamente a essa causa eficiente,[144] uma vez que se pode dizer que o preservador de um poder causa a ação — como um remédio que preserva a visão é o que faz um homem ver. Deus não apenas deu existência (*esse*) às coisas quando elas começaram a existir, mas também causa existência (*esse*) nelas enquanto atualmente são, preservando-as na existência, como mostrei acima. Assim, Deus está sempre preservando esses poderes nas coisas e, portanto, fazendo com que existam, em simultâneo com sua existência (*esse*). Consequentemente, se a causalidade divina cessasse, todas as operações terminariam. Portanto, toda operação de uma coisa é reduzida a Deus como sua causa também nesse segundo sentido. Chamei essas duas maneiras, dar o poder de agir e preservar esse poder, de "momentos

---

[140] *SCG* III, c. 69. Assumindo aqui uma posição realista perante a ciência, a posição geral adotada no debate que estamos estudando.

[141] Tanner, *God and creation*, p. 92.

[142] Essas formas também são explicadas em Te Velde, *Participation and substantiality*, p. 165-6. Fabro, em seu *Participation et causalité*, p. 399, afirma que o desenvolvimento dessas quatro maneiras pelas quais Deus trabalha no mundo natural "mostra progressivamente a imanência da causalidade divina na causalidade criada até a totalidade da interioridade da ação da criatura."

[143] *SCG* III, c. 67.

[144] Ibidem.

fundacionais" de Deus agindo em e por meio de causas eficientes naturais. As próximas duas formas serão os "momentos dinâmicos" de Deus agindo em e mediante causas eficientes naturais.

A terceira e quarta maneiras dependem da compreensão de Tomás de Aquino sobre as causas instrumentais. Diz-se que uma coisa causa a ação de outra movendo-a para atuar, como quando alguém aplica o poder causal de um instrumento à ação; por exemplo, quando uma pessoa usa o poder de corte de uma faca aplicando seu fio para cortar um pão, ou uma serra a um pedaço de madeira. Para Aquino, um instrumento, ao agir como tal, tem dois efeitos diferentes: um que lhe pertence segundo a própria natureza e outro que lhe pertence na medida em que é movido pela causa eficiente primária e que transcende a própria natureza. Cada efeito se refere a um dos dois momentos dinâmicos de Deus agindo em e por meio de causas criadas. Por um lado, a primeira dessas duas formas de causar refere-se à primeira ação de uma causa instrumental. Cada causa eficiente criada realiza sua operação consoante a própria natureza e poderes, movida por Deus para agir e alcançar seu devido efeito; em meu exemplo, o corte da fatia de pão ou da madeira. Por outro lado, a segunda forma de provocar a ação do instrumento refere-se a provocar um efeito que vai além do poder de qualquer causa criada; em meu exemplo, cortar o pão em forma de estrela, para alegria de crianças (um efeito que a faca não pode realizar pelo próprio poder). O efeito que transcende o poder do ser natural ao ser aplicado por Deus, mas que pode ser alcançado pela participação no poder de Deus, é o ser instanciado.[145]

Segundo Tomás de Aquino, diante de toda coisa natural, descobrimos se tratar de um ser e tudo o que age de determinada maneira causa o ser.[146] Ser, no entanto, é o primeiro efeito mais comum e o mais íntimo de todos os efeitos, e, por causa disso, pertence somente a Deus e somente ele pode produzir por seu poder.[147] Portanto, em toda ação das coisas naturais, uma vez que elas de alguma forma causam o ser, Deus é a causa dessa ação, à

---

[145] Veja John Wippel, *Metaphysical themes in Thomas Aquinas II* (Washington: CUA Press, 2007), cap. 7, e meu "Revisiting Aquinas on providence and rising to the challenge of Divine action in nature", *The Journal of Religion* 94:3 (2014): 277-91.

[146] *SCG* III, c. 67.

[147] Veja tb. *SCG* III, c. 66.

medida que toda causa natural eficiente é um instrumento do poder de Deus que causa o ser.[148] Ora, isso só pode acontecer pela imanência do poder universal de Deus, a causa primária. Portanto, se a causa eficiente natural em si for considerada, ela é imediata a seu efeito. A causa de uma ação, porém, é a coisa por cujo poder ela é realizada, mais ainda do que aquilo que a executa, assim como a causa eficiente principal, em comparação com o instrumento, é mais causa do que o instrumento. Assim, se considerarmos o poder pelo qual a ação é realizada, então o poder da causa superior é mais imediato ao efeito do que o poder da causa inferior, uma vez que este não é associado a seu efeito, exceto pelo poder da causa superior. Portanto, Deus é mais a causa de toda ação do que as causas ativas secundárias. Assim, no efeito das causas naturais, dizemos que o ser é o resultado da ação de Deus, na medida em que, quando toda causa secundária causa o ser (isto é, especifica o modo de ser), ela o faz agindo pelo poder da primeira causa criadora: isso porque o ser é o primeiro efeito e não pressupõe nada mais.[149]

Tomás de Aquino oferece uma conclusão semelhante na *S. th.*,[150] embora com uma perspectiva diferente na argumentação. Ele traz sua noção das quatro causas naturais explicadas no capítulo anterior, argumentando que, das quatro, a matéria é a única que não é princípio de ação, mas apenas de passividade ou de receber uma ação. Portanto, Deus não pode agir por meio desse tipo de causalidade. As outras três, porém, são princípios de ação e com certa ordem: a causa final faz a causa eficiente se mover e produzir a forma. Dessa forma, Deus age em cada ação natural a respeito dessas três fontes de ação. Ele age como fim de toda ação natural, como causa eficiente[151] e causa formal, embora não como causa formal inerente, mas como causa formal exemplar.[152]

Primeiro, Aquino argumenta que Deus causa como a causa final de toda ação de agentes naturais, no seguinte sentido. Seguindo o que disse

---

[148] Veja tb. *SCG* III, c. 67.

[149] *De pot.*, q. 3, a. 7, *ad* 19.

[150] *S. th.* I, q. 105, a. 5.

[151] *SCG* III, c. 68: "[Deus] está em tudo por meio da causa eficiente."

[152] Ao atribuir um tipo de causalidade a Deus, Tomás de Aquino em geral afirma que Deus é *causa formal exemplar*. A causa formal pode se referir às coisas de duas maneiras: primeiro, como a causa formal intrínseca (e foi isso que analisamos no capítulo anterior). Segundo, uma causa formal pode ser referida como extrínseca à coisa, como aquela segundo a qual as coisas são feitas e, portanto, também é chamada de causa formal. Veja *In V met.*, l. 2.

no capítulo anterior, toda operação natural de uma causa eficiente natural vai em direção a um fim, que ele identifica com o bem (real ou aparente) para aquela coisa natural. Ora, nada pode ser chamado de bem senão por sua semelhança com a suprema bondade, que é Deus. Essa semelhança é causada pelo bem supremo e, portanto, Deus causa na qualidade de fim das ações de todo agente natural. Em segundo lugar, Deus causa como uma causa eficiente da seguinte maneira: como em uma sequência de muitas causas eficientes, a segunda causa eficiente depende da ação da primeira, as causas eficientes naturais dependem, portanto, da ação de Deus para serem levadas a agir. Portanto, ele é a causa de toda ação de causas eficientes naturais, fazendo com que ajam da mesma maneira que um artesão aplica seu machado para cortar a madeira. Por fim, Deus também dá às coisas suas formas e as mantém em existência. E, uma vez que a forma de qualquer coisa é intrínseca a ela e Deus é propriamente íntimo das coisas, dado que ele é o doador do ser e da existência, então Deus age intimamente em todas as coisas, dando-lhes suas formas e sustentando-as em existência.

Por consequência, Deus está trabalhando em cada operação de cada coisa natural criada, uma vez que tudo precisa de seu poder para agir. Portanto, ele é a causa da ação de tudo na medida em que dá a tudo o poder de agir, e preserva esse poder no ser (os momentos fundacionais), aplicando-o à ação, e na medida em que, por seu poder, todos os outros poderes agem (os momentos dinâmicos).

No entanto, isso deve ser entendido no sentido de que os poderes ativo e passivo das coisas naturais são suficientes para operar em sua ordem, mas requerem o poder divino para realizar essa ação.[153] Deus e as causas eficientes naturais agem em dois níveis diferentes.[154] O mesmo efeito é atribuído a uma causa natural e a Deus, não como se uma parte do efeito fosse realizada por Deus e outra parte pela causa natural eficiente: todo o efeito procede de cada um, mas de maneiras diferentes, assim como o todo de um mesmo efeito é atribuído ao instrumento e de novo o todo é atribuído à causa eficiente principal. É a esse respeito, na atuação conjunta das duas

[153] *De pot.*, q. 3, a. 7, *ad* 1.

[154] *S. th.* I, q. 105, a. 5, *ad* 2: "Uma ação não procede de dois agentes de mesma ordem, mas nada impede que uma e a mesma ação provenha de uma causa eficiente primária e secundária."

ordens de causas primárias e secundárias, que os poderes da natureza não são suficientes para produzir os próprios efeitos. Aquilo que é feito por Deus nas coisas naturais, que as faz operar, é mera capacidade ou inclinação para agir e, como tal, é uma espécie de ser incompleto.[155]

Portanto, é necessário que elas recebam esse poder da causa primeira, que é Deus, para causar em atualidade,[156] da mesma forma que um machado, embora tenha a forma para fazê-lo, não poderia cortar um pedaço de madeira a menos que seja movido pelo artesão. Este dá ao machado o poder com que realmente corta a madeira segundo sua forma. De maneira semelhante, Deus dá às coisas naturais o poder de realizar suas operações consoante às próprias formas. Essas ideias parecem implicar que não é necessário admitir que a natureza funciona, porque, se uma causa suficiente está agindo, então não há mais necessidade de outra causa e Deus age como uma causa suficiente. No entanto, Tomás de Aquino argumenta que Deus age com perfeição como causa primeira, mas que a operação das coisas naturais como causas secundárias é, em certo sentido, também necessária, porque, embora Deus possa conduzir o efeito natural sem a causa natural eficiente, ele deseja agir por meio da natureza a fim de preservar a ordem das coisas.[157] Não é que Deus não tenha o poder suficiente para causar o que causa por causas naturais.[158] Se ele quisesse fazê-lo, poderia, como mostrarei na próxima seção. Deus, porém, age por causas naturais pela imensidão de sua bondade, pela qual decide comunicar sua semelhança às coisas, não só em sua existência, mas também em serem causas de outras coisas.[159]

Reconhecendo que essa é uma questão difícil,[160] Tomás de Aquino se encontra em uma posição entre dois extremos:[161] primeiro, ele deseja

---

[155] Veja Te Velde, *Participation and substantiality*, p. 173-5. Tanner, *God and creation*, p. 93: "Em certo sentido, a causa criada não é uma causa suficiente: cada aspecto de sua eficácia depende da agência criativa de Deus para isso. Mas nada proíbe que uma causa criada seja genuinamente suficiente na ordem criada."

[156] *De pot.*, q. 3, a. 7, *ad* 7.

[157] *De pot.*, q. 3, a. 7, *ad* 16.

[158] Veja Fabro, *Participation et causalité*, p. 490.

[159] Veja Te Velde, *Participation and substantiality*, p. 175: "Deus não quer produzir os efeitos da natureza sem a natureza, mas fazer com que a natureza opere e produza o próprio efeito, mediando a potência natural de cada coisa com o ser desse efeito."

[160] *SCG* III, c. 70: "Parece difícil para alguns entender como os efeitos naturais são atribuídos a Deus e a uma causa natural."

[161] Veja objeções em *S. th.* I, q. 105, a. 5. As duas primeiras referem-se a uma perspectiva ocasionalista, enquanto a terceira aponta para uma perspectiva deísta. Veja tb. *SCG* III, c. 70; Te Velde, *Participation and substantiality*, p. 161-2, que expressam a mesma ideia.

rejeitar a visão que diz que Deus realiza tudo na natureza, deixando as causas naturais eficientes sem poderes. Em segundo lugar, ele também deseja negar aquela posição que considera que Deus não está totalmente envolvido no funcionamento real do universo. Nesse esforço, Aquino recorre a todo o arsenal metafísico: desde sua doutrina do ser, passando por suas noções de ato e potência, até sua doutrina da causação eficiente instrumental. Ao fazer isso, apresenta uma descrição metafísica bastante plausível, embora complexa, da atividade de Deus na natureza — uma descrição na qual o efeito é produzido tanto pela causa primária quanto pela secundária, sendo devido principalmente à causa primária, a fonte da substância e da atividade da causa secundária. Essa descrição da atividade de Deus na natureza ajuda a explicar não apenas como Deus está envolvido de modo profundo no curso da natureza, mas também a entender a razão pela qual a natureza realmente funciona.[162]

MILAGRES

A última maneira que Deus age na natureza, segundo Tomás de Aquino, após a criação e após atuar em e por intermédio de causas secundárias, são os milagres, isto é, quando Deus age além ou fora das causas naturais criadas (*praeter causas naturales*). É importante abordar essa questão, apesar de sua dificuldade, porque ela lançará mais luz sobre o debate que estamos enfrentando, particularmente quando se trata da compreensão do próprio Aquino sobre a dependência íntima e última das criaturas em relação a Deus, não apenas para seu ser e funcionamento, mas também para as regularidades de suas ações. Essas regularidades, que a ciência natural (contemporânea e antiga) encontra na natureza, são possíveis dada a ação de Deus na natureza. Assim, considerando que Tomás de Aquino já havia defendido a infinitude do poder de Deus, nos termos abordados anteriormente neste

---

[162] Te Velde chama essa posição metafísica de "transcendência na imanência". Te Velde, *Participation and substantiality*, p. 164. Tanner, *God and creation*, p. 64:

> A transcendência de Deus também é sugerida por esse debate. As categorias metafísicas que, em sua primazia, são ontológicas e causais, se estendem ao longo da gama de tipos de causa e distinção na ordem da essência e são usadas ao falarmos de Deus para sugerir a maneira pela qual ele transcende de maneira não contrastante todas as distinções que existem na ordem criada.

capítulo, ele não encontra nenhum problema em aceitar que Deus pode fazer coisas na natureza que parecem contrárias à ordem que ele estabeleceu nela pela criação.[163]

Para mostrar que Deus pode realmente fazer coisas na natureza além da ordem natural, Aquino argumenta que, se alguém aceitar que 1) Deus é o autor do ser (*esse*) em todas as coisas naturais criadas; 2) Deus tem conhecimento e providência próprios com respeito a cada indivíduo; e 3) ele não age por necessidade natural (isto é, Deus é livre em suas ações); segue-se que ele pode agir independentemente do curso da natureza na produção de efeitos particulares. Da análise da criação e da ação divina na natureza que apresentei nas seções anteriores, pode-se aceitar essas três proposições. A primeira refere-se ao que argumentei na seção sobre a criação. Da seção sobre a atividade de Deus em e mediante toda ação natural, segue-se que a agência causal de Deus se estende à própria particularidade de cada indivíduo, uma vez que cada coisa individual e os respectivos poderes são criados, sustentados na existência e movidos para sua operação particular. Por fim, do que foi dito na seção sobre o ser e o poder de Deus, pode-se argumentar, como faz Tomás de Aquino, que Deus não age consoante necessidade, mas segundo seu livre arbítrio. Ele poderia, então, agir além das causas naturais seja quanto ao *ser*, produzindo nas coisas naturais uma nova forma que a natureza não consegue produzir, seja produzindo uma forma em uma matéria particular, como a visão em um cego; ou em relação à *operação*, restringindo a ação da natureza, de forma que esta não faça o que ela faria naturalmente.[164]

Para Tomás de Aquino, quando Deus faz algo além do curso ou ordem da natureza, ordem essa que se refere às relações que as criaturas têm entre si, ele não coloca de lado toda a ordem do universo, mas a ordem de alguma causa particular para seu efeito particular.[165] E faz isso somente se essa ação for em direção a um bem que esteja em ordem direta, para alcançar a salvação de alguns seres humanos em particular.[166] O teólogo medieval oferece alguns argumentos bastante lacônicos, embora impressionantes, para sustentar essa posição. Por exemplo, ele considera o contra-argumento

[163] *De pot.*, q. 6, a. 1, co., *in ppio.*
[164] *De pot.*, q. 6, a. 1, co., *in fine.*
[165] *De pot.*, q. 6, a. 1, *ad* 7 et 21.
[166] *De pot.*, q. 6, a. 1, *ad* 21.

de que Deus não pode produzir coisas fora da ordem natural, pois não pode fazer nada que não seja ordenado, e a natureza é a causa da ordem. Ele responde dizendo que a natureza é a causa da ordem nas coisas naturais, mas não é a causa da ordem de todas as coisas em sentido absoluto.[167] Diga-se de passagem, a causa da ordem de todas as coisas, falando de modo absoluto, é Deus. Portanto, não há nada que o impeça de poder fazer o que é impossível às causas eficientes naturais, desde que essas ações não sejam impossíveis em si mesmas.[168]

Ao tratar desse mesmo tópico na *S. th.*,[169] Tomás de Aquino faz uma pergunta ligeiramente diferente, que vai direto a esse ponto. Nesse caso, ele não aborda se Deus pode fazer algo além das causas naturais (*praeter causas naturales*), mas se pode agir além da ordem intrínseca às coisas naturais (*praeter ordinem rebus inditum*). Aquino afirma que qualquer tipo particular de ordem procede de um tipo particular de causa e, assim, haveria tantas ordens quanto tipos de causas podem ser encontradas, distinção pela qual ele se refere à diferença entre causas primárias e secundárias. Já que as causas secundárias dependem da causa primária, sua ordem depende da ordem que procede da causa primária. Assim, se considerarmos a ordem que procede dessa causa primária, então Deus não pode agir contra ela, porque estaria agindo contra a sua natureza.[170] Se, porém, considerarmos a ordem que procede das causas secundárias, então Deus poderia agir contra ela, porque essa ordem depende de Deus como causa. Em última análise, Deus não está sujeito a essa ordem natural secundária, mas, ao contrário, a ordem está sujeita a Deus, do qual procede a primeira ordem. Assim, se Deus quisesse estabelecer uma nova ordem, não haveria contradição alguma.[171] A ordem das causas secundárias, além das quais Deus poderia fazer algo, existe de uma causa para seu efeito particular.[172]

Tomás de Aquino argumenta ainda que Deus não cria ou faz tudo o que ele pode criar ou fazer. Assim, por seu poder, ele poderia fazer algumas

---

[167] *De pot.*, q. 6, a. 1, *ad* 10.
[168] De pot., q. 6, a. 1, *ad* 11.
[169] *S. th.* I, q. 105, a. 6.
[170] Tb. em *De pot.*, q. 6, a. 1, *ad* 3.
[171] *S. th.* I, q. 105, a. 6, co.: "Portanto, Deus pode fazer algo fora dessa ordem criada por ele, quando escolhe, por exemplo, produzir os efeitos de causas secundárias sem elas ou produzir certos efeitos aos quais as causas secundárias não se estendem."
[172] *De pot.*, q. 6, a. 1, *ad* 3.

coisas que ainda não foram feitas naquilo que já fez.[173] Por fim, Aquino conclui, nada parece proibir a existência de uma potência passiva que poderia ser atualizada por diferentes causas eficientes, isto é, uma causa natural ou a causa divina, ou mesmo a existência de uma potência passiva criada que só pode ser atualizada pelo poder de Deus. Esse tipo de potência é o que ele chamou anteriormente de potência *obediente*, pela qual toda criatura obedeceria a seu criador.[174] Assim, embora haja uma ordem de uma causa natural para seu efeito natural, há também uma ordem anterior pela qual a criatura depende de seu criador.

Portanto, uma vez que Deus pode realizar tudo e que há uma potência particular para o ato nas criaturas, Deus pode fazer com que essa potência seja atualizada sem quaisquer meios naturais criados. Se isso é verdade, a noção de interferência divina na natureza precisaria ser repensada. Essa intervenção ou interferência não poderia mais ser concebida como violação de leis inquebráveis da natureza, mesmo que seja como pensavam alguns dos primeiros pensadores modernos ou como suspensão de uma ordem que não pode ser suspensa. A chamada intervenção de Deus na natureza é, nessa perspectiva, algo inteligível por completo e, argumentaria Aquino, quase necessária. É inteligível, porque é a ordem da natureza que depende de Deus e não este que depende da ordem criada. E é quase necessária porque, falando escatologicamente, o objetivo dessas intervenções milagrosas é a salvação humana, que, para Tomás de Aquino, não pode ser alcançada apenas por meios humanos.

Após ter mostrado que Deus pode fazer coisas além, e, em certo sentido, fora da ordem natural das causas, Aquino avalia a definição de milagre para ver como Deus pode realizá-los. O primeiro passo é elucidar o significado do termo *miracula*.[175] Etimologicamente, *miracula* vem do verbo *miror*, que significa estar surpreso, maravilhado ou admirar.[176] Ora, admiração, espanto e surpresa em geral acontecem por dois motivos diferentes: primeiro, porque a causa do que é admirado está oculta; e segundo,

---

173 *De pot.*, q. 6, a. 1, *ad* 12.
174 *De pot.*, q. 6, a. 1, *ad* 18.
175 *De pot.*, q. 6, a. 2. Uma versão bastante similar, porém mais curta, desse argumento pode ser vista em *S. th.* I, q. 105, a. 7.
176 Cf. *Oxford Latin dictionary*, s.v. "miror".

porque naquilo que se admira, algo parece contrário ao que deveria ser. Essa segunda possibilidade ocorre, de novo, por dois motivos diferentes: primeiro, por si mesma; e segundo, em razão de nosso conhecimento desse evento. Essa possibilidade final é uma deficiência epistemológica em nosso conhecimento e poderia ser resolvida por uma exploração mais aprofundada das causas do evento.[177] Agora, na primeira razão, por si mesma, algo será admirado se a causa é desconhecida *simpliciter*, isto é, a causa desse evento não pode ser conhecida por nenhuma investigação ou exploração adicional no domínio natural das causas, porque no próprio evento podemos encontrar uma disposição contrária ao efeito real. Assim, não é por uma deficiência epistemológica que não podemos conhecer a causa oculta, mas por um ocultamento ontológico das causas. A mais oculta e secreta de todas as causas para nossos sentidos é Deus, que age de forma imanente em todas as coisas naturais criadas, como abordei na seção anterior. Assim, aquelas coisas realizadas somente pelo poder de Deus devem ser chamadas de milagres, porque nos surpreendem e devem ser admiradas.

Por fim, Tomás de Aquino oferece uma divisão tríplice de tipos de milagres: 1) aqueles milagres realizados acima da natureza (*supra naturam*); 2) aqueles realizados contra a natureza (*contra naturam*); e 3) aqueles realizados além ou fora da natureza (*praeter naturam*). Primeiro, um milagre está *acima* da natureza quando Deus produz um efeito que a natureza não consegue produzir de forma alguma. Essa situação pode acontecer de duas maneiras: primeiro, quando o que Deus faz não pode ser feito pela natureza de forma alguma (por exemplo, a salvação ou a encarnação); segundo, quando o que Deus faz pode ser feito pela natureza em uma coisa particular, mas não na coisa em que Deus faz (como a forma de vida em um corpo morto). Além disso, um milagre é *contrário* à natureza quando esta retém uma disposição contrária ao efeito produzido por Deus (como quando o fogo não queima). Por fim, um milagre está *além* ou *fora* da natureza

[177] *De pot.*, q. 6, a. 2, co.:

> quando a causa daquilo que nos surpreende está oculta, não simplesmente [oculta], mas para este ou aquele indivíduo, e quando a coisa que nos maravilha tem, na realidade, nenhuma disposição incompatível com o efeito maravilhoso, mas apenas na opinião da pessoa que se maravilha.

quando Deus produz um efeito que a natureza pode produzir, mas de uma maneira que a natureza é incapaz. Isso pode se dever à falta de instrumentos que a natureza deveria empregar ou porque o efeito é produzido por Deus mais copiosamente do que quando produzido pela natureza (como se Deus fosse alimentar 5.000 pessoas com dois peixes e cinco pães).[178]

UMA BREVE CONCLUSÃO SOBRE DEUS COMO CAUSA

Seria útil ler as conclusões de Tomás de Aquino sobre seus ensinamentos na obra *SCG*:

> O doador de alguma parte principal de uma coisa dá à coisa todos os itens que resultam dessa parte [...] Mas a habilidade de fazer uma coisa em ato resulta do ser realmente existente, conforme é evidente no caso de Deus, pois é ato puro e também é a primeira causa do ser para todas as coisas, como mostramos acima. Portanto, se ele comunicou sua semelhança, no que diz respeito ao ser atual, a outras coisas em virtude do fato de que ele trouxe as coisas à existência, segue-se que ele comunicou a elas sua semelhança, no que diz respeito ao agir, de modo que as coisas criadas também podem ter suas ações.[179]

Daquele cuja natureza é existir, ou seja, Deus, tudo na natureza procede. Não apenas a existência das coisas e seus modos ou tipos de seres, mas também seus poderes e suas maneiras de operar com esses poderes, simplesmente porque, se o princípio de ação — a natureza — é dado, então tudo o que vem desse princípio também é dado. Com sua descrição da criação, Tomás de Aquino oferece uma explanação completa de como e por que as coisas são e por que funcionam como funcionam. Seguindo essa descrição, no entanto, Aquino também conclui que o poder de Deus é o poder de todo ser, pois as coisas criadas encontram sua fonte no ser de Deus. Da mesma forma que se pode dizer que, embora toda coisa criada participe do ser de Deus, cada coisa tem, por assim dizer, o próprio ser, os poderes de cada coisa criada pertencem a essa coisa criada, porque participa do poder de Deus.

---

178 *De pot.*, q. 6, a. 2, *ad* 3.
179 *SCG* III, c. 69.

Dado que esse poder divino é um poder infinito e não depende de nenhuma ordem, não há razão para pensar que Deus não possa agir dentro e fora do domínio das coisas naturais, produzindo qualquer tipo de efeito conforme sua sabedoria e bondade, a fim de obter a salvação humana.

Assim, penso que, guiado pela análise metafísica de Tomás de Aquino sobre a natureza e o poder de Deus, é possível pensar em Deus como um criador livre e um doador contínuo de ser e poder. A ação divina criativa não muda Deus; ele ainda é Deus, com ou sem criação. Portanto, ele é completamente diferente da criação e esta é totalmente dependente de Deus, sendo ele profundamente imanente à criação — mais próximo e presente de forma íntima na criação do que a criação a si mesma. Isto é, Deus tem um caráter transcendente-imanente em relação à criação: ele é radicalmente diferente da criação e está profundamente presente e ativo nela.[180] Não há contradição entre o envolvimento imanente de Deus no mundo e sua unidade transcendente. A influência dele se estende a todas as coisas e está mais intimamente presente em cada coisa, pois a causa está no efeito e vice-versa, na medida em que a causa age sobre o efeito e o efeito recebe a ação da causa.[181]

Além disso, Deus pode ser pensado como continuamente ativo no universo de duas maneiras diferentes: primeiro e de modo mais proeminente, agindo em cada ação de cada agente natural. Deus age por meio de causas secundárias, mas sua ação é sempre, em certo sentido, imediata no sentido de que ele não age por meio de qualquer disposição ou relacionamento adicionado à sua natureza, pois a primeira causa age por meio de seu ser sem nenhuma disposição pela qual uma causa eficiente é adaptada ou proporcionada a um paciente.[182] Portanto, não há necessidade de uma conexão ou um vínculo existente entre a criatura e Deus. A causa primeira não interfere na causalidade de uma causa secundária, mas é a própria fonte dessa causalidade.[183] Seguindo essa ideia, e embora a atividade de Deus esteja presente em todas as coisas, ela não é meramente genérica.

---

[180] Stoeger, "Conceiving Divine action", p. 233.
[181] Dodds, "The doctrine of causality", p. 13-4: "Talvez a coisa mais fundamental que devemos aprender da discussão de Tomás de Aquino seja o ensino sobre a transcendência divina."
[182] Dodds, "The doctrine of causality", p. 13.
[183] Ibidem, p. 15.

Em vez disso, é fundamentalmente uma atividade particular por meio de cada causa secundária atuante.

Em segundo lugar, mas não menos importante, Deus também poderia agir além da ordem da natureza, produzindo efeitos naturais ou não naturais, na ordem da natureza ou fora dela. Somado a essa concepção de Deus e seu poder, pode-se também argumentar que os seres naturais são autônomos em suas obras e operações, uma vez que são seres atuais [em ato], dos quais procede ação/atuação. E, como são algum tipo específico de ato, atuarão de uma maneira particular. Para atuarem de suas respectivas maneiras, no entanto, esses seres naturais requerem a participação do poder de Deus para realizar essas atividades.

Após ter utilizado páginas suficientes para expor as visões de Aquino sobre causalidade e ações de Deus, agora é hora de colocá-lo em diálogo com o debate contemporâneo sobre a ação providencial de Deus no universo criado. Assim, no capítulo seguinte utilizarei todo o material metafísico reunido nos dois últimos capítulos para encontrar soluções para as dificuldades apresentadas anteriormente no segundo capítulo, a saber, a identificação da causalidade com o determinismo, a rejeição da atuação de Deus na natureza para defender a autonomia desta, e, principalmente, a conclusão de que Deus é obrigado a agir como uma causa natural. Ao fazê-lo, mostrarei como o modelo de Tomás de Aquino da ação divina providencial se aplica a todos os quatro desideratos que apresentei no primeiro capítulo, a saber, a onipotência de Deus, o envolvimento de Deus nos assuntos do mundo, a autonomia da natureza e o sucesso da razão humana em conhecer o funcionamento da natureza.

CAPÍTULO 5

Tomás de Aquino nos dias atuais

Desde o momento em que apresentei, no capítulo 1, o problema da ação divina providencial na natureza, nosso caminho passou por diferentes estágios na argumentação: desde a busca por critérios de avaliação em uma breve história metafísica dos debates sobre ação divina providencial até a apresentação dos problemas que encontrei no debate contemporâneo, terminando em uma apresentação da metafísica da causalidade natural e da providência divina de Tomás de Aquino. Agora, é hora de aplicar esses princípios metafísicos sobre causalidade e ação providencial de Deus ao debate contemporâneo. Farei isso em duas etapas básicas: primeiro, oferecerei soluções para as questões levantadas no capítulo 2. Assim, abordarei a noção de causalidade e determinismo, mostrando como a filosofia de Tomás de Aquino sobre causas naturais e o indeterminismo está aberta para uma interpretação em sintonia com a de Copenhague, a respeito da mecânica quântica, segundo a qual há um indeterminismo radical no nível quântico da realidade. Após isso, focarei na noção de Deus e no principal problema que surgiu no debate: Deus sendo tratado como uma causa natural. Por fim, argumentarei que, a partir da descrição tomista sobre a causalidade de Deus para cada evento na natureza, pode-se dizer que Deus pessoalmente causa as maneiras particulares e individuais pelas quais as criaturas atuam.

Como expliquei no capítulo 2, existem algumas pressuposições filosóficas não qualificadas e não examinadas no debate contemporâneo sobre ação divina providencial na natureza. De forma geral, essas pressuposições são: 1) que a causalidade deve ser entendida de forma determinista; 2) que, se Deus agir no universo quando e onde quiser, a autonomia da natureza estará ameaçada. A partir dessas duas, argumentei que a conclusão implícita era 3) que o debate acabou por entender Deus agindo como outra causa natural nas lacunas causais ontológicas da natureza (como Tracy afirma). Na primeira seção deste capítulo, abordarei a primeira pressuposição e as outras duas na segunda seção.

UMA NATUREZA INDETERMINÍSTICA

Argumentei no segundo capítulo que a causalidade é hoje entendida de uma perspectiva determinista, pelo menos no debate da ação divina providencial, sendo a principal razão para isso a hipótese de o universo ser um sistema totalmente fechado, no qual não haveria lugar para Deus agir. Assim, os teólogos tentam encontrar uma abertura na cadeia causal do universo para permitir a ação providencial divina. Um universo fechado é um sistema causalmente fechado no qual apenas um resultado é concordante com os estados anteriores, conforme as leis da mecânica clássica. A mecânica quântica, no entanto, fornece, para os proponentes da abordagem NIODA, a abertura necessária para as ações de Deus. Essa visão determinista da física clássica é uma interpretação filosófica dela e não é de forma alguma necessária. Historicamente, no início do século 20, graças aos avanços da mecânica quântica, essa posição foi repensada e cientistas e filósofos propuseram uma descrição diferente do que acontecia na natureza. Assim, a natureza foi considerada indeterminista, especialmente nos círculos da interpretação de Copenhague da mecânica quântica e particularmente na visão do próprio Werner Heisenberg.

A interpretação de Copenhague da mecânica quântica afirma o colapso aleatório da função de onda para certo *eigenstate* [autoestado], descrito em termos probabilísticos com a equação de Schrödinger. Heisenberg fez uso dos termos aristotélicos de ato e potência para afirmar que o sistema quântico estava em potência antes da medição, tornando-se atual [real] quando ocorre o colapso.[1] Além disso, rejeitou o que chamou de ontologia materialista da física clássica, que envolvia uma visão determinística do universo.[2]

---

1 Werner Heisenberg, *Physics and philosophy* (New York: Prometheus Books, 1958), p. 54, 180-1.

2 Ibidem, p. 129. Remeto o leitor ao capítulo 1 para uma descrição do pensamento de Heisenberg sobre esses termos. Veja meu "Werner Heisenberg and Thomas Aquinas on natural indeterminism", *New Blackfriars* 94 (2013): 635-53.

Aqui, não cabe oferecer uma defesa da explicação de Heisenberg sobre a interpretação de Copenhague. Em vez disso, oferecerei uma maneira de entender essas considerações à luz da filosofia de Tomás de Aquino delineada nos capítulos anteriores. Primeiro, revisarei como a descrição tomista de causalidade não envolve um universo determinístico. Em segundo lugar, oferecerei uma interpretação tomista da explicação de Heisenberg da mecânica quântica para mostrar que essa posição pode ser interpretada como uma explicação indeterminista da causalidade na estrutura da causalidade aristotélica.

Tomás de Aquino não precisou lidar com o problema da ciência empírica e do determinismo, uma vez que não havia ciência empírica como a conhecemos hoje (que, segundo se argumenta, começou no século 17).[3] Havia, entretanto, argumentos filosóficos tendendo a um determinismo causal rígido e forte no universo, com os quais Aquino lidou.[4] No fim das contas, como argumentei, o determinismo é uma posição filosófica que, nos tempos modernos, tinha relação com a prática científica. Plantinga explica isso claramente ao sugerir que a ciência clássica não pressupõe determinismo nem que o universo é causalmente fechado.[5] Ele caracteriza essa ideia como um acréscimo à ciência clássica; o determinismo ou o fechamento causal do universo não pode ser verificado experimentalmente pela ciência.[6] Cientistas da estatura de Claude Bernard, Edmond Goblot e Henri Poincaré, trabalhando na virada do século 20, certamente concordariam, como mostrei no primeiro capítulo.

Mostrei no capítulo 3 que Tomás de Aquino entende a natureza como princípio de ação de algo e que esse princípio tende a determinado efeito. Assim, ele aceita que "as coisas naturais tendem para um efeito".[7] Conside-

---

[3] Veja Peter Harrison, *The territories of science and religion* (Chicago: The University of Chicago Press, 2015) [edição em português: *Os territórios da ciência e da religião*, trad. Djair Dias Filho (Viçosa: Ultimato, 2017)].

[4] Os megáricos, no início do século 4 a.C., sustentavam que toda potência natural era eventualmente reduzida a ato. Assim, qualquer coisa que é possível torna-se necessária, perdendo seu caráter potencial (Aristóteles, *Metafísica*, IX, 3, 1046b 29-33); ou causas eficientes naturais, embora contingentes em ser (por causa da dependência radical do universo em relação ao criador), agem com necessidade, como sustentou Avicena.

[5] Alvin Plantinga, "What is 'intervention'?", *Theology and Science* 6:4 (2008): 369-401, 380. Jeffrey Koperski também faz uso dessa ideia para seu modelo de ação divina. Veja seu *Divine action, determinism, and the laws of nature* (Abingdon: Routledge, 2020).

[6] Ibidem, p. 375.

[7] *SCG* III, c. 85. Veja *S. th.* I, q. 42, a. 2; I-II, q. 1, a. 5; *De ver.*, q. 25, a. 1.

rando essa afirmação por si só, parece que ele defendia um determinismo causal rígido e sólido. No entanto, Aquino sustenta explicitamente que: 1) é falso considerar que "dada a causa, mesmo que seja por si suficiente, o efeito ocorrerá necessariamente"; 2) "não é verdade que tudo o que ocorre tem uma causa"; e 3) "há coisas que ocorrem *per accidens* e o que é *per accidens* não tem causa, porque não é propriamente um ser".[8] Assim, Tomás de Aquino rejeita um rígido determinismo causal natural e aceita — como fato da experiência e como explicação racional — que há eventos que ocorrem sem uma causa determinada, sendo considerados eventos acidentais.

Em vez de um determinismo causal rígido, Tomás de Aquino defendia um determinismo um tanto moderado ao introduzir as noções de eventos que podem ocorrer *ut in paucioribus* (isto é, quase nunca) em comparação com aqueles que ocorrem *ut in pluribus* (isto é, quase sempre). Ele constata que, entre as causas naturais, a maioria delas agem consoante às suas naturezas, ou seja, a maioria dos efeitos esperados realmente acontece. Ao mesmo tempo, porém, ele também descobre que existe a possibilidade de isso não acontecer por motivos diversos. Ele considera, dada a constituição hilemórfica das coisas naturais, que o efeito pretendido pela causa eficiente pode não ser alcançado. Como mostrei no terceiro capítulo, há três razões para a possibilidade desses tipos de eventos: 1) um concurso de duas ou mais causas, 2) a fraqueza da causa eficiente e 3) a indisposição do paciente que recebe a ação da causa eficiente. Também expliquei que a raiz de todas essas razões deve ser encontrada na causa material, um coprincípio que constitui todo ser natural: "a razão para a possibilidade e contingência é a matéria que está em potência para qualquer um de dois opostos."[9] Portanto, a descrição dos eventos naturais de Tomás de Aquino se dá com base em um determinismo moderado, que inclui a possibilidade de causas não causarem os efeitos esperados. Esse determinismo moderado serve como explicação fundamental para alguns eventos que não têm uma causa *per se*.

Há, no entanto, outro lado dos argumentos de Tomás de Aquino que seria útil mencionar, para compreendermos plenamente a riqueza de sua concepção. Para ele, Deus é ato puro, enquanto a matéria, como

---

[8] *De malo*, q. 16, a. 7, *ad* 14.
[9] *In I peri her.*, l. 14.

coprincípio constitutivo dos seres naturais, é pura potência, pura capacidade de receber qualquer determinação formal. Assim, Aquino encontra uma hierarquia de seres entre esses dois polos de ato puro e potência pura, o que está implícito na própria doutrina da criação, conforme explicado acima. Nessa hierarquia, ato e potência se misturam em maior ou menor proporção, segundo a relação de cada ser com um dos polos. O caráter particular de cada criatura, conforme sua natureza específica, decorre da diferença em seu relacionamento com Deus, que é a fonte da hierarquia do ser criado. Assim, conceber o mundo como criação divina significa ver cada criatura segundo seu grau de perfeição.[10] Essa distinção gradual se dá pelo "grau de potência e ato".[11] Assim, a inteligência superior tem mais ato e menos potência e essa mistura de ato e potência diminui de modo gradativo. Quando Aquino chega ao mundo material, argumenta que existem diferentes formas que têm mais potência (*plus de potentia*)[12] e, portanto, estão mais próximas da matéria prima. Nesses seres, também encontramos essa ordem gradual de mistura de ato e potência, posicionando os seres ao longo do espectro entre ato puro e potência pura.[13]

Assim, nessa hierarquia dos seres, do ato puro à matéria prima, que é potência pura, todas as coisas criadas são compostas de ato e potência. Os mais próximos do ato puro teriam uma atualidade maior e os mais próximos da potência pura teriam a menor atualidade. À medida que descemos nos degraus do ser, a redução correspondente na atualidade se correlaciona com um aumento na potencialidade, até as formas dos elementos, que são os mais próximos da matéria prima, pura potência. A maior ou menor atualidade vem do *esse* participado, recebido pela essência. Essências mais próximas da matéria seriam as que têm menor atualidade, portanto, maior potencialidade. Quanto mais distante a substância estiver da realidade pura, maior será sua potencialidade. Como a ação segue o ser, as substâncias mais próximas da matéria prima têm maior possibilidade de ação ineficaz. É por isso que Tomás de Aquino diz que existem três esferas principais de ação na realidade: 1) o ser que é só ato, que opera sempre sem defeito;

---

[10] te Velde, *Aquinas on God*, p. 132.
[11] *De ente*, c. 3.
[12] *De ente*, c. 3. Tb. *SCG* III, c. 69; *De spirit. creat.*, pro., a. 1, *ad* 25; *Comp. theo.*, I, c. 74.
[13] *De ente*, c. 4.

2) aquilo que é apenas potência, matéria pura, que precisa de um ato para se atualizar; e 3) aquilo que é uma mistura de ato e potência, todo ser natural, que age perfeitamente na maior parte do tempo.[14] Portanto, com maior atualidade, há mais determinação no ser e, portanto, na ação; ao passo que, com menor atualidade, há uma maior indeterminação no ser e, portanto, na ação.

Então, todo ser natural tem uma indeterminação passiva, essencialmente uma imperfeição ou, mais precisamente, uma falta de perfeição em relação ao todo do ser. Segundo essa hierarquia do ser, as coisas naturais, por estarem mais distantes do ato puro, participam menos em ato: são menos determinadas. Assim, são mais potenciais e, com isso, sua indeterminação passiva aumenta. Sua causa material é a fonte última dessa indeterminação[15] e, por ser potencialidade, essa indeterminação passiva não pode ser medida. Como as formas são a fonte de diferentes gradações de ser, os seres também são graduados na determinação de suas ações consoantes às suas formas. As causas eficientes naturais determinarão seus efeitos à medida que são determinadas por suas formas.[16]

Considerando essa indeterminação passiva, todo efeito seria incerto. Todo evento futuro, como efeito, tem algo incerto, contingente e indeterminado por causa de seu coprincípio material. Negar isso seria esquecer a matéria como princípio potencial, do qual provém a indeterminação passiva. Essa indeterminação é a causa da incerteza do futuro. Assim, essa indeterminação passiva será cada vez maior na parte inferior da hierarquia do ser ou no nível dos elementos da matéria. É nesse nível que o que ocorre só pode ser revelado de maneira experiencial, pois a indeterminação passiva é a razão de uma imprevisibilidade fundamental dos

---

[14] *In I sent.*, d. 39, q. 2, a. 2, ra. 4:

> Há três graus nas coisas: algo que só tem ser em ato, que não tem nenhum defeito; algo que está apenas em potência, isto é, matéria prima, que sempre tem um defeito, a menos que seja removido por alguma causa eficiente que o ponha em ato; e algo que tem ato misturado com privação, que, por meio de seu ato, tende a agir corretamente em geral, embora falhe algumas vezes.

[15] *S. th.* I, q. 86, a. 3, co.: "a contingência surge da matéria, pois é uma potencialidade de ser ou não ser, e a potencialidade pertence à matéria, ao passo que a necessidade resulta da forma, porque tudo o que é consequente da forma está necessariamente no sujeito."

[16] Veja Charles de Koninck, "Réflexions sur le problème de l'indéterminisme", *Revue Thomiste* 43:2 e 3 (1937): 227-52, 237, e 393-409.

eventos.[17] Portanto, as coisas naturais são mais ou menos determinadas, conforme seu lugar na hierarquia do ser, e, como causas, mais ou menos determinadas em relação a seus efeitos. Existe uma espécie de tensão interna na própria natureza das coisas finitas.[18] Essa tensão interna significa que a natureza não pode ser completamente determinada *ad unum*. A ausência de necessidade na forma traz consigo a ausência de necessidade nos efeitos. Assim, a necessidade e a determinação física são fundadas no ato como ato, enquanto a potencialidade e a incerteza são fundadas no ato como limitado pela potência na qual é recebido.[19]

Essas noções abrem caminho para considerar a relevância que elas têm para a compreensão da mecânica quântica. Podemos dizer que as partículas com as quais a física quântica trabalha são os graus mais baixos da hierarquia do ser e, portanto, aqueles com menor atualidade e maior potencialidade entre os seres criados? É claro que a física quântica não trabalha com os elementos constitutivos da realidade, uma vez que sempre há novas descobertas de novas partículas subatômicas e seria imprudente identificar as partículas subatômicas com os elementos aristotélicos. No entanto, não parece implausível afirmar que a mecânica quântica está trabalhando e descrevendo coisas naturais grandes em potência e baixas em ato, possivelmente atingindo aquelas formas de seres naturais mais próximas do que se chamou na ontologia aristotélica de matéria prima.[20] Acho que essa foi a intuição de Heisenberg quando disse que as partículas subatômicas estavam em potência antes de serem observadas. Evidentemente, elas não podem ser pura potência, como afirmava Heisenberg, pois seriam a própria matéria prima, que, para existir, precisa ter alguma forma. A indeterminação da matéria não é suficiente para explicar a contingência, porque, por si só, a matéria indeterminada seria pura potência. Para que as partículas

---

[17] Veja Filippo Selvaggi, *Causalità e indeterminismo: la problematica moderna alla luce della filosofia aristotelico-tomista* (Rome: Editrice Università Gregoriana, 1964), p. 153.

[18] Não estou considerando aqui o caso do livre-arbítrio humano. Para uma nova discussão interessante sobre Tomás de Aquino e livre-arbítrio, veja Tobias Hoffmann; Cyrille Michon, "Aquinas on free will and intellectual determinism", *Philosophers' Imprint* 17:10 (2017): p. 1-36. Entre a vasta literatura sobre essa questão, ver, por exemplo, Eleonore Stump, "Aquinas's account of freedom: intellect and will", *The Monist* 80:4 (1997): 576-97.

[19] Veja Selvaggi, *Causalità e indeterminismo*, p. 390.

[20] *De ente*, c. 4.

subatômicas sejam consideradas em potência, elas precisam estar sob uma determinação formal e, portanto, ter algum grau de atualidade.[21]

É justamente pela forma de um ser que a física quântica pode mostrar a existência de um determinismo fundamental em todo ser, mesmo na menor partícula subatômica. Esse determinismo se encontra na especificação — ao menos genérica e qualitativa — do funcionamento das diversas partículas e forças. E essa determinação é quantitativamente exata e rigorosamente idêntica para todos os casos individuais.[22] Assim, a física quântica reconhece um determinismo moderado fundamental ou uma determinação ontológica na natureza que leva a uma ação determinada e nega um indeterminismo ontológico e causal absoluto e exclusivo.[23] Por outro lado, a física quântica está aberta à experiência, pelo que não pode negar a existência de certo indeterminismo causal, que, como viu Heisenberg, não é redutível à ordem epistemológica, mas está enraizado na ordem ontológica das coisas, dada principalmente pela potencialidade da matéria.[24]

Como sugeri acima, é aqui que podemos encontrar a observação experimental mais direta daqueles eventos que ocorrem *ut in paucioribus*. Segundo os princípios da mecânica quântica, podemos ter apenas certa probabilidade de prever um evento, mas não uma certeza absoluta. Essa incerteza é causada por aquelas três razões segundo as quais, conforme Tomás de Aquino, eventos *ut in paucioribus* ocorrem: 1) por causa da indeterminação passiva ontológica do ser natural antes de sua observação, isto é, a *indispositionem materiae* ou a imperfeição da forma substancial das partículas subatômicas; 2) pela interação entre o observador e o sistema (ou mesmo uma partícula subatômica com outra partícula subatômica), ou seja, o concurso de duas ou mais causas; e 3) pela interação entre as duas partículas necessárias para a observação: a partícula observada e a partícula de luz ou fóton, ou seja, o *debilitas agentis*.

Isso é exatamente o que Heisenberg sugeriu ao negar a possibilidade de conhecer por completo o estado de um sistema em determinado

---

[21] Veja Oscar Beltrán, "La doctrina de la contingencia en la naturaleza según los 'Comentarios del Card. Cayetano y S. Ferrara'", *Studium* 11:6 (2003): 41-75, 69.

[22] Veja Selvaggi, *Causalità e indeterminismo*, p. 381-2.

[23] Ibidem, p. 386.

[24] Ibidem, p. 386-8.

momento para prever os estados futuros desse sistema. Dada a perturbação causada pela observação, a potencialidade do sistema é atualizada. E isso significa, numa perspectiva tomista, que o sistema recebe novas formas, já que, por meio de suas formas, as coisas estão em ato. Essa nova forma estava na potencialidade da matéria, sendo trazida à atualidade pela interação com o aparato de medida na observação. Ora, toda potência é potência para contrários.[25] Especificamente, a matéria nesses microssistemas pode assumir formas imprevisíveis, previstas apenas probabilisticamente, pela função de onda incluída na equação de Schrödinger. Embora a matéria esteja aberta à recepção de novas formas, ela não pode receber qualquer forma. O sistema descrito pela equação de Schrödinger só pode receber aquelas formas incluídas probabilisticamente nessa equação. Concluindo, existe potencialidade real no nível quântico, que não é potência pura, mas constituída de certo grau de atualidade e determinação. É, então, essa potencialidade parcialmente atualizada o verdadeiro fundamento ontológico da probabilidade que rege os fenômenos quânticos.[26] Por fim, a indeterminação na ação se funda na indeterminação passiva ontológica, dada por uma forma localizada nos níveis inferiores da hierarquia do ser. E é nessa indeterminação ontológica que se sustenta nossa indeterminação epistemológica, apresentada no princípio da incerteza de Heisenberg.

A AÇÃO PROVIDENCIAL DE DEUS NA NATUREZA

A segunda suposição, explicada no primeiro capítulo, no debate contemporâneo sobre a ação divina providencial era que, se Deus pudesse agir na natureza, as coisas naturais perderiam sua autonomia. Ou seja, se houvesse a possibilidade divina de ação na natureza, envolvendo-se com os eventos naturais e, portanto, intervindo na cadeia causal do mundo natural, pareceria que as coisas naturais não teriam a autonomia que aparentam ter em suas ações. Isso se baseia na pressuposição de que a ação de Deus

---

[25] Veja *De pot.*, q. 3, a. 4, *ad* 14: "Ao extrair as coisas da potencialidade para ato, muitos graus podem ser observados, à medida que uma coisa pode ser extraída a partir de mais ou menos potencialidade remota para o ato, e de novo, com mais ou menos facilidade."

[26] Veja Selvaggi, *Causalità e indeterminismo*, p. 389.

na natureza se opõe às causas naturais eficientes que agem regularmente. A fim de enfatizar a regularidade dessas ações naturais, as ações de Deus devem ser banidas do domínio natural.

Para não abandonar as noções tradicionais das fés monoteístas, entretanto, permanece a necessidade de encontrar uma maneira pela qual Deus possa guiar providencialmente o universo. Assim, sugere-se que ele deve agir em aberturas encontradas nos diferentes níveis da natureza, por exemplo, no nível quântico ou em sistemas caóticos. Tomás de Aquino, ao contrário, não encontra dificuldade em admitir um Deus onipotente com uma criação apropriadamente autônoma. Aliás, é pela onipotência de Deus que as causas eficientes naturais conseguem causar. Como explica William Carroll,

> Aquino pensa que defender as criaturas como causas reais, longe de desafiar a onipotência divina, é um argumento poderoso a favor dela. Como diz, negar o poder das criaturas de serem as causas das coisas é diminuir a perfeição das criaturas e, portanto, diminuir a perfeição do poder divino.[27]

Se não atribuíssemos todo poder a Deus, seria impossível encontrar qualquer poder na natureza, porque tudo o que existe precisa de uma causa criativa, que não pode dar o que não tem. Deus é, então, onipotente no sentido de que tem todos os poderes que a natureza tem (e mais). Para Tomás de Aquino, porém, isso não significa uma diminuição dos poderes da natureza. Pelo contrário, é o seu próprio fundamento. Como expliquei no capítulo anterior, a causa natural eficiente é a verdadeira causa de seus efeitos naturais. Seria irracional pensar diferente: isso privaria a criação de sua ordem; iria contra o próprio poder de Deus; as criaturas não teriam sentido; não se poderia conhecer a natureza das coisas. Além disso, não haveria ciência natural, entendida como o estudo das causas naturais. Assim, para Aquino, manter o valor da ciência para alcançar e compreender a natureza não significa que o poder de Deus deva ser diminuído. Na verdade, é uma indicação da onipotência dele.

---

[27] William Carroll, "Creation and the foundations of evolution", *Angelicum* 87 (2010): 45-60, 54.

Para compreender plenamente essa doutrina, seria útil dar uma olhada na última proposição que apresentei no capítulo 2, a saber, a conclusão implícita de que Deus age como outra causa natural, ou da maneira pela qual as causas naturais causam. Mostrei que a ação divina é concebida por alguns teólogos como uma ação realizada na forma de qualquer agente natural. Embora essa seja uma conclusão que nenhum dos proponentes da ação divina objetiva não intervencionista, por exemplo, gostaria de admitir, alguns até rejeitando-a explicitamente, não parece haver uma maneira de evitá-la. O próprio Russell afirmou que uma causa natural é aquela que age consoante às teorias científicas. Além disso, ele quer encontrar uma maneira de entender a ação de Deus que seja compatível com as teorias científicas atuais.[28]

A única alternativa é aceitar que Deus precisa agir segundo a teoria. Mas esta é, seguindo Russell, o que nos diz o que é uma ação natural. Não creio que evitamos a conclusão de que, se Deus é obrigado a agir conforme uma teoria científica e se essa teoria é o que apresenta as causas naturais, então a ação de Deus deve ser considerada uma ação como qualquer ação de causa natural. Isso quer dizer que Deus age como qualquer causa natural, nesse caso, no nível quântico da realidade. No entanto, para Tomás de Aquino, isso não é um problema. Já apresentei as noções de causação primária e secundária no capítulo anterior. O teólogo medieval afirma que a causa primária de todo ser atua sempre como causa primária e, portanto, consegue mostrar como Deus age continuamente no universo criado, sem se misturar com as ações dos agentes naturais criados e sem confundir a ação de Deus com a ação de agentes naturais criados. Como expliquei, dizemos que isso acontece de três maneiras diferentes: 1) criação, 2) atuação por meio de causas secundárias e 3) milagres.

A noção de *creatio ex nihilo* implica uma descrição da ação de Deus no universo que não vai contra nenhuma lei científica ou natural, porque essa

---

[28] Robert Russell, em seu *Cosmology: from alpha to omega* (Minneapolis: Fortress, 2008), p. 169, escreve que:

> uma abordagem NIODA baseada em mecânica quântica não reduz Deus a uma causa natural, porque, de acordo com a interpretação filosófica dessa mecânica empregada aqui, não há causas naturais eficientes para um evento quântico específico. Se Deus age com a natureza para produzir o evento no qual um núcleo radioativo decai, ele não está agindo como uma causa natural.

"doutrina da criação a partir do nada é totalmente compatível com a descoberta de causas na natureza."[29] Na verdade, Tomás de Aquino argumentaria que, para haver causas naturais reais no universo, seria necessário ter uma explicação sólida do que significa *creatio ex nihilo*. Dada a força do relato tomista da criação, surge uma solução plausível na qual Deus age no universo, guiando providencialmente seu desenvolvimento, tocando tanto as esferas humanas quanto as não humanas. Esta é a chave para desembaraçar todo o debate sobre a ação divina providencial: encontrar uma forma plausível de explicar a ação de Deus, que é ao mesmo tempo criador de um universo que se apresenta como autônomo em suas ações e guia providencial deste universo autônomo.

A ideia de *creatio ex nihilo* de Aquino deve ser entendida da perspectiva de Deus causando a existência completa dos seres que constituem o universo. A noção principal aqui é a de dependência. A criação do universo por Deus significa que o universo depende de Deus por completo. Isso significa não haver nada no universo que não tenha sua origem em Deus. Tomás de Aquino entende essa dependência causal como Deus sendo a causa eficiente de todo o universo. Se nos lembrarmos das noções explicadas no capítulo 3, Aquino se refere à *causa perficiens*, que tem duas características principais: 1) é aquela causa que realiza a perfeição de uma coisa e 2) é aquela da qual o efeito decorre diretamente. Claramente, Deus pode ser concebido como a *causa perficiens* do universo, tendo em vista a segunda característica: o universo é causado direta e imediatamente por Deus. O universo existe por causa da ação direta de criação de Deus.

Ora, de que maneira podemos dizer que Deus realiza a perfeição de algo que ainda não existe? Por seu ato de criação, Deus não aperfeiçoa nada que carecia de alguma perfeição, porque a criação não é uma mudança. É por isso que se diz que a criação é *ex nihilo*. Portanto, Deus não aperfeiçoa nada, mas cria a perfeição por seu ato de criação. Claramente, os seres criados não são perfeitos de forma absoluta: a perfeição absoluta só pode ser atribuída a Deus. Não é a perfeição dos seres criados que é

---

[29] William Carroll, "Divine agency, contemporary physics, and the autonomy of nature", *The Heythrop Journal* 49:4 (2008): 582-602, 587.

trazida à existência, pois, como expliquei no capítulo 3 ao falar das causas finais, cada ser tem uma inclinação ou tendência para agir de determinada maneira e é agindo dessa ou daquela forma (conforme suas essências) que se realiza sua perfeição. Se Deus criasse seres naturais perfeitos em si, o universo seria apenas um universo estático, imóvel e estacionário e não é isso que percebemos. Em vez disso, quando falamos de Deus criar a perfeição do nada, nos referimos à perfeição de simplesmente existir. Dizer que Deus cria a perfeição no universo significa que ele coloca o universo, isto é, cada ser particular, em existência.

Entendido assim, o ato de *creatio ex nihilo* aponta para a completa dependência de seu criador de todos os seres criados em todo o seu ser e ações. Essa perspectiva abre caminho para a compreensão de como Deus pode estar constantemente ativo no universo sem interferir nas operações das causas naturais, ao mesmo tempo em que está envolvido no desenvolvimento da história do universo. Recordando minha apresentação da ação de Deus por meio de causas naturais, eu argumentaria que, para que os seres criados tenham os próprios poderes de agir, esse mesmo poder também é um poder criado e, portanto, também depende de Deus para sua existência. Então, assim como dizemos que as criaturas existem contanto que Deus lhes dê seu ser (*esse*), também dizemos que as criaturas agem contanto que Deus lhes dê seus poderes para agir.

Esse discurso sobre o ato criador de Deus é facilmente aceito pela maioria dos debatedores da ação divina providencial na natureza. Quase todos, de maneira explícita, e todos eles implicitamente, aceitam a doutrina de que Deus cria e sustenta o universo, colocando-o em existência continuamente. Isso é o que se chama — no debate — de ação divina *geral.* Desse tipo geral de ação divina, eles muitas vezes distinguem a ação divina *especial.* Esse segundo tipo refere-se àquelas ações no mundo que podem ser localizadas em determinado tempo e espaço, sendo repletas de significado e propósito. Esse tipo de ação divina é aquela que se refere diretamente à providência de Deus no mundo, ou seja, o cuidado divino especial com a história do universo e em particular com a história humana. Esse segundo tipo de atividade divina no mundo — em que se busca algum tipo de lacuna ontológica causal na atividade da natureza para fornecer um lugar para a ação de Deus na natureza — é visto como problemático, dado o avanço contínuo da ciência contemporânea.

Eu argumentaria que, se entendermos a doutrina da *creatio ex nihilo* como Aquino a explica, não apenas temos a base para dar conta da ação natural, mas também para o envolvimento providencial de Deus no desenvolvimento do universo e da história da humanidade. O teólogo medieval aponta, usando os quatro tipos diferentes de causas naturais (materiais, formais, eficientes e finais), que Deus pode ser entendido como causador de três maneiras, consoante a essas causas. Pela causa material ser o princípio da potencialidade nos seres naturais, segundo Aquino, Deus não pode causar dessa forma. O universo, ou aquelas coisas que constituem o universo, não são feitos *de* Deus. As outras três causas, para Aquino, são princípios de ação e, portanto, sua maneira de causar pode ser atribuída, de alguma forma, a Deus.

Assim, pode-se dizer que Deus causa como uma causa final. Todo ser, como expliquei no capítulo terceiro, age seguindo um fim, o que significa que age segundo uma tendência ou inclinação dada por sua natureza para agir dessa ou daquela maneira. Aquilo que o agente natural persegue por essa inclinação é o próprio bem ou perfeição. Uma vez que Deus é a fonte de todo bem e perfeição, é para Deus que cada agente natural age. Embora essa forma de causar seja uma maneira de ser ativo no universo, não é o que os participantes do debate sobre a ação divina buscam e me parece que eles ficariam insatisfeitos com essa resposta parcial. A segunda causa apresentada por Tomás de Aquino é a da causalidade formal. Deus não apenas dá a forma aos seres naturais, mas também sustenta essa forma nas coisas ao longo do tempo. Essa maneira de causar, por mais verdadeira e ativa que seja, também não parece satisfazer os requisitos do debate contemporâneo sobre a ação divina. E, por fim, a causalidade eficiente. Eu disse alguns parágrafos acima que Deus age como a *causa perficiens* em seu ato de criação. A questão aqui é de que maneira se pode dizer que Deus age como uma causa eficiente na própria criação. Sugeri que, dada a compreensão de Aquino da *creatio ex nihilo*, podemos defender uma noção plausível da ação providencial de Deus no universo. Para entender isso, seria importante considerar a descrição de Aquino sobre a providência divina para ver como Deus age providencialmente na natureza.

Tomás de Aquino aborda o tema da providência divina em diferentes discussões em sua obra.[30] Nelas todas, porém, a afirmação básica é a mesma: a providência divina alcança todo o ser criado. Deus governa toda a criação. Para dizermos que isso é a afirmação mais importante para o debate contemporâneo sobre a ação divina providencial, precisamos de um exame detalhado da providência. Aquino diz que a maneira pela qual Deus governa o mundo providencialmente é ordenando as coisas para seus devidos fins. Essa é, para o teólogo, a característica própria da definição de um ato providente: *ordinare in finem*.[31] Esse fim é, para Tomás de Aquino, o próprio Deus e as criaturas alcançam esse fim aperfeiçoando-se em suas ações.

Essa noção de providência difere do que os debatedores contemporâneos sobre ação divina consideram ser um ato providencial? Robert Russell, por exemplo, nos diz que a doutrina da "providência enfatiza que Deus é a causa do significado e propósito de tudo o que existe. Deus não apenas cria, mas guia e dirige o universo para o cumprimento dos propósitos dele mesmo."[32] Logo em seguida, aponta a distinção entre providência divina geral, que se refere à ação universal de Deus, e providência divina especial, que se refere aos atos divinos particulares em momentos específicos. Saunders mostra como todos os autores que participam do debate aceitam essas definições.[33] No entanto, há uma diferença entre a noção de providência divina defendida pelos debatedores contemporâneos e aquela defendida por Tomás de Aquino: conforme Russell (e muitos outros), não sabemos qual é o objetivo ou fim para o qual Deus dirige o universo, enquanto consoante a Aquino, esse fim é o próprio Deus. A característica essencial para nossa abordagem, porém, é mantida em ambos: a providência divina é o governo do universo rumo a seu fim. É importante observar que essa característica está estabelecida no debate contemporâneo de ambos os tipos de ação providencial: a providência

---

[30] Na *S. th.* I, q. 22, ele trata das virtudes divinas; na *SCG* III, cc. 71-6 ele trata da providência divina no contexto da ação de Deus no mundo; em *De ver.* uma pergunta completa (q. 5) é dedicada a esse tópico, logo após a consideração da Palavra divina; e em seu *In I sent.*, d. 39, q. 2, ele versa sobre a providência divina no quadro da ciência divina.

[31] *SCG* III, c. 73. Veja tb. *S. th.* I, q. 22, a. 1, co.: "esse tipo de ordem nas coisas para um fim é, portanto, em Deus chamado de providência."

[32] Russell, *Cosmology*, p. 113.

[33] Nicholas Saunders, *Divine action and modern science* (Cambridge: CUP, 2002), p. 19ss.

divina geral e a especial. Assim, quando Deus age providencialmente, tanto para Tomás de Aquino quanto para os autores do debate contemporâneo, está direcionando o mundo para seu fim.

Há, porém, outra diferença importante entre essas duas noções de providência, que se mostrará essencial para nossa compreensão da ação de Deus no universo. Embora a ação divina geral se refira a todos os eventos da natureza, é uma ação universal que não está envolvida em eventos particulares. Ela é entendida como a criação e sustentação do universo e, portanto, de todos os eventos do universo.[34] Claramente, eles não estão pensando nessa providência geral de todos os eventos de uma forma que implique o envolvimento de Deus em eventos particulares. Caso contrário, seria desnecessário diferenciá-la da providência especial, que se refere àqueles eventos nos quais Deus age direta e imediatamente no universo.

Tomás de Aquino, por outro lado, sugere não haver necessidade de duplicar a ação de Deus dessa maneira. Sua compreensão da providência decorre diretamente de seu entendimento da criação. Segundo essa doutrina, a criação significa a completa dependência no ser e no agir daqueles seres que não são o criador. Essa é certamente uma posição semelhante àquela sustentada pelos autores do debate contemporâneo. Ao explicar essa doutrina, no entanto, Tomás de Aquino vai um passo além e afirma que, ao criar, Deus não o faz apenas *universalmente*, mas coloca cada ser em existência de forma particular e individualmente: "as coisas singulares são efeitos de Deus. Deus causa as coisas na medida em que as faz existir em ato."[35] Assim, o teólogo medieval explica que a providência de Deus não apenas guia a totalidade do universo como tal, mas também rege cada evento individual em sua individualidade: "todas as coisas estão sujeitas à providência divina, não apenas em geral, mas também em seus 'eus' individuais."[36] Portanto, a causalidade de Deus estende-se não apenas aos modos como a

---

[34] Isso fica claro em Thomas Tracy, *Divine action and quantum theory*, *Zygon* 35:4 (2000): 891-900, p. 893, quando ele diz que "Deus age mais fundamentalmente estabelecendo e sustentando as estruturas da natureza", e Nancey Murphy, "Divine action in the natural order", in: Robert Russell, Nancey Murphy; Arthur Peacocke, orgs., *Chaos and complexity: scientific perspectives on Divine action* (Vatican City/ Berkeley: Vatican Observatory — CTNS, 1995), p. 325-57, p. 339, quando ela diz que "além da criação e sustento, Deus tem modos particulares de ação na ordem criada".

[35] *SCG* I, c. 65. Veja tb. David Burrell, *Knowing the unknowable God* (South Bend: Notre Dame Press, 1986), p. 92ss.

[36] *S. th.* I, q. 22, a. 2, co. Também em *De pot.* q. 6., a. 6, co.: "Deus exerce não apenas uma providência universal sobre os seres corpóreos, mas também uma providência particular sobre os indivíduos."

natureza funciona,[37] mas também aos seres singulares em particular. Cada ser singular, então, é dirigido por essa causalidade, que é exatamente o que significa algo ser providencial. Assim, tudo o que é criado é providencialmente dirigido por Deus.[38]

A questão, então, é como Deus age providencialmente para cada ser singular, considerando que não é evidente nem aparente que assim seja. A resposta de Aquino envolve aquelas noções e ideias metafísicas abordadas no capítulo 4, ao falar sobre a ação de Deus na natureza por meio de causas secundárias. Expliquei que as causas naturais eficientes são causas reais de seus efeitos por meio do poder divino que lhes é dado, usando a distinção entre causalidade primária e secundária, na qual Deus é considerado a causa primária (ou primeira) do efeito, enquanto as causas naturais eficientes (criaturas) foram referidas como causas secundárias do efeito. A ideia principal era que Deus, como causa primária da existência de cada coisa criada, é também a causa do poder dessa coisa e, portanto, tem mais influência no efeito da causa secundária do que a própria causa secundária.

Seguindo a exposição de Tomás de Aquino, em seu *De potentia*, mostrei que existem quatro maneiras diferentes pelas quais uma causa eficiente pode ser atribuída a um efeito de outra causa eficiente. Começando com os momentos fundadores da atuação de Deus na natureza, primeiro, pode se dizer que Deus causa o efeito da causa natural, porque a causa desse poder de causar efeito é Deus, dado que ele é a fonte de tudo o que existe (incluindo poderes). Em segundo lugar, semelhante a como *creatio e conservatio* são distinguidos, Deus também sustenta o poder criado na existência. Portanto, também se pode dizer que ele é a causa daquilo que é causado por esse poder. Essas duas vias, embora pertençam, sem dúvida, ao domínio da causalidade eficiente, referem-se ao que foi explicado no debate contemporâneo como providência geral ou ação divina geral. Portanto, o

---

[37] Tomás de Aquino está pensando nas espécies naturais. Ele argumenta que Deus não é apenas a causa da espécie como tal, mas também do ser particular dessa espécie. Por sinal, Deus causa a existência da espécie, porque causa a existência do particular. Se não houvesse um indivíduo de uma espécie particular, Deus não estaria mais causando a existência da espécie. Eu o parafraseio dizendo "como a natureza funciona", porque a natureza de um ser é aquilo de ontde procedem as maneiras das ações desse ser.

[38] Na *S. th.* I, q. 22, a. 2. co., Aquino usa a noção de participação para dizer o mesmo: "todas as coisas, na medida em que participam da existência, devem estar igualmente sujeitas à providência divina".

problema das ações providenciais particulares de Deus *hic et nunc*, aqui e agora, do qual decorre todo o debate, permanece sem solução.

Assim, volto minha atenção para as duas formas finais, que chamei de momentos dinâmicos da atuação de Deus na natureza, nos quais está envolvida a analogia da causalidade instrumental. Primeiro, afirmei que Deus aplica o poder da coisa natural criada para agir. Então, que Deus usa as causas naturais eficientes em sua ação para produzir um efeito que vai além do poder da causa natural eficiente. Em ambas, Tomás de Aquino introduz a analogia da causalidade instrumental e versa sobre como a ação da causa secundária e seu efeito podem ser atribuídos por completo a ambos: a Deus e à causa eficiente natural. Assim, a questão da causalidade instrumental torna-se fundamental em todo o debate sobre ação divina providencial. Esclarecerei ao máximo essa importante analogia, com a qual Tomás de Aquino explica sua doutrina da atuação de Deus na natureza: "Deus é a causa de toda ação, uma vez que todo agente é um instrumento do poder divino operando."[39]

Seria útil, então, relembrar brevemente o que expliquei no capítulo anterior sobre causalidade instrumental. Pode-se dizer que um instrumento tem dois efeitos:[40] um que lhe pertence conforme sua forma; outro que lhe pertence na medida em que é movido pelo agente primário e que transcende sua forma. O primeiro efeito é próprio de si, segundo sua forma ou natureza. Por exemplo, cortar é próprio de um machado em virtude de sua afiação. O segundo efeito, que ele realiza conforme a ação do agente principal, sempre vai além de sua natureza, ou seja, a causa instrumental não poderia realizá-lo a menos que o agente principal o faça agir dessa maneira, como um homem usa uma faca para cortar seu bife de maneira precisa, algo que a faca sozinha não poderia fazer e o homem também não poderia fazer sem a faca. É, porém, por intermédio do primeiro efeito (aquele que pertence ao instrumento por sua natureza) que o segundo efeito (aquele que está de acordo com o agente principal) é realizado, razão

---

[39] *De* pot., q. 3, a. 7, co.

[40] Tomás de Aquino está tentando explicar como, a partir de uma ação realizada por um agente (o agente principal) por meio de um instrumento, a causa instrumental consegue algo que vai além de sua capacidade. Assim, ele distingue esses dois efeitos. No entanto, existe apenas uma ação que o agente principal realiza por meio do instrumento. Neste, dado o efeito natural que lhe é ordenado e o efeito que vai além da natureza dele, diz-se que realiza dois efeitos.

pela qual este e não outro instrumento deve ser usado para obter esse efeito específico. No entanto, nem o primeiro efeito nem o segundo poderiam ser realizados pelo instrumento se não fossem movidos pelo agente principal. Portanto, tanto o primeiro quanto o segundo efeito (cortar e cortar de uma maneira específica) podem ser atribuídos ao instrumento e ambos os efeitos também podem ser atribuídos ao agente principal.

Quando Aquino explica o modo pelo qual Deus age na natureza por meio de causas naturais eficientes usando-as como causas instrumentais (e chega a dizer que todo agente em toda ação é uma causa instrumental da causação de Deus), ele usa a analogia da causalidade instrumental segundo ambas as maneiras de causar pelo instrumento. Afirmei que há duas maneiras pelas quais Deus usa as causas naturais eficientes como causas instrumentais: aplicando seus poderes para agir e alcançando um efeito que vai além do poder da causa natural eficiente. No primeiro, Deus aplica a causa eficiente natural para alcançar seu efeito natural (daí vem o resultado por causa da forma do instrumento). Propriamente falando, essa comunicação de poder de Deus para a causa secundária não seria causalidade instrumental, pois ao produzir o próprio efeito natural (como tal), a criatura não estaria fazendo algo além de sua natureza — aqui a criatura (precisamente produzindo algo conforme sua natureza, como um cachorro produzindo um cachorro) seria apropriadamente entendida simplesmente como uma causa secundária, não como uma causa secundária instrumental. Há um *virtus* na causa eficiente natural por causa de sua natureza criada para alcançar seu efeito determinado e esse *virtus* ou poder precisa ser aplicado por Deus para funcionar. Da mesma forma, há um poder na faca para cortar, embora o corte real aconteça quando o homem aplica esse poder para cortar. A causa eficiente natural propriamente dita não é um instrumento, porque, nesse aspecto da ação, ela não está sendo utilizada para alcançar algo que não pode alcançar. No entanto, mesmo sua causalidade secundária tem um aspecto de instrumentalidade se considerarmos que está causando um efeito que vai além de seu *virtus*, além de causar o efeito proporcional à sua natureza.

Para entender essa imagem intrigante que Tomás de Aquino apresenta, seria útil dar uma olhada na outra metade da imagem. Na segunda maneira pela qual ele defende o uso de causas naturais eficientes como instrumentos por Deus, podemos perceber que este usa a causa eficiente natural para produzir algo que vai além do próprio poder da causa eficiente natural. Isso que vai além é a instanciação do ser, que só é atribuível a Deus, porque somente ele pode causar o ser.[41] No entanto, eu disse que a causa instrumental causa o segundo efeito, aquele que vai além do próprio poder, causando seu efeito natural, que se dá ao receber o poder da causa principal.[42] Ao receber esse poder da causa principal, o que é feito? É o segundo efeito ou o primeiro efeito da causa instrumental? A resposta é simples: os dois! A faca é movida pelo homem para cortar de uma maneira específica. Sem o poder do homem, a faca não poderia cortar, mas, sem o fio da faca, o homem não poderia cortar dessa maneira. Da mesma forma, Deus move a causa eficiente natural para causar o próprio efeito natural e alcança um efeito que vai além do poder dessa causa eficiente natural. É isso, afinal, o que Tomás de Aquino quer dizer quando diz que "um efeito não se segue de uma primeira causa a menos que a segunda causa já tenha sido colocada",[43] e, teologicamente falando, é o que ele entende que Jesus estava dizendo em João 15:5: "sem mim vocês não podem fazer coisa alguma".[44]

Além disso, para evitar a tentação de cair em uma forma de ocasionalismo,[45] Tomás de Aquino argumenta fortemente que, embora a causa primária (ou agente principal na analogia da causalidade instrumental) seja

---

[41] Para essa ideia de Deus usando causas secundárias como instrumentos para a instanciação do ser, veja Cornelio Fabro, *Participation et causalité selon S. Thomas D'Aquin* (Louvain: Presses Universitaires de Louvain, 1961), p. 376-7.

[42] Tomás de Aquino também explica isso usando a linguagem da participação. Assim, ele argumenta que, ao participar do poder do agente principal de produzir o segundo efeito, o instrumento precisa participar do poder do agente principal de produzir o próprio efeito e isso é o que se entende ao se falar do agente principal aplicando os poderes do instrumento para o próprio efeito (do instrumento). Veja em *De ver.*, q. 5, a. 9, *ad* 7:

> não é necessário que o poder divino seja o único a mover todas as coisas sem nenhum intermediário. As causas inferiores também podem mover-se por seus poderes, na medida em que participam do poder das causas superiores.

[43] *De ver.*, q. 5, a. 9, *ad* 12.

[44] *SCG* III, c. 67. Nessa passagem, Aquino também adiciona Isaías 26:12: "Senhor, [...] tudo o que alcançamos, fizeste-o para nós" e também Filipenses 2:13: "pois é Deus quem efetua em vocês tanto o querer quanto o realizar, de acordo com a boa vontade dele".

[45] Remeto o leitor à abordagem sobre esse tópico no Capítulo 1. Alfred Freddoso, "God's general concurrence with secondary causes: pitfalls and prospects", *American Catholic Philosophical Quarterly* 68 (1994): 131-56. Na p. 145, o autor entende que a única maneira de evitar o ocasionalismo enquanto mantém-se a explicação "primária-secundária" da causalidade é admitir que certas características do efeito são causadas por Deus e outras são causadas pelo agente natural. Minha opinião, no entanto, é que a posição de Tomás de Aquino é uma solução diferente para o ocasionalismo, ao mesmo tempo que sustenta a ação de Deus em todas as ações dos agentes naturais.

mais íntima e influencie mais do que a segunda na produção do efeito,[46] este é mais semelhante à causa secundária, porque o modo de causalidade da causa secundária determina a produção desse efeito particular. De certa forma, a causa secundária (ou instrumental) determina a ação da causa primária em relação a esse efeito particular.[47]

Essa doutrina deve ser entendida da perspectiva do que Tomás de Aquino chama de causação analógica, ou seja, a maneira pela qual se diz que Deus causa, como abordei no capítulo anterior. Se esse modo divino de causar não for considerado, os opositores em geral argumentam que Deus mover a causa secundária para causar ou aplicar os poderes da causa secundária para causar, ou usá-los como instrumentos, implica um movimento anterior à causa real do agente natural e, portanto, uma relação causal diferente.[48] Assim, o mesmo efeito não é atribuído a Deus e ao agente natural. Além de entender mal a doutrina tomista da causalidade instrumental, no entanto, essas objeções negligenciam a ideia de que se trata de uma analogia e deve ser entendida como tal, sem exigir dela mais do que pode dar: a ideia de que o efeito é tanto produzido completamente por Deus e quanto pelo agente natural, como um homem usando uma faca produz dois pedaços de carne a partir de um só.

Tomás de Aquino, portanto, mostra que, por meio de uma análise da noção de *creatio ex nihilo*, pode-se argumentar a favor de um Deus que participa de toda ação da natureza, como fonte e origem dela. Em suas palavras: "a ação de uma causa eficiente particular tem sua origem na causa universal."[49] Assim, Deus age por meio de causas secundárias, da maneira explicada

---

[46] Conforme Aquino explicou em *De pot.*, q. 3, a. 7, co.:

> Portanto, Deus é a causa de toda ação, visto que todo agente é um instrumento da operação do poder divino. Se, então, consideramos o agente subsistente, todo agente particular é imediato a seu efeito; mas, se consideramos o poder pelo qual a ação é realizada, então o poder da causa superior é mais imediato ao efeito do que o poder da causa inferior; uma vez que o poder da causa inferior não é associado a seu efeito, exceto pelo poder da causa superior: por isso, é dito em *De causis* (prop. i) que o poder da causa primeira toma o primeiro lugar na produção do efeito e entra mais profundamente nele.

[47] *De ver.*, q. 5, a. 9, *ad* 10:

> Diz-se que uma primeira causa tem mais influência do que uma segunda causa, na medida em que seu efeito é mais profundo e permanente no que é causado do que o efeito da segunda causa. No entanto, o efeito tem mais semelhança com a segunda, pois a ação da primeira causa é de algum modo determinada a esse efeito particular por meio da segunda causa.

[48] Veja, p. ex., Freddoso, *God's general concurrence*, p. 134, n. 8.

[49] *SCG* III, c. 149.

acima, para alcançar efeitos que vão além dos poderes dos agentes naturais. Deus age, como mostrei, em toda ação natural, e as ações de Deus são sempre aquelas que vêm de sua inteligência e vontade, tornando essas ações divinas em providenciais. Ainda assim, como tenho enfatizado, essa doutrina não nega, negligencia ou impede as ações naturais de causas eficientes naturais criadas, mas, na verdade, fundamenta sua autonomia.

Para Aquino, a ação providencial de Deus tem duas características, a saber, o planejamento e a execução desse plano. O planejamento, ordenação ou disposição corresponde à inteligência divina, enquanto a execução corresponde à vontade de Deus.[50] Essa execução é realizada por meio das causas secundárias criadas, conforme expliquei até agora. No entanto, uma vez que toda ação de todo agente natural pode ser atribuída a Deus como sua causa primária e principal e que a ação divina é sempre providente, a ação providencial de Deus se estende a todos os seres, universal e individualmente. Assim, Tomás de Aquino argumenta que "as operações de causas secundárias estão no escopo da providência divina, uma vez que Deus ordena todos os singulares por si. Portanto, as causas secundárias são as executoras da providência divina",[51] ou que "a operação da providência, pela qual Deus opera nas coisas, não exclui as causas secundárias, mas, ao contrário, é realizada por elas, à medida que agem pelo poder de Deus."[52] Portanto, Deus está continuamente ativo no universo e essa atuação é uma ação providencial, dado que "Deus não age em relação às coisas criadas por uma necessidade de sua natureza, mas mediante sua vontade e intelecto."[53] Por fim, defendo que essa ação providencial deve ser entendida nos termos da ação providencial especial do debate contemporâneo, por ser uma ação que Deus faz voluntariamente *hic et nunc*, quando cada causa eficiente natural age, em qualquer momento e lugar.[54]

A sensação que temos quando a ação divina especial é analisada no debate contemporâneo é que o termo "especial" significa que essa ação é

---

[50] *SCG* III, c. 71; *De subs. sep.*, c. 15: "Duas coisas, porém, devem ser consideradas na providência: a disposição e a execução do que foi disposto."

[51] *SCG* III, c. 71.

[52] Ibidem, c. 72.

[53] Ibidem, c. 75.

[54] Ibidem, c. 75: "Deus trabalha por meio de todas as causas secundárias e todos os produtos podem ser rastreados até Deus como sua causa; então, deve ser o caso que as coisas feitas entre os singulares são obras suas."

esporádica. A palavra "especial" é interpretada no sentido da ação providencial divina não estar presente em todos os tempos e lugares. Nesse sentido, "especial" é o oposto de "toda" (ação divina "especial" *versus* "toda" ação divina). Parece-me, porém, que os autores do debate contemporâneo pretendem buscar, ao estudar a ação providencial de Deus, a explicação a respeito da ação de Deus, voluntária e providencialmente, guiando o mundo e suas criaturas para os objetivos e fins que sabiamente deseja. É exatamente isso que Aquino explica ao dizer que Deus age providencialmente em toda ação natural de todo agente natural. Assim, não é preciso buscar outro tipo de ação providencial divina no mundo que não vá contra as teorias científicas contemporâneas para explicar como Deus guia, governa ou dirige o universo para seu fim. Dizer que precisamos de outro tipo de ação divina e, portanto, buscar uma ação divina objetiva não intervencionista especial é, no final das contas, diminuir o lugar dos caminhos, da inteligência, da vontade e do poder de Deus.

É aqui que encontramos a solução de Tomás de Aquino para o que chamei de segunda suposição do debate, ou seja, que a atuação de Deus no universo diminuiria os poderes naturais dos seres criados. Da perspectiva do teólogo medieval, as causas naturais eficientes causam com os próprios poderes ou *virtus* por causa do poder divino nelas. Essa doutrina significa que Deus não exige que a ordem da natureza seja quebrada ou suspensa para agir providencialmente na natureza. Pelo contrário, a ordem da natureza é mantida por causa da constante ação providencial de Deus nela. Basicamente, o que Tomás de Aquino está argumentando é algo muito semelhante ao que os autores do debate contemporâneo entendem que Deus faz com a providência divina geral. Esses autores argumentam que pela ação divina universal no mundo as leis da natureza são mantidas. Isso, porém, não basta para julgarem que Deus age providencialmente considerando seres e eventos particulares. E eles podem estar certos nisso. A visão tomista, no entanto, insiste que Deus faz isso, mas que também age para manter cada causa eficiente individual em sua ação. Portanto, a ação divina é considerada em ambas as descrições como a causa das regularidades da natureza ou a ação do agente natural particular. Além disso, chegamos à solução para a conclusão indesejável das suposições explicadas no segundo capítulo: que Deus precisa agir como outra causa entre as causas.

Ele causa de uma maneira completamente diferente das causas naturais criadas: é, como mostrei, uma maneira analógica, o que significa que o efeito de Deus não é como o efeito de nenhuma causa eficiente natural, uma causa em sentido unívoco ou equívoco (como expliquei no capítulo anterior). O efeito de Deus está em um nível diferente, que as causas naturais não podem alcançar.

Pode-se argumentar, no entanto, que chamei Deus de causa eficiente e que também atribuí a ele efeitos de um tipo final ou formal de causalidade. Pareceria, então, que eu não apenas assumiria que Deus age como uma causa natural (como sugeri que os proponentes da ação divina quântica fazem), mas também que ele é uma causa como qualquer outra causa natural! É verdade que eu disse que Deus causa como causa final e como causa eficiente. Ainda assim, acredito que minha própria abordagem inspirada em Tomás de Aquino é diferente, particularmente na maneira pela qual a conjunção "como" é entendida. Por um lado, se minha conclusão é sólida e os proponentes da ação divina quântica assumem que Deus age como uma causa natural (enquanto permanece divino), argumento que, nesse caso, a conjunção "como" é tomada univocamente e, portanto, Deus age de todas as maneiras como uma causa natural age, sem nenhuma diferença entre a ação divina e a de um agente natural. Por outro lado, no relato de Tomás de Aquino sobre a ação divina providencial na natureza, como expliquei acima, tudo o que ele afirma dizer sobre Deus é dito analogicamente. Assim, a conjunção "como" nessa abordagem é tomada de forma que introduza uma analogia que explica, com a linguagem que os seres humanos têm para se referir à experiência humana, coisas que vão além dessa linguagem e experiência, ou seja, o divino. Assim, Tomás de Aquino usou a analogia de um instrumento para explicar como Deus age, embora entendendo que há uma diferença entre o homem usar um machado ou uma faca e Deus causar por meio de agentes naturais.

Há mais uma característica que Aquino apresenta em sua descrição da providência divina que ainda não explorei. Surpreendentemente, consoante ao próprio teólogo medieval, a noção de providência aqui explicada exige que o mundo natural inclua algum tipo de indeterminismo e contingência em relação aos efeitos das causas naturais eficientes. Como se pode esperar da explicação acima, no entanto, as razões dele são bastante diferentes daquelas dadas por autores contemporâneos. Como já apresentei neste capítulo, para Aquino o universo apresenta uma hierarquia gradual de seres. Ele acredita que um universo que inclui todos os modos de ser e, portanto, todos os modos de agir, é mais perfeito do que um universo que carece de alguns desses modos: "seria contra a perfeição do universo não haver nada corruptível ou nenhum poder falhar [em produzir seu efeito]", e ele é rápido em relacionar essa doutrina com suas ideias sobre a providência: "é contra a noção da providência divina não haver nada casual ou aleatório nas coisas."[55] Com essa doutrina, ele se refere à ideia de um universo ser completo: um universo perfeito, conforme a definição de algo perfeito, é aquilo que é completo. Portanto, um universo que inclui todos os diferentes modos de agir, um universo completo a esse respeito, é um universo mais perfeito. Na verdade, Tomás de Aquino afirma repetidamente não apenas que esse universo é mais perfeito, mas também contra a própria noção de providência divina afirmar não haver eventos contingentes, fortuitos ou aleatórios nele.[56]

As causas secundárias, portanto, são contingentes em sua atividade e em suas capacidades causais, podendo potencialmente falhar na realização do efeito determinado de suas naturezas. Essas considerações me levam ao altamente controverso problema do mal: uma posição forte como a que estou apresentando nestas páginas deve de alguma forma confrontar a questão de como podemos dizer que Deus age providencialmente em toda ação causal dos seres criados ao mesmo tempo que não é responsável pelo mal no mundo, particularmente aquele resultante do livre-arbítrio humano.[57] Ao tratar da possibilidade do livre-arbítrio humano escolher o mal em detrimento do bem, Tomás de Aquino em geral se refere à sua

---

55 *SCG* III, c. 74: "seria contra a perfeição do universo se nenhuma coisa corruptível existisse e nenhum poder pudesse falhar."

56 Aquino argumenta que "se a providência divina excluísse toda contingência, nem todos os graus de seres seriam preservados" (*SCG* III, c. 72), e que "também seria contrário ao caráter da providência divina se nada fosse fortuito e uma questão de acaso nas coisas" (*SCG* III, c. 74). Veja meu "Providence, contingency and the perfection of the cosmos", *Philosophy, Theology and the Sciences* 2:2 (2015):137-57.

57 Não estou avançando aqui com a doutrina de Tomás de Aquino sobre o mal, o livre-arbítrio e Deus em sua plenitude. Boa parte dos estudiosos mais capazes e habilidosos do que eu o fizeram. Veja, p. ex., Brian Davies, *Thomas Aquinas on God and evil* (Oxford: OUP, 2011), Jacques Maritain, *God and the permission of evil* (Milwaukee: The Bruce Publishing Company, 1966), e Agustín Echavarría, "Aquinas on Divine impeccability, omnipotence, and free will", *Religious Studies* 56 (2020): 256-73. Apenas explicarei alguns elementos que ajudarão em minha sugestão de como Deus é visto em ação por meio de causas secundárias deficientes e falhas.

doutrina da possibilidade de falha das causas naturais em causar seus efeitos naturais, que expliquei no Capítulo 3. Portanto, uma breve consideração de como Aquino concebe a relação entre o livre-arbítrio humano e sua relação com o mal e os objetivos de Deus também pode servir para entender como Deus pode alcançar sua intenção divina por meio de eventos naturais contingentes.[58] As causas naturais não humanas e o livre-arbítrio humano são ambos contingentes em seu ser e, portanto, em sua causação, implicando que ambos podem ser causas "deficientes", falhando em seu causar. Como sempre, vale a pena citar aqui o próprio Tomás de Aquino. Em um dos muitos lugares nos quais versa sobre o mal, as causas contingentes e a perfeição do universo, ele afirma:

> A perfeição do universo requer que haja desigualdade nas coisas, para que todos os graus de bondade possam ser realizados. Ora, um grau de bondade é aquele do bem que não pode falhar. Outro grau de bondade é aquele do bem que pode falhar em bondade [...] então, a perfeição do universo exige que haja alguns que podem falhar em bondade e daí segue-se que às vezes eles falham. Ora, é nisso que o mal é fundamentado, a saber, em uma coisa falhar no bem.[59]

Aqui, Tomás de Aquino está usando o sentido mais amplo no qual se pode entender o "mal", ou seja, a falha de uma causa natural em causar o efeito pretendido (que, na estrutura de pensamento tomista, pode ser entendido como se referindo tanto a seres naturais causadores quanto à escolha do livre arbítrio humano). Hoje podemos não querer usar o termo "mal" para nos referirmos a eventos contingentes, aleatórios ou casuais *per se*, mas as intuições de Aquino sobre esse assunto lançarão, espero, alguma luz na metafísica do mecanismo pelo qual pode se dizer que Deus age por intermédio desses eventos. Trabalhando dentro da tradição agostiniana, Tomás de Aquino entende o mal como privação, ou seja, o mal é aquilo que falta injustamente a algo, em outras palavras, a ausência de algo próprio de uma coisa, seja ela uma coisa material real, seja um evento, seja uma ação. Ele explica que, quando um agente livre escolhe o mal em vez do bem, esse

---

[58] Tomás de Aquino usa terminologia técnica semelhante em ambas as discussões, indicando que há uma dependência interna entre essas duas partes de seu pensamento.

[59] *S. th.* I, 48, 2, co.

agente está falhando em sua ação adequada, de modo que a ação carece de algum bem que lhe é próprio, tornando-se, portanto, uma causa deficiente. Essa causa eficiente implica uma falta de bondade na ação, o que, na metafísica de Tomás de Aquino, implica também uma falta de *ser* nelas. No pensamento tomista, Deus permite esse tipo de evento, por exemplo, agentes livres escolhendo o mal em vez do bem, porque, agindo como a causa primária, pode trazer o bem desses eventos, ou seja, pode trazer um novo ser a partir deles.

Há pelo menos duas questões que precisam ser abordadas aqui: primeiro, como podemos dizer que Deus produz bens a partir de eventos maus; e, segundo, se essa doutrina pode lançar alguma luz sobre nossa compreensão de como Deus realiza as intenções divinas por meio de causas naturais contingentes. Em uma estratégia pouco explorada, mas atraente, alguns estudiosos que tratam do problema do mal em Tomás de Aquino referem-se à distinção metafísica entre a *linha do ser* ou da bondade e a *linha do não ser* ou do mal. Sendo a primeira causa de todas as ações dos seres criados, Deus opera como a primeira causa na linha do ser, causando tudo o que há de ser e bondade causada pela causa secundária no efeito, como expliquei acima. A linha metafísica do não ser, ao contrário, aparece quando as causas livres secundárias falham em alcançar o bem, escolhendo o mal. Ao fazerem isso, essas causas, os seres humanos usando seu livre arbítrio, tornam-se deficientes que operam na linha do não ser, causando, por assim dizer, o não ser e, portanto, extraindo o bem da criação. O argumento continua, afirmando que Deus faz uso dessas situações para acrescentar uma nova bondade ao mundo natural.[60]

Quero argumentar que algo semelhante acontece quando causas naturais não humanas causam de maneira deficiente. A ação deficiente de uma causa contingente natural, em tudo o que ela causa na linha do ser, ou seja, em tudo o que não falta ao efeito, é utilizada por Deus para atingir um objetivo para a natureza, usando-a para criar novas instanciações de ser. Essa ação providencial divina não determinaria o resultado da atividade natural deficiente (como na determinação do resultado do colapso

---

[60] Para uma explicação abrangente dessa doutrina, ver, por exemplo, Maritain, *God and the permission of evil* e, mais recentemente, Agustín Echavarría, "Thomas Aquinas and the modern and contemporary debate on evil", *New Blackfriars* 95 (2013): 733-54.

da função de onda ou como um gene sofre mutação), mas alcançando efeitos que as causas naturais não podem alcançar por si mesmas, conforme expliquei no segundo momento dinâmico de Deus agindo em e mediante agentes naturais.

Complementando essa doutrina, Tomás de Aquino explica ainda que as ações das causas naturais eficientes devem ser entendidas como sendo guiadas pela providência divina de duas maneiras diferentes: 1) como ordenadas para si mesmas e 2) como ordenadas para outra coisa.[61] Os eventos que ocorrem segundo a ação regular da própria causa eficiente natural, o que Aquino chamaria de "segundo sua própria intenção", do ponto de vista de uma causação final, enquadram-se em ambos os modos de entender a relação entre a providência divina e as causas naturais, por acontecerem segundo o que era esperado e, ao ocorrerem, são guiados pela vontade e sabedoria divinas. Inversamente, aqueles eventos que ocorrem por causa do fracasso da ação da causa eficiente natural se enquadram na segunda forma de entender a relação entre eles e a providência. Nesse caso, um evento que não foi determinado em sua causa, mas que, no entanto, ocorreu, ou seja, um evento contingente ou aleatório, também é guiado pela providência divina, porque é causado por Deus como sua causa primeira, que causa tudo o que tem ser naquele evento. Por meio de causas naturais contingentes (causas deficientes), Deus causa o que há de ser nesse tipo de evento, a fim de atingir seus objetivos e intenções. Assim como na analogia da causalidade instrumental, na qual o agente principal tem objetivos que não estão incluídos no poder causal do instrumento, mas que, no entanto, são alcançados, Deus atinge seus objetivos, mesmo quando age por causas contingentes. Na verdade, Tomás de Aquino explica em outro lugar[62] que, embora a *intentio* da causa secundária não se estenda ao efeito indeterminado, a intenção divina se estende ao efeito ao ordenar esses novos efeitos indeterminados a novas coisas boas no universo.[63]

Tomás de Aquino responde com essa doutrina às preocupações de encontrar uma maneira pela qual Deus, sem ir contra as teorias científicas

---

[61] *De ver.*, q. 5, a. 4.

[62] *SCG* III, c. 74.

[63] Stephen Brock, "Causality and necessity in Thomas Aquinas", *Quaestio* 2 (2002): 217-40. Na p. 228, Brock expressa essa ideia dizendo que "há coincidências no mundo, porque Deus quer que haja".

contemporâneas, possa realizar resultados que não poderiam ser alcançados se a natureza fosse completamente determinista. Robert Russell, por exemplo, acha necessário invocar uma ação divina especial para causar o colapso da função de onda para determinado evento e, assim, alcançar um efeito em particular esperado por Deus, embora não necessariamente esperado pela teoria científica. John Polkinghorne precisa invocar Deus como causa determinante para o desenvolvimento de sistemas caóticos. E Jeffrey Koperski, encontrando abertura na interpretação filosófica das leis da natureza, permite que Deus aja por meio delas. Não há necessidade disso com Tomás de Aquino. Pelas indeterminações da natureza, uma vez que Deus age em cada ação individual de cada causa eficiente singular como a causa primária dessa ação e uma vez que as ações das causas eficientes naturais podem falhar na produção de seus efeitos, Deus pode alcançar providencialmente novas instanciações de ser que seriam melhores para todo o universo ou parte dele. Assim, Deus orienta o universo para o fim que ele determinou por ser a causa eficiente principal usando um instrumento.

A importância da abordagem da ação divina especial no debate atual reside nessas ações divinas especiais serem importantes. Embora a função de onda possa colapsar onde Deus escolher ou sistemas caóticos possam se desenvolver da maneira que Deus deseja que eles se desenvolvam, da maneira pela qual Russell e Polkinghorne explicam esses processos, o fato de que o sistema quântico colapsa nesse *eigenstate* específico em vez de outro, o sistema caótico que se desenvolva dessa ou de outra maneira — criando, assim, o caminho para que novos eventos aconteçam na natureza — tem um propósito inerente que Deus provê para o evento. Os proponentes dessa abordagem poderiam dizer que a concepção de Tomás de Aquino não deixa espaço para que Deus introduza um novo propósito no universo, porque, segundo o teólogo, as causas eficientes naturais simplesmente produzem seus efeitos como sempre fazem. Esse tipo de objeção, eu argumento, assume que a ação de Deus por meio de causas secundárias (instrumentais) — da maneira que expliquei acima — é sem sentido e sem propósito. No entanto, se aceitarmos os argumentos que apresentei ao longo deste trabalho, devemos concluir que Deus age providencialmente por meio de causas secundárias, mesmo aquelas causas contingentes e deficientes.

REFLEXÕES FINAIS SOBRE TOMÁS DE AQUINO, CONTINGÊNCIA E PROVIDÊNCIA

A importância da ação divina providencial na natureza é tal que tem sido muitas vezes abordada ao longo da história intelectual ocidental. Entre os séculos 8 e 12, no contexto das discussões acadêmicas muçulmanas, os teólogos *kalam* argumentaram que, para afirmar a onipotência e o poder de Deus sobre a natureza, era necessário restringir os poderes naturais até negá-los por completo. Do outro lado da discussão filosófico-teológica islâmica sobre a ação providencial divina na natureza estava Averróis, que enfatizou os poderes causais das coisas naturais, destacando sua autonomia. Na Europa, durante o século 13, Tomás de Aquino defendeu uma clara rejeição do ocasionalismo *kalam* e da posição de Averróis, defendendo tanto a autonomia da natureza em suas ações quanto o envolvimento de Deus em cada ação como a causa primária. No século seguinte, porém, posições mais próximas aos teólogos *kalam* apareceram, por exemplo, no atomismo de Nicolau de Autrecourt. Sua visão atomística do movimento e da matéria, aliada à impossibilidade de conhecimento de uma conexão intrínseca entre causa e efeito, o levaram a uma posição próxima ao ocasionalismo. Com o surgimento da nova filosofia natural mecânica durante o século 17 e o desenvolvimento da noção de leis da natureza, essas leis foram consideradas uma imposição divina extrínseca de ordem ao mundo: Deus estava no controle direto sobre o que acontecia em sua criação. Por fim, os debates no século 20 foram influenciados por discussões em torno do determinismo e indeterminismo na natureza, uma estrutura que ainda hoje é a principal lente por meio da qual esse debate continua: muitos hoje acham necessário buscar uma falta de causalidade natural para encontrar um espaço para Deus agir.

No capítulo 1, sugeri que quatro princípios orientadores conduzem essas discussões: 1) a onipotência de Deus; 2) a ação de Deus no universo; 3) a agência autônoma natural e 4) o sucesso da razão natural e da ciência. Um ou mais desses princípios são sustentados em cada um dos episódios históricos acima mencionados. A onipotência de Deus foi mantida contra os poderes naturais para alguns no islã medieval e na Europa do século 14; a autonomia da natureza foi enfatizada em oposição ao poder de Deus em Averróis e no debate em nossos dias, embora, na perspectiva, atual alguns autores afirmem uma autolimitação do próprio poder de Deus; a negação dos poderes naturais, isto é, poderes intrínsecos às coisas naturais, durante o século 17 levou à aceitação da ação direta e contínua de Deus no universo, reforçando, talvez ironicamente, o sucesso da ciência natural; por fim, a perspectiva de Tomás de Aquino mostra, penso eu, uma maneira plausível de manter esses quatro princípios juntos. Utilizando um vasto arsenal de noções metafísicas, Tomás de Aquino consegue responder aos problemas que caracterizam os debates sobre a ação providencial divina. Ele oferece, assim, uma forma diferente de entender a ação de Deus no mundo, o que, considerando suas obras na íntegra, permite que as objeções contra sua doutrina no interior do debate contemporâneo sejam superadas, como explicado a seguir.

As principais dificuldades relativas aos diferentes modelos de ação divina providencial nos dias atuais são, em primeiro lugar, que a causalidade é entendida de uma perspectiva determinística; segundo, que, se Deus consegue agir no universo, então as causas naturais perderiam autonomia em suas ações; e terceiro, que Deus é concebido como agindo tal qual qualquer outra causa natural. Relatei como entendo que Tomás de Aquino resolve essas questões, explicando que a causalidade deve ser concebida relativamente à dependência. Isso lhe permite apresentar a natureza não como uma máquina dominada por leis deterministas rígidas, mas como um mundo ordenado, no qual nem tudo é determinado por suas causas. Essa noção de causalidade também fornece a ele um caminho para entender Deus como providencialmente ativo de maneira constante em sua criação por meio de causas secundárias, fazendo-as existir, sustentando e aplicando seus poderes para causar, uma doutrina que não significa que as coisas naturais não causam. Essas ideias implicam que Deus não é outra causa entre causas ou não causa como uma causa secundária, mas que Deus causa toda ação de causas secundárias por ser a causa primária de sua causalidade. Por fim, levando seu argumento adiante, Tomás de Aquino afirma que a contingência e os efeitos indeterminados são necessários nessa descrição providencial da ação de Deus.

OBJEÇÕES A TOMÁS DE AQUINO

As objeções ao modelo de providência de Tomás de Aquino por meio das obras de causas secundárias são comuns entre boa parte dos estudiosos que lidam com a questão da ação providencial divina nos dias atuais e podem ser reunidas em dois grupos.[1] O primeiro é melhor representado pelas ideias de John Polkinghorne, que argumenta ser insuficiente a distinção entre causação primária e secundária para explicar a ação de Deus no mundo, porque ela requer admitir que é Deus ou a natureza que produz o efeito. Philip Clayton se junta a Polkinghorne afirmando que enfatizar a ação de Deus como causa primária arrisca cair em uma forma de ocasionalismo, no qual é somente Deus quem causa eventos na natureza, enquanto enfatizar a ação da natureza negaria qualquer tipo de atividade divina no universo.[2] Keith Ward tem ideias semelhantes.[3] O segundo tipo de objeção deriva das ideias apresentadas por Thomas Tracy. Simplificando, ele argumenta que a perspectiva de Tomás de Aquino não é suficiente para oferecer uma descrição teológica sólida de um Deus que está objetiva e pessoalmente (isto é, providencialmente) envolvido na vida dos seres humanos.

O principal problema que encontro nessas objeções é que a explicação de Tomás de Aquino sobre causação primária e secundária é em geral confundido com a de Austin Farrer (1904-1968), um teólogo de Oxford de meados do século 20; e segundo, que a descrição de Tomás de Aquino sobre

---

[1] Para uma exposição com mais nuances dessas objeções, bem como minhas respostas, veja meu "Thomas Aquinas holds fast: objections to Aquinas within today's debate on Divine action", *The Heythrop Journal* 54:4 (2013): 658-67.

[2] Nancey Murphy, em seu "Divine action in the natural order", in: Robert Russell; Nancey Murphy; Arthur Peacocke, orgs., *Chaos and complexity: scientific perspectives on Divine action* (Vatican City/ Berkeley: Vatican Observatory — CTNS, 1995), p. 325-57, na p. 333, também concorda com essa objeção. Para ela, qualquer abordagem de agência dupla sofre de dois defeitos: não deixa espaço para atos divinos especiais e leva diretamente ao ocasionalismo.

[3] Veja seu *Divine action* (West Conshohocken.: Templeton, 2007), p. 51.

o tema em geral não é apresentada na íntegra. Usando terminologia semelhante, Farrer tenta e, conforme Polkinghorne, falha em explicar a ação de Deus no universo. Essa falha, porém, é injustamente atribuída a Tomás de Aquino, como mostrado a seguir. As objeções, penso eu, são válidas contra os pontos de vista de Farrer, mas não contra a posição de Aquino.

John Polkinghorne entende que as explicações de Tomás de Aquino e Austin Farrer sobre as noções de causalidade primária e secundária são essencialmente as mesmas.[4] Polkinghorne se opõe dizendo que essa forma de entender a ação de Deus no mundo repousa unicamente na fé, permanecendo inefável e velada aos olhos da razão humana. Assim, Polkinghorne reclama que não há nenhuma explicação oferecida sobre como a causalidade primária funciona,[5] o que a torna ininteligível, tornando-se, assim, uma solução fideísta para o problema da ação providencial divina, resultando mais em uma evasão do que em uma solução. Clayton concorda com Polkinghorne, explicando que a doutrina pode ser compreendida de duas maneiras: Deus sendo o sustentador da existência ou sendo uma das causas eficientes que influenciam cada evento. A primeira não resolve o problema da ação providencial divina (um argumento que Keith Ward também apoia).[6] A segunda chega perto do ocasionalismo ou da negação da divindade de Deus. Assim, afirma Clayton, "não está claro como os apelos à agência dupla podem ajudar a resolver as tensões levantadas pelas afirmações de ação divina",[7] simplesmente porque uma ação pertence a um ou a outro agente, a saber, Deus ou a causa eficiente natural. Nessa perspectiva, então, a doutrina da causalidade primária e secundária deixa todo o problema da ação divina no mundo envolto em névoa e não resolve a questão das ações divinas particulares, promovendo o ocasionalismo.

Eu disse que uma falha dessas objeções é identificar a doutrina de Aquino com a de Austin Farrer. A doutrina da agência dupla de Farrer explica como Deus e um agente natural agem para causar um único evento, afirmando que Deus age nas e por meio das ações de agentes finitos, sem

---

[4] John Polkinghorne, *Science and theology*: *an introduction* (London/ Minneapolis: Fortress, 1998), p. 86.

[5] Veja, p. ex., John Polkinghorne, "The metaphysics of Divine action", in: Robert Russell; Nancey Murphy; Arthur Peacocke, orgs., *Chaos and complexity*, p. 147-56, 150.

[6] Ward, *Divine action*, p. 51.

[7] Philip Clayton, *God and contemporary science* (Edinburgh: Edinburgh University Press, 1997), p. 177.

destruir sua integridade individual e relativa independência. Para Farrer, a causalidade de Deus deve realmente operar de modo que trabalhe de maneira onipotente sobre, em ou mediante a causalidade da criatura, sem forçá-la ou competir com ela. Assim, argumenta Farrer, tanto as causalidades de Deus quanto as da criatura são completamente reais ao causar o efeito. Até aqui, o relato de Farrer parece semelhante ao de Aquino. O problema surge quando Farrer afirma que é impossível conceber a "articulação causal" entre a criatividade onipotente e a causalidade da criatura. Aliás, como Deus opera na criação é um mistério que não pode ser compreendido.[8] Farrer, portanto, falha em fornecer uma explicação da maneira pela qual as causalidades divinas e da criatura estão relacionadas, como afirmaram Polkinghorne e Clayton. Ao colocar-se sob o escudo da experiência religiosa, Farrer torna-se responsável pela principal crítica de Polkinghorne: trata-se de uma posição fideísta que, em última análise, renuncia a uma exploração da realidade da ação de Deus no mundo em nome da fé, falhando, então, em fornecer uma explicação técnica da articulação entre a causação criada e a causação de Deus.

Thomas Tracy contesta que a doutrina das causas primárias e secundárias falha em fornecer uma compreensão adequada de uma ação divina *pessoal* e, portanto, providencial. Tracy primeiro explica a doutrina de Tomás de Aquino, afirmando que Deus, como criador, dá ser às criaturas a cada momento ao longo da história da criatura e que essa ação criativa divina não causa uma mudança na criatura, mas faz com que ela simplesmente exista. Ele continua explicando que as coisas naturais criadas provocam mudanças em outras coisas criadas, concluindo sua exposição afirmando que, para Tomás de Aquino, tanto Deus quanto as criaturas agem em toda mudança que ocorre na natureza. Na verdade, ele afirma em bom estilo tomista que Deus deve atuar para as criaturas atuarem.[9]

Ao apresentar sua objeção, Tracy a explica assim: "se Deus age exclusivamente como o fundamento ontológico absoluto de todos os eventos e

---

[8] Austin Farrer, *Faith and speculation: an essay in philosophical theology* (London: Adam & Charles Black, 1967), p. 110.

[9] Thomas Tracy, "Special Divine action and the laws of nature", in: Robert John Russell; Nancey Murphy; William R. Stoeger, orgs., *Scientific perspectives on Divine action* (Vatican City/ Berkeley: Vatican Observatory — CTNS, 2008), p. 249-83, 255.

nunca age diretamente para influenciar o curso da história, podemos dizer que ele responde aos dramas da história humana [...]?"[10] Sua resposta é não. Essa objeção é bastante popular hoje. Veja o que Jeffrey Koperski comenta em 2020: "A crítica [tomista] permite apenas dois tipos de ação divina. Deus fez com que todas as criaturas existissem e continua a sustentar essa existência, incluindo seus poderes causais."[11] Se Deus apenas dá e sustenta as coisas na existência, ele não está agindo diretamente para influenciar o curso da história do universo e da humanidade. Surpreendentemente, alguns proponentes da descrição de Tomás de Aquino adotam uma visão semelhante, enfraquecendo a posição tomista contra a objeção de Tracy.[12] A dificuldade, entretanto, vem do retrato incompleto de Tracy (e de alguns tomistas) da doutrina de Aquino.

Infelizmente para esses estudiosos, nenhuma dessas objeções aborda a doutrina completa de Tomás de Aquino sobre a ação providencial de Deus na natureza, que expliquei com detalhes nos capítulos 4 e 5. A explicação tomista completa sobre a ação de Deus em e por intermédio de causas secundárias implica não apenas que Deus cria e sustenta as causas secundárias (o que chamei de momentos fundacionais), mas também que ele aplica as causas secundárias como causas reais e que alcança efeitos que vão além dos poderes das causas secundárias (o que chamei de momentos dinâmicos).

Assim, em relação ao primeiro tipo de objeções, a posição de Tomás de Aquino não é a de Farrer. Para Aquino, a interação entre causas primárias e secundárias é um problema com uma solução metafisicamente complexa; uma solução que oferece uma compreensão fortemente não fideísta da ação divina providencial por meio de causas secundárias com esta visão quádrupla da ação de Deus: Deus dá o poder, sustenta o poder, aplica o poder para causar e alcança efeitos que vão além do poder natural que aplica. Essas duas últimas características são explicadas tecnicamente na obra de Tomás

---

[10] Tracy, "Special Divine action", p. 257.

[11] Jeffrey Koperski, *Divine action, determinism, and the laws of nature* (Abingdon: Routledge, 2020), p. 150.

[12] William Stoeger é um exemplo claro de alguém diretamente envolvido nesses debates que reduz o relato de Tomás de Aquino sobre a ação divina providencial. Ele diz, por exemplo, que "Deus opera em uma causa secundária [...] mantendo-a em existência e continuando a dotá-la da natureza ou propriedades que tem", em seu "Describing God's action in the world in light of scientific knowledge of reality", in: Robert Russell; Nancey Murphy; Arthur Peacocke, orgs., *Chaos and complexity*, p. 239-61, 253.

de Aquino e, com elas, o teólogo medieval mostra como toda ação de todo agente natural deve ser referida a Deus. Assim, a explicação de Aquino é inteligível por meio da analogia da causalidade instrumental. Ao mesmo tempo, a ação divina permanece inefável, pois Deus está absolutamente além da razão humana.

Aquino também rejeita o ocasionalismo explicando que os agentes naturais precisam da influência de Deus para funcionarem. É uma visão da natureza trabalhando com o poder de Deus, que também rejeita a posição de que é apenas a natureza trabalhando na produção de efeitos naturais. Por fim, essa forma quádrupla de entender a ação de Deus na natureza expressa que as ações de Deus são objetivas e especiais, como os estudiosos atualmente afirmam que deveriam ser. Uma vez que cada uma dessas ações é realizada por meio do intelecto e da vontade divina, a doutrina de Tomás de Aquino dá conta da providência especial. Assim, a pergunta de Tracy sobre a providência e orientação de Deus sobre o universo e a história humana pode receber uma resposta positiva. Deus age providencialmente, isto é, conhecendo e desejando o que acontece, em e por meio de cada agente natural. Na verdade, quando Aquino aborda a questão da providência divina, ele usa todos esses termos técnicos metafísicos para fornecer uma resposta.

APLICAÇÕES DE TOMÁS DE AQUINO AOS DIAS ATUAIS

Assim como há opositores a Tomás de Aquino, há também inúmeros autores que, estudando seu pensamento, ensaiam um diálogo criativo com a filosofia atual da religião e ciência, em particular com as discussões em torno da ação de Deus no universo criado. Boa parte desses diálogos se desenvolvem a partir de questões levantadas pelas ciências naturais, especificamente pelos desenvolvimentos da cosmologia, biologia evolutiva e mecânica quântica (há outras questões, por exemplo, como aquelas relacionadas ao livre arbítrio e à providência, que omitirei aqui). Questões decorrentes da cosmologia são em geral abordadas referindo-se à doutrina da criação a partir do nada. Os desafios que a teoria da evolução impõe à doutrina da providência em particular são abordados nas premissas expostas neste volume, especialmente a da causação primária e secundária, que também é útil, como tentei mostrar ao longo destas páginas, para lidar com questões advindas das oportunidades que a mecânica quântica parece oferecer a nosso entendimento da ação divina providencial. William Stoeger, Nicanor Austriaco, Sarah Coakley, William Carroll, Simon Kopf e Michael Dodds, entre muitos outros, trabalham essas questões referindo-se ao pensamento de Aquino.

William Stoeger (1943-2014) recorreu à noção de criação do nada e sua diferença radical com explicações vindas das ciências naturais para tratar da cosmologia do Big Bang. Ele explica que

> a razão básica pela qual a criação *ex nihilo* é complementar — e não alternativa — a qualquer explicação científica, incluindo o que a cosmologia quântica teórica ou observacionalmente revela sobre os estágios "iniciais" de nosso universo — ou multiverso — é que ela não substitui (e nem pode substituir) qualquer coisa que as ciências descubram sobre as origens. Ela simplesmente fornece uma explicação ou fundamento para a existência e ordem básica de tudo o que as ciências revelam.[13]

Para Stoeger, fazer como Tomás de Aquino e afirmar que tudo depende completamente de Deus significa que as ciências naturais não competem com as abordagens metafísicas das origens. Pelo contrário, esses dois são aspectos complementares de nossa compreensão dessas origens. Stoeger enfatiza ainda que

> cenários ou teorias cosmológicas quânticas — que mencionam a era de Plank e o Big Bang, ou que mostram as regularidades, processos e transições primordiais conectados com esses estágios extremos muito iniciais do universo — são, a princípio, incapazes de serem alternativas à criação divina concebida como *creatio ex nihilo*. Eles simplesmente não dão conta do que a *creatio ex nihilo* fornece — o fundamento último da existência e da ordem. Reciprocamente, a *creatio ex nihilo* não é uma alternativa aos processos e transições que a cosmologia quântica

---

[13] William Stoeger, "The big bang, quantum cosmology and creatio ex nihilo", in: David Burrell; B. C. Cogliati; J. M. Soskice; W. R. Stoeger, orgs., *Creation and the God of Abraham* (Cambridge: CUP, 2010), p. 152-75, 169.

> propõe e fornece —são modelos dos processos físicos que geraram nosso universo e tudo o que dele emerge [...]. Assim, a cosmologia quântica e a *creatio ex nihilo* contribuem com níveis profundamente complementares e consoantes de compreensão da realidade na qual estamos imersos.[14]

Stoeger, como a maioria dos outros tomistas, defende com veemência a ideia de que as ciências naturais podem ser bem-sucedidas em suas descobertas de processos e causas naturais, embora ainda afirme a total dependência desses processos na ação criativa de Deus.

O microbiologista filipino-americano Nicanor Austriaco, OP,[15] aborda os desafios trazidos pela teoria da evolução por meio da seleção natural com uma ênfase mais forte na distinção entre a causalidade primária e criativa de Deus e a causalidade secundária da criatura. Vale a pena citá-lo de forma mais longa ao tratar do aparecimento fortuito e imprevisível da linguagem humana como um elemento essencial da natureza humana — mediante uma mutação no gene FOXP2 que ocorreu em algum momento durante os últimos 200.000 anos da história humana — como um exemplo de como Deus e a natureza estão trabalhando em mutações aleatórias:

> a mutação que deu origem ao uso da linguagem ocorreu quando uma determinada DNA polimerase estava reparando uma fita de DNA danificada por radiação de alta energia. Conforme a descrição clássica da agência dupla, Deus age nesse evento como uma causa eficiente, porque ele dá à fita de DNA e à DNA polimerase suas existências. Além disso, ele dá a elas suas naturezas. A fita de DNA pode ser reparada pela DNA polimerase, porque Deus as fez como são. Na verdade, a DNA polimerase conseguiu introduzir uma mutação aleatória no gene FOXP2, precisamente porque Deus sabia e, portanto, a criou como propensa a erros e capaz de cometer erros aleatoriamente. Ao introduzir a mutação genética na fita de DNA, a polimerase estava funcionando conforme sua natureza. Ela estava empenhando-se em direção a seu objetivo final, estabelecido por Deus como causa final. Por fim, pode-se dizer que o evento mutagênico foi ordenado desde toda a eternidade e,

---

[14] Stoeger, *The big bang*, p. 175.

[15] OP é a sigla latina do nome da Ordem dos Frades Pregadores, o nome oficial dos dominicanos. As letras após o nome do cientista indicam que ele pertence a essa congregação religiosa. (N. T.)

> nesse sentido, é providencial, porque, ao conhecer a DNA polimerase como propensa a erros, Deus a conhece como propensa a erros e como existente em determinado momento e lugar. O evento aleatório que deu origem ao FOXP2 humano ocorreu na hora e no local em que ocorreu, porque Deus o sabia e permitiu que existisse precisamente em nosso passado e não em nosso presente ou futuro.[16]

Refletindo sobre a ideia de que a atividade da criatura e a atividade divina não se misturam, Austriaco argumenta que

> a clássica ideia de agência dupla permite que se cumpra a tarefa de explicar a ação divina especial objetiva não intervencionista sem negar o mistério da providência divina no qual Deus conhece todos os eventos no passado, presente e futuro ou a distinção radical entre o criador e suas criaturas.[17]

Assim como com Stoeger, a doutrina tomista da causalidade primária e secundária permite a Austriaco manter a distinção entre o trabalho das ciências naturais na descoberta da atividade autônoma da natureza — mesmo que essa atividade seja aleatória ou fortuita — e o discurso sobre Deus, enquanto mantém elevados os princípios da orientação providencial divina do universo e da transcendência.

O filósofo de Oxford William Carroll expressa claramente as razões pelas quais adota as doutrinas de Tomás de Aquino, quando, ao analisar a biologia evolutiva, defende "uma análise tomista da criação e da relativa autossuficiência da natureza", porque "essa análise nos ajuda a ver que os próprios processos que a biologia evolutiva explica dependem do ato criativo de Deus."[18] Para Carroll, a própria inteligibilidade da natureza "depende de uma fonte que transcende os processos da natureza", pois, continua ele, "sem o próprio fato de que tudo o que *é* depende por completo de Deus como causa, não haveria evolução alguma."[19] Carroll é mais inflexível ao expressar a dependência radical do mundo natural de Deus,

---

[16] Nicanor Austriaco, "In defense of double agency in evolution: a response to five modern critics", *Angelicum* 80:4 (2003): 947-66, 956.

[17] Ibidem, p. 950.

[18] William Carroll, "Creation and the foundations of evolution", *Angelicum* 87 (2010): 45-60, 51.

[19] Ibidem, p. 51 (grifo na citação).

tanto em seu ser quanto em sua ação. A própria razão para a natureza ser causalmente poderosa é ela depender intrinsecamente do poder criativo de Deus. Seguindo Tomás de Aquino, Carroll sustenta que

> não importa quão aleatório alguém pense que a mudança evolutiva é, por exemplo; não importa quanto se pense que a seleção natural é o principal mecanismo de mudança no mundo dos seres vivos; o papel de Deus como criador, como causa contínua de toda a realidade de tudo o que existe, é incontestável.[20]

Do mesmo modo, Carroll termina sua análise das ciências físicas em relação à ação divina afirmando que

> a dependência completa de tudo o que existe em relação a Deus não desafia uma autonomia apropriada da causação natural; Deus não é uma causa concorrente em um mundo de outras causas. Na verdade, a causalidade de Deus é tal que ele faz com que as criaturas sejam o tipo de agente causal que elas são. Em um sentido importante, não haveria autonomia para a ordem natural se Deus não tivesse causando que assim fosse.[21]

Além de tratar do pensamento de Tomás de Aquino em relação à biologia evolutiva, William Carroll também lida com a ideia de Robert Russell de que Deus precisa de eventos indeterminados, como os eventos quânticos, para agir na natureza. Carroll contra-argumenta que

> Deus é tão poderoso, que sua agência causal também produz a modalidade de seu efeito: esse efeito é assimilado à vontade de Deus de todas as maneiras, de modo que não apenas os eventos ocorrem porque Deus deseja que aconteça, mas da maneira que ele deseja que aconteça. A vontade de Deus transcende e constitui toda a hierarquia das causas criadas, tanto as causas que sempre e necessariamente produzem seus efeitos quanto aquelas que às vezes falham em produzir seus efeitos. Podemos dizer que Deus é a causa de que eventos aleatórios sejam mesmo aleatórios.[22]

---

[20] William Carroll, "Divine agency, contemporary physics, and the autonomy of nature", *The Heytrop Journal* 49 (2008): 582-602, 591.
[21] Ibidem, p. 595.
[22] Carroll, *Creation*, p. 53.

Com essas ideias, Carroll tenta enfatizar que Deus, por estar constantemente ativo na natureza por meio de causas secundárias, não precisa de eventos indeterminados que lhe permitam intervir, por assim dizer. Para Carroll, isso implicaria uma diminuição do poder de Deus e a negação de sua transcendência. Por isso, conclui que

> A fonte da maioria das dificuldades em termos uma compreensão adequada da relação entre a ordem criada e Deus é a incapacidade de compreender a transcendência divina. É a própria transcendência de Deus, além de qualquer contraste com a imanência, que permite a Deus estar intimamente presente no mundo como causa. Deus não é transcendente de forma que esteja "fora", "acima" ou "além" do mundo. Deus não difere das criaturas no sentido no qual estas diferem umas das outras. Podemos dizer que Deus "difere de maneira diferente" da ordem criada.[23]

Em última análise, o fato de a vontade transcendente de Deus produzir causas que às vezes falham significa que a natureza não está em uma posição de *permitir* que Deus aja, mas que, ao contrário, requer a ação criativa constante de Deus para poder agir por si mesma.

Simon Kopf recentemente se envolveu com a questão da providência e contingência no mundo natural, argumentando que Tomás de Aquino oferece um modelo diferente de ação divina providencial comparado àqueles disponíveis nos dias atuais. Ele denomina os modelos atualmente disponíveis de modelos "acionísticos", isto é, modelos baseados na discussão sobre a ação divina. Sua proposta, no entanto, procura voltar a atenção para a abordagem das virtudes da sabedoria e da prudência, oferecendo assim um modelo "sapiencial" para a providência divina. Esse modelo incorpora "não apenas a intencionalidade de Deus, mas também a teleologia imanente dos seres criados."[24] Para conceituar esse modelo, Kopf lança mão das ideias de Tomás de Aquino sobre teleologia em relação às virtudes humanas, em particular a da prudência, concluindo que a providência de Deus será melhor

---

[23] Carroll, *Divine agency*, p. 590.

[24] Simon Maria Kopf, *Divine providence and natural contingency: new perspectives from Aquinas on the Divine action debate*, tese de Doutorado, University of Oxford, 2019, p. iii.

compreendida nesses termos e não nos termos "acionísticos" nos quais o debate atual está estabelecido.

Em outro lugar, também tentei alguma compreensão da providência divina à luz da providência humana.[25] Especificamente, apresentei analogias advindas do desenvolvimento de estratégia militar, envolvendo contingências no campo de batalha. Para alguns estrategistas militares contemporâneos, os eventos contingentes durante a guerra são ordenados para outros novos objetivos. Argumentei que isso funciona de maneira semelhante à maneira pela qual Deus ordena eventos contingentes para coisas novas e melhores na criação. Os estrategistas da atualidade rejeitam versões de estratégia nas quais a contingência é esperada, mas não desejada. A providência humana, pelo menos no âmbito da estratégia militar contemporânea, estabelece uma relação com a contingência na qual esta é acolhida e não rejeitada, permitindo que novos eventos significativos ocorram no curso dos eventos.

Estudiosos não tipicamente associados a Tomás de Aquino também têm achado seu pensamento atraente ao tratar da biologia evolutiva. A teóloga de Cambridge, Sarah Coakley, em seu interessante e instigante trabalho em conjunto com o biólogo de Harvard, Martin Nowak, sobre a evolução da cooperação, recorre explicitamente às noções de Tomás de Aquino de causação primária e secundária, argumentando que "o tomismo clássico se sai particularmente bem como um acompanhamento da dinâmica evolutiva."[26] Após uma apresentação rápida, mas cuidadosa, do fenômeno evolutivo da cooperação, Coakley aborda três desafios que a biologia evolutiva coloca ao teísmo clássico, afirmando que

> é vital evitar [...] a presunção de que "Deus" *compete* com o processo evolutivo como um (muito grande) figurante no desdobramento temporal da "seleção natural" [...]. Em vez disso, Deus é aquilo-sem-o-qual-não-haveria-evolução.[27]

---

[25] Para essa abordagem, veja "Divine providence and natural contingency", in: Ignacio Silva; Simon Kopf, orgs., *Divine and human providence: philosophical, psychological and theological approaches* (Abingdon: Routledge, 2020), p. 59-74, 66.

[26] Sarah Coakley, "Providence and the evolutionary phenomenon of 'cooperation': a systematic proposal", in: Francesca Aran Murphy; Philip G. Ziegler, orgs., *The providence of God:* Deus Habet Consilium (Edinburgh: T&T Clark, 2009), p. 181-95, 182.

[27] Ibidem, p. 186.

Na verdade, ela continua, "a posição 'sem competição' deve ser afirmada por sua insistência correta de que Deus e o processo evolutivo não estão no mesmo 'nível', seja temporalmente ou em 'substância'",[28] deixando claro que a ênfase de Tomás de Aquino na transcendência de Deus é a chave para compreender a relação de Deus com qualquer processo evolutivo.

O frade dominicano Michael Dodds também defendeu extensivamente uma compreensão tomista da ação divina. Após uma longa investigação dos debates atuais sobre o tema, seus pressupostos e dificuldades, e após apresentar sua solução baseada na própria noção de Deus como causa eficiente, formal e final, Dodds conclui que

> o criador do universo não está em competição com suas criaturas, mas, sim, é a fonte das próprias ações. Aquino não vê competição, mas compaixão como a fonte de todas as obras de Deus. Ele não está distante, mas intimamente presente no ser e no agir de cada criatura. Sua atuação não é chamada de "intervenção", pois esse termo falha em representar a intimidade de sua presença.[29]

Essa presença divina íntima permite que Dodds se refira ao causar de Deus no que se refere às causas aristotélicas. Assim, argumenta que

> o Deus que é a causa eficiente e exemplar de todas as coisas, criando-as à sua semelhança e presente em todas as ações, é também a causa final que atrai toda a criação à sua realização nele. Cada criatura, por meio de sua ação, visa compartilhar a bondade de Deus conforme a capacidade de sua natureza particular.[30]

A característica principal que Dodds quer enfatizar ao longo de sua obra é que, embora haja uma diferença infinita entre causas criativas e criadas, "ao agir, a criatura atinge a própria perfeição, uma participação na perfeição do criador. Cada criatura, ao agir conforme sua natureza, imita a perfeição de Deus."[31] Dodds, então, encontra em Tomás de Aquino os elementos

---

[28] Ibidem, p. 190.
[29] Michael Dodds, *Unlocking Divine action* (Washington: CUA Press, 2012), p. 260.
[30] Ibidem, p. 261.
[31] Ibidem, p. 260.

para sustentar a ação providente e transcendente de Deus em relação a uma criação dependente, embora autônoma.

Por fim, o frade dominicano Mariusz Tabaczek recentemente lidou com as teorias da emergência para oferecer uma análise profunda do que foi conhecido como um meio termo entre o teísmo clássico e o panteísmo, ou seja, o panenteísmo.[32] Seu principal argumento é que o panenteísmo emergentista apresenta uma visão um tanto infeliz do divino misturado com a criação, oferecendo uma reinterpretação tomista das teorias de emergência com a doutrina de Tomás de Aquino da ação divina providencial por meio de causas secundárias.

Muitos estudiosos que hoje lidam com o problema da ação divina providencial solicitam um estudo do pensamento de Tomás de Aquino sobre esse assunto. Isso é precisamente o que tentei fazer neste livro: apresentar em extensão, profundidade e clareza os argumentos de Aquino sobre a causalidade natural e divina. Tentei mostrar como a descrição de Tomás de Aquino sobre a ação divina providencial na natureza é uma opção viável no debate da atualidade, afirmando com ele que Deus está a todo momento ativo providencialmente na contingência do universo criado, guiando o desenvolvimento da história do universo para seu cumprimento. É, em última análise, nessa contingência natural que se oculta a intenção da providência divina para a glória de Deus.[33]

---

[32] Mariusz Tabaczek, *Divine action and emergence: an alternative to panentheism* (South Bend: Notre Dame Press, 2021).

[33] *In Io.*, c. 11, l. 1.

BIBLIOGRAFIA

ABRAHAM, William J. *Divine agency and Divine action* (Oxford: Oxford University Press, 2017-2021). 4 vols.

ALTAIE, Basil. "The understanding of creation in Islamic thought". In: SPURWAY, Neil, org. *Creation and the Abrahamic Faiths* (Cambridge: Cambridge Scholars Publishing, 2008). p. 81-90.

ALUSI, Husam Muhyi al-Din. *The problem of Creation in Islamic thought, Qur'an, Hadîth, commentaries, and Kalâm* (Cambridge: Cambridge University Press, 1965).

ANSARIAN, Tahameh; NAZARNEJAD, Narges, "An investigation into Nancey Murphy's view on Divine action in the world". *Jostarha-Ye Falsafe-Ye Din (Philosophy of Religion Studies)* 6:1 (2017): 65-88.

ARENZANO, Innocenzo De. "Necessità e contingenza nell'aggire della natura secondo San Tommaso". *Divus Thomas* 64 (1961): 28-69.

AUSTRIACO, Nicanor, OP. "In defense of double agency in evolution: a response to five modern critics". *Angelicum* 80:4 (2003): 947-66.

BALDNER, Steven E.; CARROLL, William E., trad. para o inglês. *Aquinas on creation* (Toronto: Pontifical Institute of Mediaeval Studies, 1997).

BELTRÁN, Oscar H. "La doctrina de la contingencia en la naturaleza según los comentários del Card. Cayetano y S. Ferrara". *Studium* 11 (2003): 41-75.

BERNARD, Claude. *Introduction à l'etude de la médicine expérimentable* (Paris: J. B. Baillière et Fils, 1865).

BERTI, Enrico. "El 'Tomismo Analítico' y el debate sobre el esse ipsum", palestra dada na Faculdade de Filosofia da Universidad Católica Argentina, Buenos Aires, 7 de outubro de 2008. Disponível em: https://repositorio.uca.edu.ar/bitstream/123456789/4252/1/tomismo-analitico-debate-sobre-esseipsum.pdf.

BRECHA, Robert J. "Schrödinger's cat and Divine action: some comments on the use of quantum uncertainty to allow for God's action in the world". *Zygon* 37:4 (2002): 909-24.

BROCK, Stephen L. "Causality and necessity in Thomas Aquinas". *Quaestio* 2 (2002): 217-40.

______. "On whether Aquinas' *ipsum esse* is Platonism". *The Review of Metaphysics*, 60:2 (2006): 269-303.

______. "Harmonizing Plato and Aristotle on *esse*: Thomas Aquinas and the *De hebdomadibus*". *Nova et Vetera* 5:3 (2007): 465-93.

Brower, Jeffrey E. *Aquinas's ontology of the material world* (Oxford: Oxford University Press, 2014).

Brunner, Fernand. *Platonisme et Aristotélisme: la Critique d'Ibn Gabirol par Saint Thomas d'Aquin* (Louvain: Presses Universitaires de Louvain, 1965).

Bultmann, Rudolf. "Bultmann Replies to his Critics". In: Bartsch, Hans Werner, org.; Fuller, Reginald H., trad. para o inglês. *Kerygma and myth: a theological debate* (London: SPCK, 1960). p. 191-211.

Burrell, David, *Analogy and philosophical language* (New Haven/ London: Yale University Press, 1973).

______. *Aquinas, God and action* (Scranton/ London: University of Scranton Press, 2008).

______. *Knowing the unknowable God* (South Bend: Notre Dame Press, 1986).

Carroll, William E. "Creation and the Foundations of Evolution". *Angelicum* 87 (2010): 45-60.

______. "Divine agency, contemporary physics, and the autonomy of nature". *The Heytrop Journal* 49 (2008): 582-602.

______. *La creación y las ciencias naturales: actualidad de Santo Tomás de Aquino* (Santiago, Chile: Universidad Católica de Chile, 2003).

Clarke, Samuel, *A discourse concerning the unchangeable obligations of natural religion, and the truth and certainty of Christian revelation* (London: W. Botham St. Paul's Church-Yard, 1705).

Clarke, W. Norris. *Explorations in metaphysics: being, God, person* (South Bend: Notre Dame Press, 1994).

______. The philosophical approach to God. 2. ed. (New York: Fordham University Press, 2007).

Clayton, Philip. "Emergence from physics to theology: toward a panoramic view". *Zygon* 41:3 (2006): 675-88.

______. "Natural law and Divine action: the search for an expanded theory of causation'. *Zygon* 39:3 (2004): 615-36.

______. *God and contemporary science* (Edinburgh: Edinburgh University Press, 1997).

______. "Wildman's Kantian skepticism: a rubicon for the Divine action debate". *Theology and Science* 2:2 (2004): 186-89.

Coakley, Sarah, "Providence and the evolutionary phenomenon of 'cooperation': a systematic proposal". In: Murphy, F. A.; Ziegler, P. G., orgs. *The providence of God: Deus Habet Consilium* (Edinburgh: T&T Clark, 2009). p. 181-95.

Connell, Richard J. *Substance and modern science* (Saint Paul: Centre for Thomistic Studies, 1988).

______. *Nature's causes* (New York: P. Lang, 1995).

CROMBIE, Alistair, "The significance of Medieval discussions of scientific method for the scientific revolution". In: CLAGGET, Marshall, org. *Critical problems in the history of science* (Madison: The University of Wisconsin Press, 1959). p. 79-101.

DARVISH AGHAJANI, Javad; HASSAN HOSSEINI, Seyed. "Facing the problem of the Divine action in nature: the superiority of emergentism over the Thomistic and quantum perspectives". *Journal of Philosophy of Religion Research* (Nameh-I-Hikmat) (2020): 1-26.

DAVIDSON, Herbert. *Proofs for eternity, creation and the existence of God in Medieval Islamic and Jewish philosophy* (Oxford: Oxford University Press, 1987).

DAVIES, Brian. *Thomas Aquinas on God and evil* (Oxford: Oxford University Press, 2011).

DESCARTES, René. *Oeuvres de Descartes*. Ed. C. Adam; P. Tannery (Paris: Léopold Cerf, 1897). vol. 1.

______. *Oeuvres de Descartes*. Ed. C. Adam; P. Tannery (Paris: Léopold Cerf, 1897). vol. 3.

DILLEY, Frank. "Does 'The God who acts' really act?". *Anglican Theological Review* 47:1 (1965): 66-80.

DIRAC, Paul. *The principles of quantum mechanics* (Oxford: Clarendon Press, 1958).

DODDS, Michael J., OP. "*The doctrine of causality in Aquinas and the Book of Causes: one key to understanding the nature of Divine action*". Palestra realizada no Summer Thomistic Institute, University of Notre Dame, Indiana, de 14 a 21 de julho de 2000.

______. "Science, causality and Divine action: classical principles for contemporary challenges". *CTNS Bulletin* 21:1 (2001): 3-12.

______. Unlocking Divine action: contemporary science and Thomas Aquinas (Washington: CUA Press, 2012).

______. "Top down, bottom up or inside out? Retrieving Aristotelian causality in contemporary science". Palestra realizada no Summer Thomistic Institute, University of Notre Dame, Indiana, em 25 de julho de 1997.

ECHAVARRÍA, Agustín. "Aquinas on Divine impeccability, omnipotence, and free will". *Religious Studies* 56 (2020): 256-73.

______. "Thomas Aquinas and the modern and contemporary debate on evil". *New Blackfriars* 95 (2013): 733-54.

EJTEHADIAN, Hossein. "Integrating Bohmian and Sadra's metaphysic to explain Divine action". *Jostarha-Ye Falsafe-Ye Din (Philosophy of Religion Studies)* 8:1 (2019): 63-81.

Ejtehadian, Hossein; Rasoolipoor, Rasool. "Divine action and Bohmian interpretation of quantum mechanics". *Jostarha-Ye Falsafe-Ye Din (Philosophy of Religion Studies)* 7:2 (2018): 55-80.

Ellis, George FR. "Ordinary and extraordinary Divine action: The nexus of interaction". In: Russell, Robert; Murphy, Nancey; Peacocke, Arthur, orgs. *Chaos and complexity: scientific perspectives on Divine action* (Vatican City/ Berkeley: Vatican Observatory — CTNS, 1995). p. 359-95.

______. "Quantum theory and the macroscopic world". In: Russell, Robert J.; Clayton, Philip; Wegter-McNelly, Kirk; Polkinghorne, John, orgs. *Quantum mechanics: scientific perspectives on Divine action* (Vatican City/ Berkeley: Vatican Observatory — CTNS). p. 259-91.

______. "Necessity, purpose and chance". In: Russell, Robert; Moritz, Joshua M., orgs. *God's providence and randomness in nature* (West Conshohocken: Templeton Press, 2018). p. 21-67.

Fabro, Cornelio. *Participation et causalité selon S. Thomas D'Aquin* (Louvain: Presses Universitaires de Louvain, 1961).

Farrer, Austin. *Faith and speculation: an essay in philosophical theology* (London: Adam & Charles Black, 1967).

Fergusson, David. *The providence of God: a polyphonic approach* (Cambridge: Cambridge University Press, 2018).

Frank, Richard. "Remarks on the early development of the Kalam". In: Gutas, Dimitri, org. *Philosophy, theology and mysticism in medieval Islam* (Aldershot: Ashgate, 2005). p. 315-29.

______. "The structure of created causality according to al-Ash'ari". In: Gutas, Dimitri, org. *Early Islamic theology: the mu'tazilites and al-Ash'ari* (Aldershot: Ashgate, 2005). p. 13-75.

Freddoso, Alfred. "God's general concurrence with secondary causes: pitfalls and prospects". *American Catholic Philosophical Quarterly* 68 (1994): 131-56.

Geiger, Louis-Bertrand. *La participation dans la philosophie de S. Thomas d'Aquin* (Paris: J. Vrin, 1942).

Giberson, Karl. *Abraham's dice: chance and providence in the monotheistic traditions* (Oxford: Oxford University Press, 2016).

Gillispie, Charles C. *Pierre-Simon Laplace 1749-1827: a life in exact science* (Princeton: Princeton University Press, 1997).

Goblot, Edmond. "La finalité en biologie". *Revue Philosophique de la France et de l'Etranger* 56 (1903): 366-81.

Göcke, Benedikt P. "The many problems of special Divine action". *European Journal for Philosophy of Religion* 7:4 (2015): 23-36.

HALVORSON, Hans. "Plantinga on providence and physics". *European Journal for Philosophy of Religion* 5:3 (2013): 19-30.

HARRISON, Peter. "The Development of the Concept of Law of Nature". In: WATTS, Fraser, org. *Creation: law and probability* (Ashgate: Aldershot, 2008). p. 13-35.

______. *The territories of science and religion* (Chicago: The University of Chicago Press, 2015).

______. *Os territórios da ciência e da religião*. Trad. Djair Dias Filho (Viçosa: Ultimato, 2017).

HATTAB, Helen. "Early modern roots of the philosophical concept of a law of nature". In: OTT, Walter; PATTON, Lydia, orgs. *Laws of nature* (Oxford: Oxford University Press, 2018). p. 18-41.

HEISENBERG, Werner. *Physics and philosophy* (New York: Prometheus, 1958).

______. *The physicist's conception of nature* (London: Hutchinson, 1958).

______. *Tradition in der wissenschaft, reden und aufsätze* (Munich: R. Piper, 1977).

______. "Was ist ein elementarteilchen?" Palestra realizada no Tagung der Deutschen Physikalischen Gesellschaft, em 5 de março de 1975. Reproduzida em *Die Naturwissenschaften* 63 (1976): 1-7.

HELLER, Michael. "Generalizations: from quantum mechanics to God". In: RUSSELL, Robert J. et al., orgs. *Quantum mechanics: scientific perspectives on Divine action* (Vatican City/ Berkeley: Vatican Observatory — CTNS, 2001). p. 191-210.

HENRY, John. "Metaphysics and the origins of modern science". *Early Science and Medicine* 9:2 (2004): 73-114.

HODGSON, Peter E. "God's action in the world: the relevance of quantum mechanics". *Zygon* 35:3 (2000): 505-16.

HOFFMANN, Tobias; MICHON, Cyrille. "Aquinas on free will and intellectual determinism". *Philosophers' Imprint* 17:10 (2017).

JEFFREYS, Derek. "The soul is alive and well: non-reductive physicalism and emergent mental properties". *Theology and Science* 2:2 (2004): 205-25.

JENSEN, Alexander. *Divine providence and human agency* (Abingdon: Routledge, 2014).

KENNY, Anthony. *Aquinas on being* (Oxford: Oxford University Press, 2002).

KONINCK, Charles de. "Réflexions sur le problème de l'indéterminisme". *Revue Thomiste* 43:23 (1937): 227-52, 393-409.

KOPERSKI, Jeffrey. *Divine action, determinism, and the laws of nature* (Abingdon: Routledge, 2020).

KOPF, Simon Maria. *Divine providence and natural contingency: new perspectives from Aquinas on the Divine action debate*. Tese de doutorado. Oxford, 2019.

LAPLACE, Pierre-Simon. *Essai philosophique sur les probabilités* (Paris: MME VE Courcier, 1814).

______. *Ensaio filosófico sobre as probabilidades* (Rio de Janeiro: Contraponto, 2010).

MARGENAU, Henry. *Thomas and the physics of 1958: a confrontation*. The Aquinas Lecture (Milwaukee: Marquette University Press, 1958).

MARITAIN, Jacques. *God and the permission of evil* (Milwaukee: The Bruce Publishing Company, 1966).

MCGRATH, Alister. "Hesitations about special Divine action: reflections on some scientific, cultural and theological concerns". *European Journal for Philosophy of Religion* 7:4 (2015): 3-22.

______, org. *Theology: the basic readings* (Malden/ Oxford: Blackwell, 2008).

MEINEL, Christoph. "Seventeenth-century atomism: theory, epistemology and the insufficiency of experiment". *Isis* 79 (1988): 68-103.

MILTON, John R. "Laws of nature". In: GARBER, Daniel; AYERS, Michael, orgs. *The Cambridge history of seventeenth-century philosophy* (Cambridge: Cambridge University Press, 1998). vol. 1. p. 680-701.

______. "The origin and development of the concept of the 'laws of nature'". *Archives Européennes de Sociologie* 22 (1981): 173-95.

MURPHY, Nancey. "Divine action in the natural order". In: RUSSELL, Robert; MURPHY, Nancey; PEACOCKE, Arthur, orgs. *Chaos and complexity: scientific perspectives on Divine action* (Vatican City/ Berkeley: Vatican Observatory — CTNS, 1995). p. 325-57.

MURPHY, Nancey; ELLIS, George F. R. *On the moral nature of the universe. theology, cosmology, and ethics* (Minneapolis: Fortress, 1996).

NEEDHAM, Joseph. "Human laws and laws of nature in China and the West". *Journal of the History of Ideas* 12:1 e 2 (1951): 3-30, 194-230.

OAKLEY, Francis. "Christian theology and the Newtonian science: the rise of the concept of law of nature". *Church History* 30 (1961): 433-57.

OORD, Thomas, org. T*he Polkinghorne reader: science, faith and the search for meaning* (London: SPCK, 2010).

PADGET, Alan G. "The roots of the western concept of the 'laws of nature': from the Greeks to Newton". *Perspectives on Science and Christian Faith* 55:4 (2003): 212-21.

PASNAU, Robert. "Form, substance, and mechanism". *The Philosophical Review* 13:1 (2004): 31-88.

PEACOCKE, Arthur. *Theology for a scientific age* (Minneapolis: Fortress Press, 1993).

Penrose, Roger. *The road to reality* (London: Jonathan Cape, 2004).

Plantinga, Alvin. "What is 'Intervention'?" *Theology and Science* 6:4 (2008): 369-401.

Poincaré, Henri. *Dernières pensées* (Paris: Ernest Flammarion, 1913).

______. *Science et méthode* (Paris: Ernest Flammarion, 1909).

Polkinghorne, John. *Belief in God in an age of science* (New Haven; London: Yale University Press, 1998).

______. "Christianity and science". In: Clayton, Philip; Simpson, Zachary R., orgs. *The Oxford handbook of religion and science* (Oxford: Oxford University Press, 2006). p. 57-70.

______. *Faith, science, and understanding* (New Haven/ London: Yale University Press, 2000).

______. "Kenotic creation and Divine action". In: Polkinghorne, John, org. The *work of love* (London: SPCK, 2001).

______. "The metaphysics of Divine action". In: Russell, Robert; Murphy, Nancey; Peacocke, Arthur, orgs. *Chaos and complexity: scientific perspectives on Divine action* (Vatican City/ Berkeley: Vatican Observatory — CTNS, 1995). p. 147-56.

______. *Science and Christian belief* (London: SPCK, 1997).

______. *Science and theology, an introduction* (London: SPCK, 1998).

______. *Serious talk* (London: SCM Press, 1995).

Ritchie, Sarah Lane. "Dancing around the causal joint: challenging the theological turn in Divine action theories". *Zygon* 52:2 (2017): 361-79.

______. *Divine action and the human mind* (Cambridge: Cambridge University Press, 2019).

Robinson, David S.; Wotochek, Jennifer. "Kenotic theologies and the challenge of the 'anthropocene': from deep incarnation to interspecies encounter". *Studies in Christian Ethics* (2020): 1-14.

Roux, Sophie. "Les lois de la nature au xviie siècle: le problème terminologique". *Revue de Synthèse* 2:4 (2001): 531-76.

Ruby, Jane E. "The origins of scientific 'law'". *Journal of the History of Ideas* 47 (1986): 341-59.

Russell, Robert John. "An appreciative response to Niels Henrik Gregersen's JKR Research Conference lecture". *Theology and Science* 4:2 (2006): 129-35.

______. "Challenges and progress in 'theology and science': an overview of the VO/CTNS series". In: Russell, Robert John; Murphy, Nancey; Stoeger, William R., orgs. *Scientific perspectives on Divine action* (Vatican City/ Berkeley: Vatican Observatory — CTNS, 2008). p. 3-56.

______. *Cosmology: from alpha to omega* (Minneapolis: Fortress Press, 2008).

______. "Introduction". In: Russell, Robert; Murphy, Nancey; Peacocke, Arthur, orgs. *Chaos and complexity: scientific perspectives on Divine action* (Vatican City/ Berkeley: Vatican Observatory — CTNS, 1995).

______. "Divine action and quantum mechanics: a fresh assessment". In: Russell, Robert J. et al., orgs. Quantum mechanics: scientific perspectives on Divine action (Vatican City/ Berkeley: Vatican Observatory — CTNS, 2001). p. 293-328.

______. "Does 'the God who acts' really act?". *Theology Today* 54:1 (1997): 43-65.

______. "Five key topics on the frontier of theology and science today". *Dialog: A Journal of Theology* 46:3 (2007): 199-207.

______. "Quantum physics in philosophical and theological perspective". In: Russell, R. J.; Stoeger, W. R.; Coyne, G. V., orgs. *Physics, philosophy and theology: a common quest for understanding* (Vatican City: Vatican Observatory, 1988). p. 343-74.

______. "Quantum physics and the theology of non-interventionist objective Divine action". In: Clayton, Philip, org. The *Oxford handbook of religion and science* (Oxford: Oxford University Press, 2006). p. 579-95.

______. "Special providence and genetic mutation: a new defense of theistic evolution". In: Russell, Robert J.; Stoeger, William R., Ayala, Francisco José, orgs. *Evolutionary and molecular biology: scientific perspectives on Divine action* (Vatican City/ Berkeley: Vatican Observatory — CTNS, 1998). p. 191-223.

______. "What we've learned from quantum mechanics about non-interventionist objective Divine action in nature — and what are its remaining challenges?". In: Russell, Robert; Moritz, Joshua M., orgs. *God's providence and randomness in nature* (West Conshohocken: Templeton, 2018). p. 133-71.

Russell, Robert John; Moritz, Joshua. *God's providence and randomness in nature: scientific and theological perspectives* (West Conshohocken: Templeton, 2019).

Russell, Robert John; Murphy, Nancey. *Philosophy, science and Divine action* (Leiden: Brill, 2009).

Sangiacomo, Andrea. "Divine action and God's immutability: a historical case study on how to resist occasionalism". *European Journal for Philosophy of Religion* 7:4 (2015): 115-35.

Saunders, Nicholas. *Divine action and modern science* (Cambridge: Cambridge University Press, 2002).

______. "Does God cheat at dice? Divine action and quantum possibilities". *Zygon* 35:3 (2000): 517-44.

SELVAGGI, Filippo. Causalità e indeterminismo: la problematica moderna alla luce della filosofia aristotelico-tomista (Rome: Editrice Università Gregoriana, 1964).

SILVA, Ignacio. "El advenimiento de la noción de 'leyes de la naturaleza' a principios del siglo XVII: análisis de algunas narrativas históricas". In: ECHAVARRÍA, Agustín; FRANCK, Juan F., orgs. *La causalidad en la filosofía moderna: de Suárez and Kant precrítico* (Pamplona: Cuadernos de Anuario Filosofico, 2012). p. 29-40.

______. "A cause among causes? God acting in the natural world". *European Journal for Philosophy of Religion* 7:4 (2015): 99-114.

______. "Divine Providence and Natural Contingency". In: SILVA, Ignacio; KOPF, Simon, orgs. *Divine and human providence: philosophical, psychological and theological approaches* (Abingdon: Routledge, 2020). p. 59-74.

______. "John Polkinghorne on Divine action: a coherent theological evolution". *Science and Christian Belief* 24:1 (2012): 19-30.

______. "Providence, contingency and the perfection of the cosmos". *Philosophy, Theology and the Sciences* 2:2 (2015): 137-57.

______. "Revisiting Aquinas on providence and rising to the challenge of Divine action in nature". *The Journal of Religion* 94:3 (2014): 277-91.

______. "Thomas Aquinas holds fast: objections to Aquinas within today's debate on Divine action". *The Heythrop Journal* 54:4 (2013): 658-67.

______. "Werner Heisenberg and Thomas Aquinas on natural indeterminism". *New Blackfriars* 94 (2013): 635-53.

SMEDES, Taede A. *Chaos, complexity, and God: Divine action and scientism* (Leuven/ Paris/ Dudley: Peeters, 2004).

SOLLEREDER, Bethany. "A modest objection: neo-Thomism and God as a cause among causes". *Theology and Science* 13:3 (2015): 345-53.

STOEGER, William, SJ. "The big bang, quantum cosmology and *creatio ex nihilo*". In: BURRELL, David et al., orgs. *Creation and the God of Abraham* (Cambridge: Cambridge University Press, 2010). p. 152-75.

______. "Conceiving Divine action in a dynamic universe". In: RUSSELL, Robert John; MURPHY, Nancey; STOEGER, William R., orgs. *Scientific perspectives on Divine action: twenty years of challenge and progress* (Vatican City/ Berkeley: Vatican Observatory — CTNS, 2008). p. 225-47.

______. "Describing God's action in the world in light of scientific knowledge of reality". In: RUSSELL, Robert; MURPHY, Nancey; PEACOCKE, Arthur, orgs. *Chaos and complexity: scientific perspectives on Divine action* (Vatican City/ Berkeley: Vatican Observatory — CTNS, 1995). p. 239-61, 253.

STUMP, Eleonore. "Aquinas' account of freedom: intellect and will". *The Monist* 80:4 (1997): 576-97.

TABACZEK, Mariusz, OP. *Divine action and emergence: an alternative to panentheism* (South Bend: Notre Dame Press, 2021).

TANNER, Kathryn. *God and creation in Christian theology* (Oxford: Basil Blackwell, 1988).

TORRANCE, Thomas Forsyth. *Space, time and incarnation* (London: Oxford University Press, 1969).

TRACY, Thomas. "Creation, providence, and quantum chance". In: RUSSELL, Robert J. et al., orgs. *Quantum mechanics: scientific perspectives on Divine action* (Vatican City/ Berkeley: Vatican Observatory — CTNS, 2001). p. 235-58.

______. "Divine action and quantum theory". *Zygon* 35:4 (2000): 891-900.

______. "Particular providence and the god of the gaps". In: RUSSELL, Robert; MURPHY, Nancey; PEACOCKE, Arthur, orgs. *Chaos and complexity: scientific perspectives on Divine action* (Vatican City/ Berkeley: Vatican Observatory — CTNS, 1995). p. 289-324.

______. "Scientific perspectives on Divine action? Mapping the options". *Theology and Science* 2:2 (2004): 196-201.

______. "Scientific vetoes and the hands-off God: can we say that God acts in history?". *Theology and Science* 10:1 (2012): 55-80.

______. "Special Divine action and the laws of nature". In: RUSSELL, Robert John; MURPHY, Nancey; STOEGER, William R., orgs. *Scientific perspectives on Divine action* (Vatican City/ Berkeley: Vatican Observatory — CTNS, 2008). p. 249-83.

VELDE, Rudi te. *Aquinas on God: the 'Divine science' of the Summa Theologiae* (Aldershot: Ashgate, 2006).

______. *Participation and substantiality in Thomas Aquinas* (Leiden: Brill, 1995).

WALLACE, William. The modelling of nature: philosophy of science and philosophy of nature in synthesis (Washington: CUA Press, 1996).

WALZER, R. "Early Islamic philosophers" In: ARMSTRONG, A. H., org. The Cambridge history of late Greek and early Medieval philosophy (Cambridge: Cambridge University Press, 1970).

WARD, Keith. *Divine action* (West Conshohocken: Templeton, 2007).

______. *The big questions in science and religion* (West Conshohocken: Templeton, 2008).

WEISHEIPL, James, OP. *Friar Thomas D'Aquino: his life, thought, and works* (Washington: CUA Press, 1983).

WILDMAN, Wesley J. "The Divine action project, 1988-2003". *Theology and Science* 2:1 (2004): 31-75.

WILES, Maurice F. *God's action in the world* (London: SCM Press, 1986).

WIPPEL, John F. *Metaphysical themes in Thomas Aquinas II* (Washington: CUA Press, 2007).

______. *The metaphysical thought of Thomas Aquinas: from finite being to uncreated being* (Washington: CUA Press, 2000).

WOLFSON, H. *The philosophy of the Kalām* (Cambridge: Harvard University Press, 1976).

ZARE, Roozbeh. "Divine action in nature: describing and analyzing John Polkinghorne's view point". *Jostarha-Ye Falsafe-Ye Din* (*Philosophy of Religion Studies*) 6:2 (2018): 25-47.

ZILSEL, Edgar. "The genesis of the concept of physical law". *The Philosophical Review* 51:3 (1942): 245-79.

ÍNDICE REMISSIVO

Este livro foi impresso pela Santa Marta, em 2023, para a
Thomas Nelson Brasil. A fonte do miolo é Minion Pro. O papel
do miolo é Snowbright 70g/m^2, e o da capa é cartão 250g/m^2.